우선순위의 법칙

HAPPY SEXY
MILLIONAIRE

우선순위의 법칙

스티븐 바틀렛 지음 | 박은선 옮김

포레스트북스

들어가는 말

    나는 찢어지게 가난한 가정에서 자란 스물여덟 살의 흑인 남자다. 열여덟 살이었던 10년 전에는 먹은 게 없어 쓰린 속을 달래려 구멍가게에서 음식을 훔치던 대학 중퇴자였다.

    그리고 바로 오늘, 내가 설립한 소셜미디어 회사가 약 2억 달러의 가치로 평가되며 증권 거래소에 상장됐다. 지금 나는 시드니에서 홍콩으로 가는 비행기의 일등석에 앉아서 아프리카의 작은 마을의 가난한 집에서 성장한, 공부도 못하던 평범한 아이가 학교에서 퇴학당한 뒤 또 대학을 중퇴하고도 어떻게 여기까지 올 수 있었는지에 대해 회상하고 있다. 내가 어떻게 이렇게나 빨리, 사랑을 경험하고 가장 중요하게는, 행복하게 이 위치에 오르게 되었는지를 말이다.

    이 이야기는 10년 전, 열여덟 살의 내가 대학교 첫 수업을 받고 중퇴한 뒤, 3주가 지났을 무렵 친구 마크에게 일기장을 선물 받으면서부터 시작된다. 일기의 첫 페이지에 나는 다음과 같이 썼다.

나의 목표
- 25세에 '백만장자'가 될 것
- 첫 차로 레인지로버를 살 것
- 장기 연애하기
- 식스팩 관리

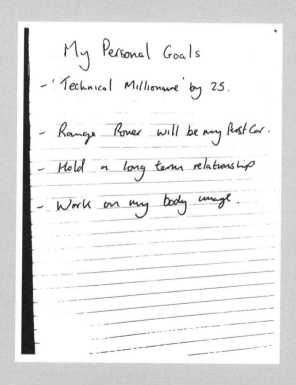

지금 와서 다시 생각해 보니, 결국 내 목표는 스물다섯의 나이에 여자 친구가 있고 멋진 차를 가진, 섹시한 백만장자가 되는 것이었다. 그리고 그런 섹시한 백만장자가 되길 열망했던 궁극적인 이유는, 그렇게 되면 내가 행복해질 거라 믿었기 때문이다.

그건 완전히 잘못된 생각이었다.

모든 것들을 갖는다는 게 어떤 느낌일지 잘못 생각했을 뿐만 아니라, 그것들을 어떻게 손에 넣을 지에 대해서도 완전히 잘못 생각했다. 이 책은 여러분에게 섹시한 부자가 되지 말라는 소리를 하려고 쓴 것이 아니다(솔직히 둘 다 너무 좋은 거니까). 그 목표들에 대해 아무도 내게 말해주지 않았던 것들과, 내가 알고 있다고 생각했던 모든 것을 다시 생각하게 만든, 내 인생을 바꿔놓은 지난 10년간의 경험에 대해 말하려는 것이다. 그리고 가장 중요하게는, 목표한 것들을 다 이루고 난 뒤에 결과적으로 인생에서 더 중요해질 모든 것들에 대해 말하려고 한다.

지금 내가 이 이야기를 하지 않으면, 여러분은 목표하는 바를 절대 이루지 못하게 되거나 정신적 문제를 줄줄이 달고서 목표를 이루었다 착각하며 살아가게 될 가능성이 매우 크다. 최소한 과학적인 통계로는 그렇다.

나는 피해자였다. 오늘날 언론이 떠들어 대는 말과 소셜미디어의 거짓말들만 그대로 따르면서 자칫 심각한 불행과 불만족의 길로 빠져들 위험이 있는 그런 사회적 관습의 피해자 말이다. 사람들이 이런 말을 해주지 않는 이유는 그렇게 해줄 만한 동기가 딱히 없기 때문이다. 나 또한 그런 말들이 가장 필요했던 시기에 누구에게서도 그런 이야기를 듣지 못했다.

이 책은 여러분의 머릿속으로부터 헛소리나 다름없는 사회적 세뇌를 전부 걷어내고, 그 자리에 모두가 간절히 바라며 찾아 헤매는 성취감과 사랑, 성공을 이루는 데 도움을 줄 실질적이고 과학적으로 입증된, 관습에 얽매이지 않은 생각들을 채워 넣기 위해 썼다.

툭 까놓고 말하자면, 책 같은 건 쓸 생각이 없었다. 그저 시간 낭비일 뿐이라고 생각했다. 그래서 거의 2년 동안 일부러 출판업계 사람들과 출판사를 피해 다녔다(지금의 출판 담당자에게는 미안한 말이지만). 내 안에 존재하는 소셜미디어에 집착하고, 심오함을 거부하며, 진득하지 못한 데다 주의력이 결핍된 밀레니얼로서의 나는 아마도 그냥 트위터나 인스타그램 스토리 같은 곳에 내 생각을 적어 올린 다음 시시각각 오르는 '좋아요' 수를 보며 리트윗을 하거나 댓글을 달면 달았지, 이렇게 일 년이라는 시간을 들여 의미 있는 무언가를 만들기 위해 온 마음을 쏟아내지는 않았을 것이다.

그게 바로 내가 이 책을 써야 했던 이유다.

이 책은 내가 여러분에게 보내는 간절한 호소다. 주의력이 떨어지고, 쾌락을 좇고, 방황하고, 즉각적인 만족감을 추구하고, 정신적 문제로 고통받는, 그리고 돈과, 세상을 바꾸는 것과, 섹시하고 행복한 것처럼 보이는 데 집착해서 팔로워들에게 내가 어제 뭘 했으며, 얼마나 많이 가졌으며, 얼마나 내 인생의 주인처럼 살고 있는지를 자랑하는 데 여념이 없는 우리 세대의 여러분에게 건네는 말이다.

우리 세대는 역사상 전례 없이 많은 정보를 보유한 세대지만, 올바른 답으로부터는 이전의 그 어느 세대보다도 멀리 떨어져 있는 듯하다. 누군가, 또는 무언가가 강하게 개입하지 않는다면 큰일 날 세대가 바로 우리 세대라고, 나는 진심으로 생각한다.

따라서 여러분의 기분을 상하게 할 수도 있는 이 책의 모든 대목에 대해서 미리 사과를 전한다. 의도한 건 아니지만, 이 책의 내용들 가운데 어떤 부분이나 나의 전달 방식이 정치적으로 올바르지 않을 수도 있다. 대필 작가가 쓴 글이 아니므로, 이 책의 모든 내용은 누군가의 개입 없이 전적으로 내 의지대로 솔직하게 전하는 불편한 진실들이라는 것을 밝힌다.

이 책을 나의 개입이라고 여겨주면 좋겠다.

'행복' (충만함)

이 책에서 내가 말하는 '행복'이란, 행복한 기분을 의미하지 않는다. 우리 사회에서 행복이라는 단어가 가지는 의미, 즉 충만함이라는 내적 감정의 맥락에서 행복을 말한다. 사람들이 "당신은 행복하게 살고 있습니까?"라고 물을 때는 기분이 좋은 상태인지를 묻는 것이 아니다. 실은 "만족하며 살고 있습니까?"라는 질문이다.

그런 맥락에서 행복이나 행복의 결핍은 넓은 의미의 전반적인 상태를 말하는 것이지, 잠시 스쳐 지나가는 기분을 말하는 것이 아니다. 누군가에게 화(기분)가 난 상태인 동시에 행복할(성취감을 느낄) 수도 있는 것이니까. 기분은 얕은 곳에 머문다. 반면, 행복은 마음 깊은 곳에 존재한다. 사회는 우리에게 행복을 이루는 법과 행복이 무엇인지에 대해 수많은 거짓말을 해 왔다. 나는 이 책을 통해 우리 대부분이 (열여덟 살의 나를 포함해서) 믿기로 한, 가장 통속적이면서도 실체가 밝혀지지 않은 거짓말들을 낱낱이 파헤치고, 진실을 바로잡기 위해 최선을 다할 것이다.

'섹시함' (사랑)

이 말은 성적으로 매력적인 섹시함이 아니다(그런 의미를 원한다면 다른 책을 찾으시길). 내가 말하고자 하는 '섹시함'은 문화적으로 흔히 쓰이는 표현으로써, 모두가 섹시해지고 싶어 하는 근본적 이유인 사랑에 대해 논하기 위해서 사용한 말이다. 사랑하고 싶은 마음, 사랑받고 싶은 마음, 로맨틱한 관계를 이루고 싶은 욕망, 그리고 우리의 인생에서 동반자가 가지는 의미와 가치에 대해 말하려는 것이다.

'백만장자' (성공)

다시 한 번 말하지만, 우리 문화에서는 어떠한 이유로 (아마도 이 책과 같은 제목을 가진 책들 때문에) '백만장자'가 되는 게 '성공'의 문화적 기준이자 척도로 여겨지고 있다. 우리는 돈에 대한 맹목적인 추구를 미화시켜 왔다. 「누가 백만장자가 되고 싶은가(Who Wants to Be a Millionaire?)」와 같은 자극적인 제목의 쇼만 봐도 그렇다. 내가 말하는 백만장자란, 말 그대로 백만 파운드, 달러, 또는 유로를 가진 사람이 아니라 성공을 거둔 사람을 의미한다. 성공이란 자신이 무엇을 목표로 했는지에 따라 달라지는 주관적인 개념이며, 자신에게 중요한 것이 무엇인지에 의해 결정된다.

내가 말하는 행복이란
잠시 스쳐 지나가는
기분이 아니다.
기분은 얕은 곳에 머문다.

반면 진정한 행복은
충만함이라는
마음 깊은 곳에 존재한다.

차례

1장

가난했던 내가
성공한 뒤에
알게 된 사실

초등학교 건물 밖으로 달려 나와 운동장 쪽을 보았을 때, 아이들을 기다리며 서성이던 학부모들 사이에서 눈에 띄는 한 사람이 있었다. 속옷만 겨우 가린 아슬아슬한 옷차림을 하고 얼굴에는 왠지 뿌듯해 보이는 미소를 머금고 학교 정문에서 날 기다리고 서 있던 서른다섯 살의 우리 엄마였다.

'망할.'

그날, 아프리카 출신의 화려하기 그지없는 우리 엄마는 '다른 영국인 엄마들에게 뭔가(그게 뭔지는 아직까지도 모른다)를 보여주겠다'며 브래지어만 입은 것과 다름없는 옷차림으로 날 데리러 왔다. 이 것은 내가 자라오면서 엄마 때문에 겪어야 했던 셀 수 없이 많은 창피한 일화 중 하나일 뿐이다. 우리 누나가 슈퍼마켓에서 스트링 치즈를 훔치다 들켜서 '나는 도둑입니다'라고 써진 팻말을 든 채

길에서 몇 시간이나 서 있어야 했던 그날 나는 지붕 위로 기어 올라가다가 엄마에게 걸리는 바람에 당시 내가 좋아하던 제시카 앞에서 엉덩이를 까인 채 맞은 적도 있었다.

어쩌다 첫사랑 앞에서 엉덩이를 맞는 모습을 보이게 될지도 모르는 사람을 위해 충고하자면, 화가 머리끝까지 난 아프리카인 엄마에게 맨 엉덩이를 사정없이 얻어맞고 있는 와중에는 아무리 '멋있는' 척해 봐야 소용없다는 것이다. 그리고 그 광경을 보고 있는 사람들과 절대 눈을 마주치지 마라. 지금 와서 생각해 보니, 내가 비록 맞고 있긴 하지만 괜찮다는 걸 제시카에게 알리겠답시고 그 애와 눈을 맞추려고 했던 게 그 애에게 오히려 더 안 좋은 기억으로 남았겠다 싶다. 마지막으로, 세 보이려고 안 아픈 척하지 말라고도 꼭 말해주고 싶다. 괜히 때리는 사람을 더 열 받게 해서 모든 이들에게 불편한 상황을 더 길어지게만 할 뿐이니까.

우리는 영국 남부 시골 지역의 중산층들이 모여 있는 동네에 사는 가난한 가족이었다. 4남매 중 막내였던 나는 1,500명의 중산층 백인 아이들로 가득한 학교에서 어떻게든 적응하려고 애쓰는 흑인 아이였다. 코미디언 데이브 샤펠(Dave Chapelle)이 이런 말을 한 적이 있다. "우리 부모님은 내가 부자 백인들 사이에서 가난하게 자랄 수 있을 딱 그만큼만 열심히 사셨다"라고. 이 말이 너무나 와닿은 나머지, 나는 어디에서 이 말을 들었는지를 아직도 기억하고 있다.

1장 · 가난했던 내가 성공한 뒤에 알게 된 사실

우리 엄마는 나이지리아 출신의 흑인으로, 유별나게 화려하고, 지나칠 정도로 별나고, 단호하고, 목소리가 크고, 고압적이며, 일 벌이기를 좋아하는 타고난 사업가다. 아마도 내가 살아온 햇수보다 더 많은 사업을 벌였을 것이다. 부동산, 슈퍼마켓, 카페, 뷰티 살롱, 레스토랑, 부동산 리모델링 사업, 다수의 미용실과 구멍가게를 했었고, 가구점, 카페를 또 했다가 부동산도 한 번 더 했다. 이것들 말고도 훨씬 많다. 그 사업들의 대부분은 일 년도 못 가 망했거나 이렇다 할 성공을 거두지 못했기에, 엄마가 새로운 사업을 벌일 때마다 우리 집의 재정 상황은 점점 악화됐다. 그러다 2007년에 이르러서는 모든 것이 최악으로 치달았다. 극도의 스트레스를 받아 불쑥불쑥 화를 내며 엄마와 언성을 높여 싸우던 아빠의 모습을 보며, 나는 우리 집이 빼도 박도 못하게 파산할 지경에 이르렀단 걸 알게 되었다. 아빠에 대해 말하자면, 엄마와 완전히 반대인 사람이다. 아빠는 백인이고, 점잖으며, 부드럽고, 조용하고, 따지지 않고 순응하는 성격의 영국인으로, 내가 기억하기로는 9시에 출근하고 5시에 퇴근하며 한 직장을 꾸준히 다녔던 것 같다.

우리는 중산층들이 모여 있는 동네에서 허물어져 가는 집에 살고 있었다. 뒤뜰에는 허리춤까지 마구잡이로 자란 잔디 사이로 냉장고, VCR(VCR이 뭔지 모르는 어린 친구들을 위해 설명하자면, 넷플릭스가 큰 상자로 되어 있고, 영화를 보려면 그 상자 안에 더 작은 상자를 밀어 넣어야 하는 식이라고 생각하면 될 것 같다), 그리고 별별 잡동사니 들이 어지럽게 놓여 있었다.

내가 일곱 살 때 엄마와 아빠가 대책 없이 집 건축 공사를 시작한 뒤 자금 부족으로 마무리를 짓지 못하는 바람에, 우리 집 뒤뜰은 거의 20년 동안 허물다 만 건물 같은 상태로 남아 있었다.

앞뜰이라고 더 나을 것도 없었다. 깨진 유리창이 어린 시절 내내 그대로 방치되어 있었으니 말이다. 게다가 집 안은 쓰레기장을 방불케 하는 온갖 잡동사니의 향연이었다. 문짝은 고장이 나 너덜너덜했고, 부서진 벽과 더러운 카펫, 그리고 방에는 각양각색의 쓸모없는 물건들이 천장에 닿을 듯 빼곡히 쌓여 있었다. 서랍에는 엄마가 산 수천 장의 복권들이 가득 차다 못해 흘러넘칠 듯했다.

학교 친구들은 아무도 이런 우리 집 상황을 알지 못했다. 그곳에 살았던 거의 18년의 세월 동안, 나는 단 한 번도 친구를 집에 데려오지 않았기 때문이다. 친구들에게 창피스러운 우리 집 꼬락서니를 보여주고 싶지 않았던 나는 차를 얻어 타고 올 때면 항상 근처의 다른 집 앞에서 내려달라고 했다. 또 아빠가 지저분하고 낡아빠진 밴에 날 태워 학교에 데려다 주는 날에는, 그 똥차에 타고 있는 모습을 남에게 들키기 싫어서 최대한 낮게 몸을 숙이고 학교 앞의 인정머리 없는 신호등이 내게서 가능한 한 멀리 떨어져 있을 때 빨간불로 바뀌기를 기도했다.

부모님이 아무리 뼈 빠지게 일해도 우리 집에는 돈이 없었다. 우리는 휴가를 간 적도 없었고, 내가 십 대가 되어서도 생일이나 크리스마스를 챙기는 것조차 힘들었다. 거기다가 돈 문제 때문에 혈기 넘치는 아프리카인 엄마와 조곤조곤한 영국인 아빠는 하루가 멀다 하고 고성을 지르며 싸워 댔다. 그리고 열두 살이 되었을 무렵, 나는 내가 사람들과 지내면서 겪는 문제와 가정에 대한 반감의 주된 원인이 바로 돈이 없기 때문임을 깨닫게 됐다. 내게 있어 가난은 내가 제대로 된 친구나 여자 친구를 가질 수 없었던 이유이자, 인생의 너무나 많은 시간을 연기하고, 거짓으로 꾸며내고, 수치심에 휩싸여 살게 했던 이유였다. 또한 크리스마스이브를 나도 이런저런 선물을 받았다며 부잣집 친구들에게 할 거짓말을 연습하는 리허설 같은 날로 만들어버린 이유이기도 했다.

열네 살이 된 나는 커서 백만장자가 되겠노라고 친구들에게 선언했다. 고등학교 때 좋아하던 여자애인 재스민에게는 "큰 도시로 가서 부자가 된 다음 널 다시 만나러 오겠어"라고 말했다. 내가 백만장자가 된다면 그때는 재스민이 나를 봐주지 않을까 내심 생각했던 것 같다. 그 무렵의 나는 성공과 부를 거머쥔다면 세상에서 가장 행복한 남자가 될 거라고 믿고 있었다. 그것들이 나를 세상에서 가장 섹시한 남자로 만들어줄 거라고 말이다!

그래서 나는 열여덟 살 때 수중에 달랑 50파운드만을 들고서 내가 살던 작은 마을을 떠나 300마일이나 떨어진 대도시로 향했다. 내 목표는 오로지 하나였다. 행복하고 섹시한 백만장자가 되는 것.

성공을 위해

그렇게 고향을 떠난 지 7년 만에, 나는 스물다섯 살의 나이로 증권 거래소에 약 2억 달러의 가치로 상장된 기업의 설립자이자 CEO가 됐다. 계좌에는 수백만 달러의 자산이 있었고, 수백만 명의 팔로워를 거느렸으며, 뉴욕에 살면서 일주일에 서너 번은 해외로 출장을 다녔다. 출장지에서는 고급 호텔에 묵었고, 일등석에 앉아 비행했으며, 가장 좋은 음식을 먹었다. 무엇이든 할 수 있고, 어디든 갈 수 있는 능력을 갖게 된 것이다.

내 인생의 모든 것이 바뀌었다. 그리고 겉으로는 내가 늘 꿈꿔 왔던 '행복하고 섹시한 백만장자'가 되었다. 하지만, 정말 인정하고 싶지 않았지만, 속으로는 아무것도 바뀐 것이 없었다.

나는…… '더 행복하지' 않았다.

내가 스물다섯 살까지 이루고 싶은 목표를 적어둔 열여덟 살 때의 일기를 발견하면서 깨달은 충격적인 사실이 그때까지 내가 쌓아 올린 모든 것을 산산조각 내며 내 머릿속을 강타했다. 나는 모든 걸 이루었다. 심지어 목표한 시간보다도 빨리. 그런데 열여덟 살의 내가 스물다섯 살이 되어 성공을 하면 응당 누릴 것이라 믿었던 승리의 폭죽과 행진 악대, 헤아릴 수 없는 행복감과 끝없이 밀려오는 황홀감은 대체 어디 있단 말인가?

누군가, 혹은 무언가가 내게 거짓말을 한 것이다.

성공과 부를 거머쥔 스물다섯 살의 내 마음은 생일 선물을 간절히 바라던 열두 살 시절의 불안정한 마음과 다를 바가 없었다. 맨체스터의 가장 낙후된 동네에서 판자로 때운 가난한 집에 살면서, 허기를 달래기 위해 테이크아웃 식당에서 피자나 남은 음식 따위를 훔치던 열여덟 살 대학 중퇴자의 마음에서 더 나아진 게 전혀 없었던 것이다. 그 시절의 나 역시 스물다섯 살의 나 만큼은 행복했다. 이게 대체 말이나 되는 일인가?

수많은 영화, 매일매일이 휴가인 듯 시간을 보내고 있는 부유한 인플루언서들의 인스타그램 사진 속 미소, 그리고 셀러브리티 문화, 이 모든 것들이 내게 그렇게 약속했다. '성공'한 사람이 되어서 큰돈을 벌어들이면 지구에서 가장 행복한 사람이 될 거라고. 나는 내 시선이 닿는 모든 곳에 존재하는 그 사회적 성공 서사에 기만당한 기분이었다. 그리고 무엇보다도, 내 자신에게 속은 기분이었다.

사실을 말하자면, 나는 행복에 대해서 전적으로 잘못 생각하고 있었다. 나를 더 행복하게 해줄 거라 믿었던 모든 것들을 얻고 난 뒤에야 나는 행복의 본질에 대한, 인생을 바꿀 만한 사실을 깨닫게 되었다. 앞만 보고 달리던 나를 멈춰 세우고, 이 책을 쓰게 한 그 사실 말이다.

내가 깨닫게 된 첫 번째 충격적인 사실은 나는 언제나 '행복'했다는 것이다. 나는 지금까지 쭉 행복했다! 내가 가난했을 때나 가난하지 않았을 때나, 혼자였을 때나 연애 중이었을 때나, 팔로워가 전혀 없었을 때나 몇 백이 되었을 때나, 항상!

　그저 세상은 이럴 것이라 생각한 나의 믿음이 내 시야를 가리고 있었다. 그 믿음은 나로 하여금 나는 아직 행복하지 않으며, 행복은 언젠가, 곧 찾아올 거라고 생각하게 만들었다. 내가 계속 쫓아가기만 한다면……

　　　　　　　　1장 · 가난했던 내가 성공한 뒤에 알게 된 사실

어쩌면 당신은 늘 행복했을지도
모른다.
하지만 이 세상과, 소셜미디어와,
남들과의 비교가
당신이 행복해질 수 없다고
믿게 만든 것이다.

———

인생의
두 가지 게임

우리 인생에는 두 가지 종류의 게임이 있다. 유한한 게임과 무한한 게임이 바로 그것이다.

유한한 게임은 축구나 빙고, 포커처럼 게임에서 이기려는 데 목적이 있고, 이기면 게임이 끝난다. 이런 게임은 비교적 짧은 시간 동안 이루어지며, 승자와 패자가 존재한다. 무한한 게임은 그와 정반대다. 게임이 계속 이루어지며, 더 많은 사람을 게임에 끌어들이기 위한 목적으로 진행된다. 거기에는 승자나 패자가 없으며, 그저 게임이 계속 이어질 뿐이다. 무한한 게임은 세상에 딱 하나, 바로 우리 인생이다.

문제는, 내가 세상에 존재한 25년 동안 인생을 유한한 게임이라 믿으며 살았다는 것이다.

나는 행복을 마치 성공, 부, 명성, 업적을 가르는 보이지 않는 점수판에 점수를 계속 쌓아서 '따내는 것'인 양 여겼다. 하지만 플레이어(당신)가 죽어야만 게임이 끝나는 것이라면 어떻게 그 게임에서 '이길' 수 있겠는가?

행복, 즉 충만한 마음은 무한한 게임의 대상이다. '이겨'도 행복해질 수 없다. 그저 행복하게 '될' 뿐이고, 그 상태는 플레이어가 게임에서 떠날 때까지 유지된다. 무한한 게임에는 정해진 기간도 없다. 아무리 큰 부자가 되었다 한들 폭죽은 절대 터지지 않고, 아무리 성공한 사람이 되었다 한들 연단은 절대 나타나지 않는다.

그것은 당신이 죽어야만 끝나는, 계속해서 이어지는 무한한 경험이다. 끊임없이 지속되기 때문에, 결승선이나 정상이 있으리라는 기대와 내가 '목적 지향적 사고방식'이라 부르는 마음가짐 역시 버리고 임해야 한다. 그러나 정말로 중요한 것은 지금이다.

행복은 멀리 있으며, 훗날의 새로운 연애나 승진, 더 작은 옷 사이즈, 새 스포츠카, 혹은 내 경우처럼 백만장자가 되는 것에 당신의 행복이 달려 있다는 생각을 버리기 전까지 지금의 당신은 절대로 행복할 수 없다.

노자와 같은 사상가들이 우리는 스스로를 목적 지향적 사고방식으로부터 분리시키는 것만으로도 행복해질 수 있으며, 과거나 미래에 지나치게 얽매여 사는 것은 우리를 불행하게 할 뿐이라는 사실을 계속 언급한 것도 어찌 보면 당연한 일이다. 그는 "바람직한 여행자는 계획을 정하지 않으며, 도착하는 것을 목적으로 삼지

당신이 행복은 멀리 있다는
생각을 포기하기 전까지:

○ 새로운 연애를 하면 행복해질까?

○ 승진을 하면?

○ 살을 빼서 작은 사이즈의 옷을 입을 수 있게 되면?

○ 새 스포츠카를 뽑으면?

○ 그것도 아니면 백만장자가 되면 행복해질까?

◉ **지금의 당신은 절대로 행복할 수 없다.**

않는다"고 했다. 인생이라는 여정에서 행복한 여행자가 되기 위해, 나는 모든 목적지, 이정표, 내가 '도달해야 할' 모든 것들이 결코 나를 진정으로 충만하고 행복하게 만들 수 없음을을 깨달아야 했다.

결국 인생은 무한한 게임이고, 거기서 내가 '이기는' 마법 같은 순간은 절대 오지 않을 것을 깨닫고 나자, 나는 다음과 같은 천지개벽할, 혼란스러우면서도 다소 무섭기까지 한 진실을 받아들여야 했다. 행복은 지금이 아니면 안 된다는 것을 말이다. 소셜미디어나 우리가 사는 사회, 잡지, 마케팅, 성장 과정에서 겪는 타인과의 비교 같은 것들이 밤낮없이 우리에게 영향을 미치고 있음에도 불구하고, 사실 우리에게는 그러한 승진이라든가 스포츠카, 고급 저택, 롤렉스 시계, 명품 가방, 신발, 팔로워들, 인지도, 또는 타인의 인정 같은 것이 필요하지 않다. 믿기 어렵겠지만 우리를 자유롭게 하고 우리 마음을 위로하는 진실은, 우리는 이미 행복해질 자격이 충분하다는 것이다.

그러나 저 말을 깨달았을 당시에 저 말이 마음을 해방시켜 주었다기보다 두렵고, 혼란스럽고, 불안하게 만들었다. 그렇다면 사는 의미는 뭐란 말인가? 더 나아갈 곳이 없고 증명해 낼 것이 없다면, 굳이 아침에 뭐 하러 침대에서 일어나는가?

나는 마침내 내가 인생이라는 게임을 하는 이유가 완전히 잘못되었고, 내가 따랐던 게임의 규칙 역시 잘못된 것이었으며, 사람들이 이 게임을 하는 목적이라고 말해 왔던 크고 웅장한 트로피는 존재하지 않는다는 걸 알았다.

모든 것은 자존감으로부터 시작된다

행복에 대한 놀라운 역설 중 하나는, 찾아 헤매던 모든 것을 찾기 위해서는 찾는 일 자체를 그만둬야 한다는 것이다. 세계적으로 유명한 심리치료사인 머리사 피어(Marisa Peer)는 이에 대한 답을 갖고 있었다. 그녀는 이렇게 말했다.

"심리치료사로 일해온 지난 33년 동안 오랜 시간 마음의 병을 앓아온 영화배우부터 불안감에 빠진 올림픽 선수들, 우울증에 걸린 교사들까지 수많은 사람들을 치료했는데, 이들은 모두 같은 문제를 가지고 있었다. 그들 대부분이 스스로 존재만으로도 충분히 가치 있다고 믿지 않는다는 것이었다. 내가 치료했던 수천 명의 약물 중독자들 역시 단 한 명도 자신의 존재 자체로 충분하다고 생각하지 않았다."

또한 그녀는 자기 존재만으로도 충분하다는 걸 아는 사람은 아무것도 안 하고 빈둥대는 게 아니라 오히려 그 반대로 행동한다고 말한다. 자기 자체로 충분하다는 걸 안다면 자신의 가치를 깨달은 것과 같고, 이는 곧 자신을 위해 지금보다 더 나은 환경을 만들고자 하는 원동력이 된다. 이것은 (대개 결핍을 충족시키기 위해) 무언가가 필요하다는 감정과 달리, (자존감과 자기 효능감을 만족시키기 위해) 내가 무

나는 행복을 마치 성공, 부, 명성,
업적을 가르는 보이지 않는
점수판에 점수를 계속 쌓아서
'따내는 것'인 양 여겼다.
하지만 플레이어가 죽어야만
게임이 끝나는 것이라면
어떻게 그 게임에서
'이길' 수 있겠는가?

____

언가를 누릴 가치가 있다는 감정이다.

세상에 어떤 아기도 자기가 가치 없는 존재라 믿으면서 태어나지 않고, 그 어떤 아기도 자기가 관심을 받을 자격이 없다면서 울음을 참지 않는다. 머리카락의 색이나 눈동자 색, 피부색 때문에 자신을 부족한 인간이라 느끼는 아기 역시 없다. 다만 우리가 살아가는 내내 사회 곳곳에서 우리가 부족한 인간이라고 세뇌당하는 것일 뿐이다.

기업이 실은 별 필요도 없고 쓸데없는 걸 우리에게 팔아먹으려면, 먼저 우리에게 뭔가 부족한 게 있다고 설득해야 하지 않겠는가? 학교나 대학이 우리로 하여금 열심히 공부해서 좋은 직장에 들어가야 한다고 생각하게 만들려면, 노력해서 올라갈 가치가 있는 무언가가 저 위에 있다고 먼저 우리를 설득해야 하지 않겠는가? 누군가가 온라인상에서의 지위를 쌓아 올리려면 자기한테는 남들에게 없는 많은 게 있다고 설득해야 하지 않겠는가?

행복에 대한 놀라운 역설 중 하나는, 찾아 헤매던 모든 것을 찾기 위해서 찾는 일 자체를 그만둬야 한다는 것이다. 그러나 내가 믿었던 이야기는 내게 뭔가가 부족하며, 그것 때문에 내가 불행하다는 쪽이었다.

소셜미디어는 우리에게 하나도 도움이 되지 않는다. 그곳은 지위를 놓고 싸우는 전쟁터나 다름없으며, 수많은 사람이 자신의 지위를 쌓아 올리기 위해 당신에게 없는 것들(소유물, 지식, 명성, 부, 아름다

옮)을 허세 가득한 설명과 함께 자랑하듯 보여주는 곳이다.

알고리즘 역시 그들의 편이다. 만약 당신이 침대에서 추레한 모습으로 컵라면을 먹는 셀카를 찍어 올린다면 점수('좋아요' 수, 노출 정도, 댓글 수, 팔로워 수)를 거의 받지 못할 것이다. 반면, 당신이 몰디브 해변에서 명품 옷을 걸치고 날씬한 몸매를 자랑하는 셀카를 찍어 올린다면 알고리즘은 당신에게 잘했다는 찬사를 보내며 최대한 많은 사람에게 당신의 셀카를 보여줄 것이다.

당신이 남들보다 더 나은 사람이고, 더 부유하며, 더 똑똑하고, 더 성공했다는 것을 '증명'한다. 이렇게 온라인상의 지위를 높이기 위한 게임은 제로섬 게임과 같아서, 자신이 뭔가를 얻기 위해서는 다른 이의 것을 빼앗는 수밖에 없다.

우리는 새 물건이나 남자 친구, 휴가 같은 것이 생기면 친구들과 팔로워들 모두에게 그에 대해 자랑함으로써 자신의 지위를 높이려 한다. 이는 결국 그걸 가지지 못한 사람들에게 그것들이 우리에게 준 확실한 (실은 허구인) 지위와 확실한 (실은 허구인) 행복을 얻고 싶으면 당신들도 그걸 가져야 한다고 말하는 거나 다름없다.

소셜미디어는 여러분을 속이고 있다. 나 역시도 속았다. 그 모든 스포츠카며, 명품 가방이며, 비싸기만 한 무의미한 것들은 결코 사람들을 행복하게 만들어 줄 수 없다. 그들은 잘못된 게임을 하고 있다. 그들은 인생을 유한한 게임처럼 대하고 있는 것이다.

그럼에도 불구하고 그 게임을 꼭 해야겠다고 한다면, 평생을

2장 · 인생의 두 가지 게임

행복에 대한 놀라운 역설 중
하나는 이것이다

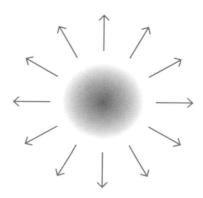

찾아 헤매던 모든 것을 찾기 위해서

찾는 일 자체를 그만둬야 한다는 것이다

공허하다 맛본 찰나의 쾌락을 행복이라 착각하며 좇는 삶을 살게 될 것이다. 그리고 마침내 승진이니, 돈이니, 좋은 차니, 안정적인 관계니, 명성이니 하는 것들, 즉 행복이 있을 것이라 생각한 그 지점에 다다르면 행복은 사라져 버리고 말 것이다. 당신이 그것을 움켜쥐는 마지막 순간, 그것은 연기처럼 손아귀를 빠져나가 멀리 달아나 버리고 말 것이다. 마치 무지개의 끝자락처럼.

무의미한 삶처럼 사람을 많이 죽이는 것은 없다. 그리고 우리가 살고 있는 유해한 사회는 진정으로 의미 있는 것들을 물질적 풍요와 팔로워 수, '좋아요' 수, 고독과 가벼움으로 맞바꾸라고 서서히 우리를 종용한다. 이 사회는 초고속 인터넷의 급속한 확산의 영향을 받으며 살아온 우리를 온라인 세대라고 부른다. 하지만 데이터를 통해 드러난 사실은, 인구 밀도가 매우 높고 인터넷이 잘 연결된 도시들에서마저 의미 있는 상호 관계는 역대 최저 수준이라는 것이다. 지난 150년 동안 영국과 미국의 기대 수명은 점차 늘어나는 추세였지만, 놀랍게도 최근에는 현대 사회로 진입한 이래 처음으로 기대 수명이 줄어들기 시작했다.

현시대의 자살률은 기록적인 수치를 보이고 있으며, 약물이나 알코올 중독 또한 유례없이 많은 사람들을 죽이고 있다.

서구 세계는 의미의 위기를 맞았으며, 이로 인해 우리의 삶이 망가지고 있다.

인터넷 연결은 강해졌지만

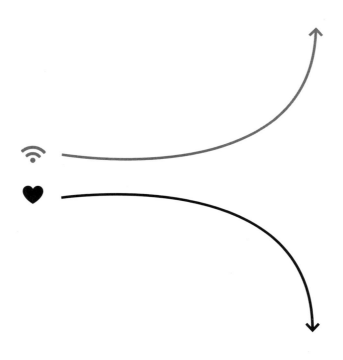

의미 있는 연결은 약해졌다

3장

비교는 생존의 지름길이자 행복의 방해꾼

ㄱ

열두 살 때, 나는 내 커다란 노키아 벽돌폰을 미치도록 사랑했다. 거기엔 팩맨(Pac-Man)과 스네이크(Snake) 게임, 그리고 멜로디가 있는 벨 소리와 조그마한 흑백 화면에 160개의 글자로 된 문자 메시지를 보낼 수 있는 기능이 있었다(난 그걸 늘 꽉 채워 보냈다). 당시에는 너무나 획기적이면서도 놀라운 기술이었다. 그 폰을 가진 것만으로도 나는 학교의 또래 사이에서 소위 '잘나가는' 아이가 되었고, 친구들 앞에서 그 폰을 꺼낼 때마다 끝내주는 기분을 느끼며 자랑스럽게 안테나를 뽑아 올리곤 했다.

그로부터 십 년이 지난 지금, 우리는 어마어마하게 빠른 속도에다 수억 화소의 카메라를 갖추고도 두께는 고작 몇 밀리미터밖에 안 되는 천재적인 폰을 쓰고 있다. 굳이 시키지 않아도 알아서 착착 업무를 수행하고, 지구 반대편에 있는 사람과 실시간으로 고

해상도의 화상 통화를 할 수 있게 해주는 그런 폰 말이다. 내 노키아 벽돌폰은 그때나 지금이나 변함없이 그대로지만, 만약 내가 지금도 그걸 들고 다녀야 한다면 굉장히 창피스러울 것이다.

휴대폰의 존재는 바뀐 것이 없지만, 그 폰이 존재하는 세상은 바뀌었다. 어떤 것의 관념적인 가치가 그보다 더 좋고, 더 빛나고, 더 예쁜 무언가가 나타나는 것만으로도 바뀔 수 있다는 게 정말 어이없지 않은가? 생각해 보라. 인간의 뇌가 어떤 것에 대해 부여한 가치가 그 자체에 내재된 본질적이고도 진정한 가치에 기반하는 것이 아니라, 그보다 더 나은 무언가가 나타났다는 사실만으로 완전히 바뀔 수 있다는 걸 말이다.

인생에 대한 가장 큰 오해는 내가 내리는 결정이 전적으로 나의 통제하에 이루어진 것이며, 나는 항상 당면한 사실들을 저울질하여 이성적인 결정을 내린다는 믿음이다. 이것은 완벽하게 사실이 아니다. 셀 수 없이 많은 과학적인 연구를 통해 인간의 마음은 매우 비이성적이며 무의식적인 충동과 호르몬, 생존 본능, 그리고 그것들의 부산물인 감정에 의해 크게 좌우된다는 것이 밝혀졌다.

무섭게 들릴 수도 있지만, 대부분 인간은 스스로를 '통제'하지 못한다. 우리의 뇌는 이성적 사고를 지속할 수 없게끔 설계되어 있다. 우리에게는 매일 반복하는 그 수많은 선택에 따를 통계적 가능성과 잠재적인 위험을 계산할 시간이나 정신적 여유가 없는 것이다. 그래서 우리는 본능이 우리 삶의 CEO가 되도록 허락하고, 거의 무의식적인 자동조종 상태로 살아간다.

이 CEO는 무지하게 게으른 편으로, 의사 결정을 하는 데 있어 특히 더 그렇다. 당신의 CEO는 번갯불에 콩 볶아 먹는 속도로 인생에 관한 결정을 내리는데, 세부적인 사항까지 모두 다 분석하기보다는 하나의 핵심 요인만을 놓고 그냥 결정해 버린다. 당신 인생의 CEO는 게으를 뿐만 아니라 다소 인종주의자에다가 성차별주의자며, 당신이 부끄럽게 생각하는 사회적 편견으로 가득 차 있다. 이러한 편견은 당신이 과거에 했던 경험, 당신에게 노출시킨 미디어의 이야기가 태어날 때부터 가지고 있는 생존에 대한 욕구에 기반해서 당신의 머릿속의 사는 CEO에게 입력되어 왔다. 어쨌든 아프리카 사바나에 살던 우리 조상에게 사자가 달려들었을 때, 달아날지 말지에 대해 1초 이상 생각했다가는 결국 죽고 말았을 것이기 때문이다.

우리의 목숨을 부지해야 할 의무가 있는 마음속의 게으른 CEO는 무언가에 대한 충분한 정보가 없다면 상대성에 기반하여 다른 것과 비교하고 대조해서 빠르게 결정을 내릴 것이다. 다시 말해, 그 CEO가 어떤 결정을 내리기에 충분한 정보를 가지고 있지 않다면 그것들이 제시된 맥락이나 상황에 따라 상대적이고 의존적인 판단을 내릴 것이라는 말이다.

만약, 정말 만약에 당신이 세상의 모든 사람을 죽였다면

과학자들의 연구에 따르면, 당신의 마음속 CEO가 하게 될 선택은 직면하게 될 사실이 달라지지 않더라도 바뀔 수 있다고 한다. 예를 들어, 주방장이 가게 메뉴에 비싼 스테이크를 올리면 그 가게에서 두 번째로 비싼 스테이크가 사람들에게 인기를 얻게 되는 것이다. 또 상점에서 세 가지 가격대의 TV가 판매되는 경우, 대부분은 중간 가격대의 TV를 선택한다. 왜냐하면 가장 저렴한 제품은 품질이 좀 떨어질 것 같고, 가장 비싼 제품은 불필요하게 사치스럽다고 생각하기 때문이다. 중간 가격대를 선택하는 것이 가장 안전하고 최선이라 생각하는 것, 바로 당신의 게으른 CEO가 또다시 추측을 통해 결정을 내린 결과다.

다음의 질문에 대해 생각해 보라. 재킷을 사러 갈 때 원래 길을 벗어나 10분 더 운전하면 10파운드를 절약할 수 있다. 그렇다면 20파운드짜리 재킷을 위해 10분을 더 운전해서 10파운드를 절약하겠는가, 아니면 200파운드짜리 재킷을 위해 10분을 더 운전해서 10파운드를 절약하겠는가? 아마도 대부분 20파운드 재킷을 사기 위해 10분 더 운전하기를 선택할 것이다. 하지만 대체 왜일까? 10파운드를 아끼는 건 양쪽 모두 똑같지 않은가? 사려는 물건의 금액과 상관없이 당신이 가진 10분의 가치도 똑같지 않은가?

10파운드라는 돈의 가치에 대한 우리의 판단이 바뀌는 이유는 우리가 사물의 가치를 절대적이고 논리적인 방식이 아닌, 주변 상황에 따라 달라지는 상대적인 방식으로 결정하기 때문인 듯하다. 우리는 신속한 의사 결정을 내릴 때와 사물의 가치를 평가함에 있어서는 기본적으로 비이성적이다. 사실 인생에서 맥락이나 상황과 관계없이 고유한 가치를 지니는 것은 아무것도 없다.

인간에게 금은 매우 가치 있는 것으로 여겨진다. 어떤 사람들은 작은 금붙이를 손에 넣기 위해 종신형을 살 위험을 무릅쓰고 범죄를 저지르지만, 지구에 사는 다른 87억 종의 동물들에게는 아무런 가치도 없는 무거운 돌덩이일 뿐이다. 금이 가치 있는 것이라 여겨지는 사회의 맥락 안에서만 우리는 그것에 어마어마한 관념적인 가치를 부여한다.

당신의 게으른 CEO는 오래전 들판에서 무섭게 달려드는 맹수의 공격으로부터 우리의 목숨을 부지하게 해주었던, 비교에 기반한 손쉬운 결정을 내리는 걸 좋아한다. 하지만 지금 우리가 살고 있는 소셜미디어로 점철된 사회의 맥락에서는 이러한 접근법은 필연적으로 모두를 당신보다 명백하게 더 아름답고, 강하고, 섹시하고, 행복하고, 성공한 것처럼 보이게 하고 결국 당신 스스로에게 만족하지 못하게 만들어버린다. 최악의 경우, 당신은 행복하고, 섹시하고, 부유한 80억 아이폰 유저의 세상에 꼽사리 낀 구닥다리 벽돌폰처럼, 무가치하고 열등한 존재라는 느낌을 받을 것이다.

만약 어떤 말도 안 되는 생물학적 문제로 인해 지구상에 태어나 살아 있는 유일한 인간이 당신뿐이라면, 우리는 지금의 우리에게 만연한 모든 물리적 결핍과 삶의 불안, 그리고 얼마나 성공한 인생인가, 혹은 실패한 인생인가 하는 걱정들로부터 자유로울 수 있을 것이다. 아마도 자기 자신에 대해 이 정도면 '충분하다'고 여기게 될 것이다. 왜냐하면 당신은 지구에서 가장 부유하고, 행복하며, 아름답고, 날씬하고, 똑똑하고, 섹시하고, 재미있고, 성공한 사람일 것이기 때문이다.

이런 이유로 나는 중산층 지역에서 상대적으로 가난하고 문제 있는 가정에서 성장하는 동안 불행했고, 창피했고, 열등감에 사로잡혀 있었다. 내 머릿속의 게으른 CEO는 내 주변의 중산층 백인 아이들의 맥락에서 내 처지를 그들과 비교하고 있던 것이다. 구김살 없고 행복한 그들을 보고 있노라니, 계속해서 남과 비교하기 좋아하는 내 마음은 나 자신이 열등하고 부족한 사람이라는 결론을 내리고 말았다.

내가 내린 이 꽉 막힌 결론은 하나의 답을 명확하게 보여주었다. 나의 게으른 CEO가 내가 열등하다고 결론짓게 한 비교의 척도, 즉 좋은 물건과 완벽한 가정, 완벽한 집과 큰 재산을 가지게 된다면, 비로소 나는 부족함 없는 괜찮은 인간이 될 수 있다는 것이었다. 그래서 나는 내게 필요하다고 생각했던 모든 것을 얻기 위해 살던 곳을 떠나 커다란 세상으로 뛰어들었다. 그러면 나의 게으르고 비교에 집착하는 CEO 뇌가 만들어낸 비이성적이고 부정적인 맥락 때문에 망했다고 믿었던, 하지만 실은 망가진 적도 없었던 내

3장 · 비교는 생존의 지름길이자 행복의 방해꾼

인생을 바로잡을 수 있을 거라 믿으면서 말이다.

아직 말하지 않은 것이 있는데, 바로 내가 남아프리카 보츠와나의 가난하고 작은 마을에서 태어났다는 것이다. 그곳은 21세기인 오늘날에도 평균 기대 수명이 고작 49년밖에 되지 않는 곳이다.

내가 아기였을 때 아프리카의 그 가난한 작은 마을이라는 환경의 맥락을 떠나지 않았더라면 우리 가족은 그곳에서 사회 계층 사다리의 맨 꼭대기에 위치했을 것이고, 나 역시 완전히 다른 것들을 느끼며 자라났을 것이다.

이게 바로 물자가 풍족한 서구 사회와 소셜미디어, 비교하기 좋아하는 우리의 마음이 합쳐져서 벌어지는 일이다. 사람들은 쉽게 불행해지고, 정신적 문제가 팽배하며, 젊은 세대의 자살률이 높아진다.

유일하게 가치 있는 비교는
어제의 '당신'과 오늘의 '당신'을
비교하는 것이다.
행복해지고 싶다면
거기에 집중해야 한다.

———

3장 · 비교는 생존의 지름길이자 행복의 방해꾼

4장

우리는 알고리즘이
바라는 모습이
되어간다

그렇다면, 어떻게 해야 우리는 머릿속의 그 게으른 CEO를 이겨낼 수 있을까?

사실 그럴 방법은 없다.

내가 뭐라고 말한들 여러분은 자신과 타인을 비교하는 것을 멈추지 않을 것이다. 왜냐하면 그건 인간의 본성이니까. 나도 이 모든 부정적인 비교를 멈출 터무니없는 방법이라도 지어내고 싶은 마음이 굴뚝같지만, 차마 여러분에게 그런 거짓말을 할 수는 없다.

그러나 정말 희망적이게도, 우리의 마음이 움직이는 방식을 면밀히 들여다보고 그것을 잘 이용하게 도와주는 매우 실용적면서도 과학적으로 검증된 방법들이 있다.

카일리 제너(Kylie Jenner)에 대해 들어본 적 있을 것이다. 그녀는 스물한 살의 나이에 억만장자가 된 것으로 알려져 있다. 흠잡을 데

없는 외모와 부유하고 잘난 가족을 가진 그녀는 완벽해 보이게끔 편집된 자신의 일상을 그녀가 하는 모든 것을 따라하기로 결정한 어린 소녀들이 주를 이루는 3억 명가량의 팬들에게 하루에도 몇 번씩 방송하듯 보여주고 있다. 최근에 그녀가 올린 사진은 마치 낙원과도 같은 풍경을 배경으로 바다를 항해하는 요트 위에서 비싼 샴페인을 홀짝이며 기대 있는 모습으로, 명품 비키니를 입고 '완벽한' 톤으로 태닝된 그녀의 몸매를 자랑하는 사진이었다.

이제 잠시 '제너 카일리'라는 이름을 가진 다른 젊은 여성이 있다고 상상해 보자. 그녀는 이름뿐만이 아니라 모든 면에서 카일리 제너와 정반대의 삶을 살고 있다. 스물한 살인 제너는 정부 지원 주택에 살면서, 최저임금을 받는 투잡을 뛰며 하루 벌어 하루 먹고 살아 간다. 그녀는 자연스럽게 통통한 몸매와 여드름, 셀룰라이트, 푸석한 머릿결을 가지고 있다. 그리고 그녀 또래가 그러하듯이 하루에 네 시간에서 열 시간가량 핸드폰을 들여다본다.

그녀의 게으른 CEO 뇌가 필연적으로 그녀의 삶을 카일리 제너의 삶과 비교할 때, 그녀가 무의식적으로 자신에 대해 어떻게 느끼게 될지 상상이나 할 수 있겠는가? 그 상황에서 어떻게 그녀가 자기를 가치 있는 사람이라고 느낄 수 있겠는가? 안타깝게도 '제너 카일리'는 자기가 왜 그렇게 불안해하고, 자신 없어 하며, 남의 시선에 위축되는지, 왜 그렇게 거지 같은 우울증으로 고통받아야 하는지 깨닫지 못할 것이다. 아마도 그녀는 카일리 제너의 삶을 보는 것이 '재미있고', '볼거리가 있고', '좋은 자극이 되기' 때문에 좋아한다고 말할 것이다. '볼거리'의 대가로 얻은 마음의 병은 알아차리지 못한 채 말이다. 카일리 제너와 그녀처럼 완벽한 인생을 꾸며내는 수백 명의 인플루언서들을 따라 하기로 한 제너 카일리의 결심은 정신적인 자해 행위나 다름없으며, 이는 밀레니얼 세대가 자기도 모르게 스스로에게 가하는 가장 심각한 현대적 자해 행위다.

거짓으로 만들어서라도

소셜미디어 시대를 맞아 성형외과 분야도 더불어 호황을 누리고 있는데, 유명한 성형외과 의사인 티지온 에쇼(Tijion Esho)에 의하면 자신을 찾아오는 환자의 삼분의 일 이상이 소셜미디어 인플루언서의 사진을 가져와서는 그들과 비슷한 모습으로 수술해 달라고 요청한다고 한다. 카메라 필터를 지나치게 사용했거나 조작된 사진을 보여주며 자기도 그렇게 비현실적인 외모로 만들어달라고, 그래서 팔로워들에게 그런 비현실적인 모습을 자랑해서 서로를 좀먹는 비교의 악순환을 계속 이어갈 수 있게 해달라고 말이다. 수많은 젊은 사람이 디지털 성형수술에 가까운 사진 보정을 위해 페이스튠(Facetune) 앱을 사용한다. 페이스튠의 CEO 지브 파브먼(Zeev Farbman)은 앱이 유명해지자 마치 '복권에 당첨된' 듯한 기분이라고 말하기도 했다.

사진 한 장이 천 마디 말을 대신한다는 말이 있다. 그런 의미에서 1,479명의 젊은 사람들을 대상으로 한 조사에서 당신의 미화된 일상 사진을 전시하기 위해 만들어진 플랫폼인 인스타그램이 정신 건강과 행복에 악영향을 미치는 최악의 소셜미디어로 뽑힌 것은 놀랍지 않다. 이 논란의 중심에 있는 카일리 제너가 문제의 일부이면서, 동시에 피해자라는 사실도 어쩌면 당연하다. 최근 올린 글을 통해 그녀는 자신이 '젊은 시절' 내내 정신적 문제들로 고통받아 왔다고 밝혔다. 결국 그녀는 이제 스스로가 만들어낸 자신의 허상, 그리고 거짓으로 쌓아 올린 가식적인 주변 환경과 경쟁해야 하는 것이다. 그래서 그녀는 자칫 공개됐다간 하늘이 두 쪽 날, 보정이나 필터를 씌우지 않은 자신의 진짜 모습이 담긴 사진으로 전 세계 언론의 입방아에 오르며 그간 열심히도 쌓아온 비현실적인 기준과 자신의 진짜 모습이 비교당할까봐 두려워서, 헐렁한 옷을 걸치고 얼굴을 가린 채 명품관을 후다닥 달려 나올 수밖에 없게 됐다.

카일리는 고작 열여덟 살의 나이에 자기 엉덩이에 '제정신(sanity)'이라는 단어를 문신으로 새겨 넣었다. 그녀가 직접 밝힌 그 이유는 "내가 미쳐가고 있거나, 아니면 곧 미칠 것만 같아서"였다.

나는 카일리에게 어떤 악감정도 갖고 있지 않다. 되레, 그런 환경에서 태어나고 자랐다는 사실이 참 안됐다고 생각한다. 그건 그녀가 선택할 수 있는 것이 아니었으니까. 하지만 그녀를 팔로잉하는 3억 명 이상의 사람들에게는 분명 선택권이 있다. 여러분을 비롯한 수많은 사람은 각자의 게으른 CEO, 즉 남과 비교하기 좋아하는 자신의 마음을 필터가 씌워진 비현실적이고 유해한 환경에 날마다 몇 시간씩 적극적으로 노출시키는 걸 선택하고 있다. 이것은 대규모의 자발적인 정신적 자해 행위이므로, 여러분을 포함한 온라인 세대가 살아서 빠져나가고 싶다면 반드시 다시 생각해 봐야 할 선택지다. 만약 어떤 책이 여러분더러 쓸모없고 못생긴 실패한 인간이라고 말한다면, 여러분은 그 책을 더 이상 읽지 않을 것이다. 그런데 대체 왜 그 책과 별 차이 없는 내용이 여러분의 디지털 서재를 채우는 걸 보고 있는가?

여러분의 게으른 CEO가 조종하는 마음은 본래 게으르지만 비교하는 일에서만큼은 놀라우리만치 끈덕지고 믿을 수 없을 만큼 진심이다. 자기 계발 지도자들은 "남들과 자신을 비교하는 것을 멈추라"고 말하지만, 그건 별로 도움이 되는 충고가 아니다. 인간 고유의 본성을 제대로 고려하지 않은 쓸모없는 말일 뿐이다.

열여섯 살의 내가 같은 열여섯 살의 저스틴 비버(Justin Bieber)를 동경한 것처럼, 많은 사람이 셀럽이나 더 큰 성공을 거둔 친구, 더 부유한 동료가 자신보다 나은 사람이라 생각하고 그들을 동경한다. "그들은 나보다 훨씬 더 행복하고 성공한 삶을 살고 있다"라는 생각은 위를 향한 사회적 비교의 한 예시다. 내가 가상으로 만든 제너 카일리가 카일리 제너를 '우러러'보는 것도 이와 같은 맥락이다. 이런 상향 비교는 충분한 정보에 기반한 것이 아닐뿐더러, 부

4장 · 우리는 알고리즘이 바라는 모습이 되어간다

소셜미디어의 타임라인은
우리의 서재가 되었으며,
이제는 우리의 생각과 느낌에
큰 영향을 주는
요소로 자리 잡았다.

거짓으로 가득한데다
인생에 도움을 주기는커녕
해만 끼치는 인플루언서들은
이제 언팔하고,
정직하고 진실된, 긍정적인
창작자들을 팔로우하라.

당신의 서재를 업그레이드하라.

———

당하다. 사실 우리는 각기 다른 장점과 단점, 강점과 약점을 가지고 태어난다. 지구상에 우리와 똑같은 생물학적 기질, 인생 경험, 사회적 장점과 단점을 가진 사람은 단 한 명도 없다. 어떠한 논리로 정의하더라도 우리는 각각 특별하기 때문에, 서로를 비교하는 것 자체가 본질적으로도, 논리적으로도 부당하다. 사회·조직 심리학 분야 박사인 카르멘 카모나(Carmen Carmona)와 그 동료들이 발표한 심층 연구 논문에 따르면, 사회적 상향 비교는 대개 무력감, 시기심, 열등감과 같은 감정을 불러일으키는데, 이는 우리의 정체성을 뒤흔들고, 번아웃에 빠뜨릴 위험을 증가시킨다고 한다. 즉, 절대 좋은 것이 아니다.

반대로 "나는 그들보다 훨씬 더 행복하고 더 성공한 삶을 살고 있다"라는 생각은 아래를 향한 사회적 하향 비교의 예시다. 누군가가 사회적으로 당신보다 못한 위치에 있고, 당신 자신과 당신의 처지가 그 사람보다 더 낫다고 생각하며 '내려다'보는 것이다. 앞서 말했듯, 당신이 깔보는 그 사람들 또한 각자의 독특한 생물학적 기질, 인생 경험, 사회적 장단점을 가지고 있기에 이렇게 비교하는 것이 본질적으로 부당하다. 하지만 우리는 가끔 우리의 행복감과 자존감을 높이기 위해서 우리보다 안 좋은 상황에 있거나 능력이 부족한 사람들을 우리 자신과 비교한다.

나의 첫 노키아 벽돌폰이 수십 년 세월을 지나 나의 최신 아이폰 999를 보는 것처럼, 누군가가 가공한 우월함을 관찰하는 것이 단기적으로는 '즐거울'지 모른다. 그러나 장기적으로 이어지면 맞이하게 될 불가피한 될 결과는 불행, '비교로 인한 절망' 증후군 그리고 열등감뿐이다. 이것들은 너무나 심각해서 애초에 자기를 부족한 사람처럼 느끼게 한 거짓된 완벽함을 자기도 똑같이 만들고 다른 사람들에게 투영하고 싶은 마음이 들게 할 것이다. 그러니까 언팔하고, 차단하고, 음소거하길 바란다. 온라인에서뿐만 아니라 현실에서도 그런 사람들을 차단하라. 리얼리티 TV 쇼로 그들의 삶을 보는 것도 그만두고, (특히 남자들에게 말하는데) 람보르기니를 타고 인스타그램 모델들과 어울리는 화려해 보이는 남자들의 일상을 넋 놓고 보는 데 시간을 허비하지 마라. 워커홀릭의 삶을 미화하면서 여러분에게 빠르게 부자가 되는 방법을 팔아먹는 전문가니 멘토니 하는 사람들도 무시하라. 그들이 그렇게 사기를 칠 수 있는 기반은 카일리 제너가 화장품 사업으로 억 소리 나는 돈을 벌어들인 것과 같은 원리, 즉 여러분에게 스스로가 부족한 인간이라는 생각을 심어주는 것이다. 자신의 환경을 더 현실적으로, 더 건강하게, 더 진실되게 만들어라. 정말 진심으로 하는 말이다. 이 말이 여러분의 인생을 구할 수도 있다.

소셜미디어는 말도 안 되게
'완벽한' 모습을
정상적인 것처럼 만들어버려서,
이제 '좋음'은 그저 그런 것이
되어버렸다.

———

4장 · 우리는 알고리즘이 바라는 모습이 되어간다

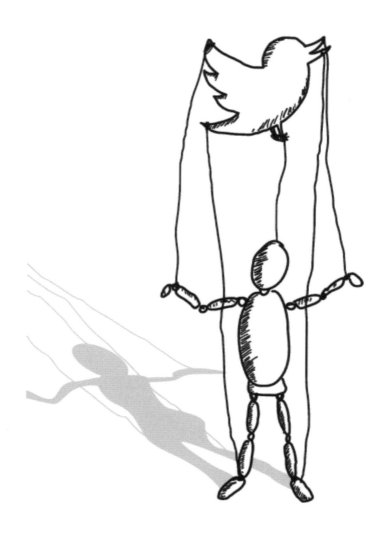

우리는 알고리즘이 바라는 모습이 되어간다.

5장

백만장자의
딜레마

열여덟 살 때, 나는 직업도 없이 집에서 300마일 떨어진 맨체스터에서 살고 있었다. 내가 대학을 안 다니는 것 때문에 엄마는 화가 머리끝까지 나서 나랑 연을 끊겠다고 했고, 정부에서는 내가 너무 빨리 중퇴하는 바람에 지원 대상 자격 미달이라며 학자금 대출금을 내주지 않았다. 나는 무일푼에 혼자였고, 너무 배가 고픈 나머지 맨체스터의 가장 위험한 동네에서 세 명의 불법 체류자와 같이 살던 허름한 집에서 나와, 혹시나 누군가 떨어트리고 간 음식이나 돈이 있을까 싶어 길거리를 헤매곤 했다.

어떤 날은 용기를 쥐어짜서 식당에서 버리려고 내놓은 먹다 남은 치킨 조각을 슬쩍해 오거나 가게에서 냉동 피자를 훔쳐오기도 했고, 또 어떤 날은 운이나 사람들의 온정에 기대기도 했다. 그러다 정말로 운이 좋은 날이 있었다. 음식물 쓰레기통을 뒤지던 테이크아웃 식당 좌석에 앉아 있던 나는 실수로 좌석 뒤편에 20펜스짜리 동전을 떨어트렸는데, 오랫동안 거기로 꽤 많은 동전이 굴러 들어가서 그대로 방치되어 있던 걸 알게 됐다. 다행히 직원들이 거기까지는 청소를 안 한 모양이었다. 떨어트린 동전을 주우려 좌석 뒤편으로 손을 뻗었다 들어 올렸을 때, 내 손에는 먼지와 함께 1파운드짜리 동전이 쥐어져 있었다. 실낱같은 희망과 배고픔에 이것저것 따질 새 없었던 나는 천천히 식당 안의 모든 테이블을 돌면서 몰래 좌석 뒤쪽을 뒤졌고, 놀랍게도 다해서 13.40파운드에 달하는 동전을 주울 수 있었다.

그날 내가 얼마나 기뻤는지 말로는 다 표현할 수 없을 것이다. 나는 입이 귀까지 걸린 미소를 지으며 경쾌하게 식당을 나섰다. 그 돈이면 며칠간은 먹을 걱정을 하지 않아도 되었으니까. 그냥 배만 채우는 정도가 아니라 빵, 컵라면, 마마이트(영국인들이 주로 빵에 발라 먹는, 이스트 추출물로 만든 잼-옮긴이) 그리고 내가 좋아하는 것들로 비교적 잘 먹을 수 있는 돈이었다.

그로부터 몇 년 후, 나는 5성급 호텔 방에서 고급스런 조식을 먹으며 내가 스물한 살 때 설립한 회사가 약 2억 달러의 가치로 증권 거래소에 상장되었다는 소식을 듣게 됐다. 그 소식은 내 순 자산을 여덟 자리 수로 늘려주었고, 그 즉시 나는 영국에서 가장 부유한 30대 미만의 사람들 중 한 명이 됐다.

그런데…… 아무 느낌도 들지 않았다.

전혀.

별다른 감흥이 없었다.

그런 상황에서도 아무런 감정이 들지 않았다는 것에 나는 충격을 받았고, 적잖은 걱정도 밀려왔다. 이 순간이 오면 뭔가 특별한 느낌을 받을 거라고 늘 상상했었다. 폭죽, 환호, 희열 같은 굉장한 기분 말이다. 하지만 정말로 아무 느낌도 없었다. 내가 세운 회사가 2억 달러의 가치로 상장되었다는 소식을 들었을 때보다, 식당 좌석 뒤를 뒤져 13파운드 40펜스를 찾아냈을 때가 훨씬 더 기뻤다.

대체 무엇 때문에 나는 행복과 감사함을 느끼지 못했던 것인가? 내 동업자인 도미닉이 기뻐하면 나도 좀 기쁘지 않을까 하는 마음에 그에게 전화를 걸었지만, 공포스럽게도 그의 마음 상태 역시 내 마음과 정확히 같았다. 차게 식어버린 마음과 무감각함이 바로 그것이었다.

혼란에 빠진 나는 그날 헤드폰을 쓰고 평소답지 않게 직장까지 걸어가기로 마음먹었다. 걸은 지 십 분쯤 지났을 무렵, 예상치 못한 소름이 마치 파도타기라도 하듯 온몸으로 쫙 퍼져나갔다. 헤드폰에서 켄드릭 라마(Kendrick Lamar)의 「머니 트리즈(Money Trees)」가 흘러나오기 시작했던 것이다. 열아홉 살의 내가 도시의 반대편 끝에 있는 콜센터에서 야간 근무를 하기 위해 테이크아웃 중식당 위층의 쥐가 들끓는 썩어빠진 집에서부터 두 시간씩 걸을 때 매일같

우리의 건강과 행복을 위해
할 수 있는 간단한 일이
딱 '하나' 있다면,
그것은 바로 자주 감사를
표현하는 일이다.

———

이 들던 바로 그 노래였다.

그 노래는 마치 음악으로 된 타임머신처럼 나의 가장 어두웠던 시기로 나를 데려다 놓았다. 집세를 충당하려 콜센터에서 밤새 일하고 낮에는 내내 거지 같은 처지에서 벗어나게 해줄 사업에 몰두했던, 바로 오늘 같은 날을 꿈꾸며 살았던 그 시절로 말이다. 그때의 나는 오늘과 똑같은 길을 걸어서 콜센터에 출근했다. 걸어가다 지나치는 모든 아파트를 홀린 듯 바라보며 언젠가는 내 아파트를 갖게 될 거라 다짐하고, 자동차 전시장을 보면서 언젠가는 차도 사고 운전 연수도 받을 수 있을 거라는 상상을 하며.

노래가 끝나갈 때쯤 내 눈에서는 하염없이 눈물이 흐르고 있었다. 동시에 나를 꽉 채운 감사의 마음으로부터 어마어마한 희열이 밀려왔다. 나는 정신없이 폰을 꺼내 들고는 도미닉에게 음성 메시지를 보내 우리가 함께 고생하며 보냈던 힘든 나날들, 부엌 바닥과 소파에서 같이 자면서 계획을 세워나가던 사업 초기, 그리고 사업이 부도나기 일보 직전이었던 순간을 그에게 상기시켜 주었다. 그런 다음 그에게 오늘의 일이 우리 팀과 가족, 우리가 사랑하는 모든 이들에게 미칠 영향에 대해서도 설명했다. 그러자 그의 기분도 완전히 바뀌어서 아까 통화했던 무감각한 사람은 온데간데없이 사라지고, 어느새 감사해하고, 열정적이고, 행복한 사람이 되었다.

그때 나는 감사하는 마음의 힘을 진심으로 깨닫게 되었다. 감사하는 마음은 여러분의 게으른 CEO를 사무실 밖으로 쫓아내는 것이 아니라(앞서 말했듯 그건 불가능하다), CEO가 여러분이 얼마나 '완벽한' 존재인지에 대해 더 긍정적으로 자기 평가를 할 수 있게끔, 더 건강한 책무(보다 나은 맥락)을 제공하는 데 중점을 둔 접근 방식이다.

행복이라는 주제에 관해 내가 찾아본 많은 연구 자료에서 공통되게 말하는 것이 있다. 바로 우리의 건강과 행복을 증진하는 간단한 마음 수련법이 딱 하나 있다면, 그건 바로 자주 감사를 표하는 일이라는 것이다.

긍정 심리학(행복 및 안녕과 같은 인간 경험의 긍정적 측면에 대한 연구) 분야의 선구자 격인 심리학자 마틴 셀리그먼(Martin Seligman)은 "잠시 시간을 내서 인생에서 잘된 일들을 깨닫다 보면, 하루 종일 수많은 작은 보상을 받을 수 있게 된다"라고 말한다. 이 말은 처음에는 그냥 허울 좋은 말처럼 들릴지 모르지만, 객관적인 데이터를 보면 생각이 달라질 것이다. 적극적으로 감사를 표현하여 우리의 마음에 보상을 줄 수 있다는 것을 과학적으로 증명했으니 말이다. 우리가 감사를 주고받을 때마다 뇌에서 도파민이라는 기분을 좋게 하는 신경 전달 물질이 방출된다고 한다.

이는 많은 사람에게 그다지 놀라운 얘기가 아니다. 우리 대부분은 현재 상황에 가장 감사함을 느낄 때 제일 행복하다는 것을 알고 있다. 그런데도 우리는 왜 감사함을 거의 표현하지 않는 것인가? 왜 매번 그렇게 하지 않는 것인가?

우리는 아직 이루지 못한 숱한 야망과 미래에 대한 집착으로

　　　　　　　　　5장 · 백만장자의 딜레마

끊임없이 앞으로만 나아간다. 앞서 말했듯이 우리는 스스로에 대해 늘 부족하다고 생각하기 때문에 뭔가를 이루고 나서도 진정으로 성취감을 느끼지 못하는 경우가 많다. 그런 우리가 어떻게 자연스럽게 감사하는 마음을 가질 수 있을까?

내 인생에서 가장 큰 성공을 거두고 직장까지 걸어간 그날 아침, 나는 감사하는 마음이란 저절로 생겨나는 일이 거의 없으므로 그러길 바라며 살아서는 안 된다는 걸 깨달았다. 우리의 마음은 너무나 먼 미래를 바라보며 살고 있어서, 감사하는 마음이 저절로 생겨날 가능성이 없다. 그러므로 우리는 살면서 적극적으로, 의식적으로, 꾸준히 감사하는 마음을 불러일으켜야 한다.

그날 내게 찾아온 수백만 파운드의 횡재는 내 마음에 그 어떤 즉각적인 영향도 미치지 못했다. 왜냐하면 내 마음속 게으른 CEO가 몇 주, 몇 달 전부터 자기 파멸적인 사회적 상향 비교를 지속해 오면서, 나보다 더 성공한 사람들과 나를 비교해 왔기 때문이다. 그 맥락에서 나는 그렇게까지 크게 성공한 것도 아니라는 생각을 하게 됐고, 그 순간도 별로 중요하지 않게 되어 버렸다. 사실, 지난 5년간 내 커리어를 조금씩 쌓아 올릴 때마다 새로운 상향 비교의 대상이 자동으로 따라왔고, 그러면서 나는 마치 축하할 만한 걸 단하나도 이루지 못한 것처럼, 아직 '그 위치'에 이르려면 멀었다고 느끼게 됐다. 이 역시 인터넷과 소셜미디어의 출현으로 인해 어쩔 수 없이 심각하게 악화되어 버린 마음의 한 부분이다. 소셜미디어는 우리를 타인과 비교하게 만드는 비현실적인 환경을 우리에게 끊임없이 제공해 왔다. 비록 우리가 비교라는 유서 깊은 마음속 발전기를 쉽사리 없애버릴 수는 없지만, 우리에게 무슨 일이 일어나고 있는지, 그 원인이 무엇인지, 그것이 우리에게 어떤 영향을 미치는지를 의식적으로 인식하려 노력한다면 그것이 우리에게 미치는 힘을 억누를 수 있을 것이다.

백만장자의 딜레마

여러 연구에서 밝혀진 바로는, 사람들이 자신의 삶에서 어떤 것에 만족했는지를 판단하기 위해 다음과 같은 두 가지 주요 질문을 스스로에게 한다고 말한다.

- 나는 이전의 나보다 더 잘 살고 있는가? (과거의 자신과 비교)
- 나는 다른 사람들보다 더 잘 살고 있는가? (사회적 상향 또는 하향 비교)

이 질문들은 부의 수준에 대해서도 적용되지만, 매력이나 키, 사회와 여러분이 속한 무리가 가치 있다고 여기는 여타의 것들에도 적용된다.

하지만 우리 삶에서 정말 중요한 것들의 대다수는 측정하기가 매우 어려운 법이다. 당신이 좋은 부모, 배우자, 상사가 되고 싶다고 할 때, 당신의 뇌는 당신이 1년 전보다 더 나은 부모, 배우자, 상사가 됐는지 아닌지를 판단하는 걸 어려워한다. 마찬가지로 당신의 주변 사람들이나 친구들보다 더 나은 부모, 배우자, 상사인지를 판단하는 것도 어렵다. 그것은 당신 뇌 속의 단순하고, 생존을 추구하고, 성급하고, 비교에 의존하는 게으른 CEO에게는 너무나 버거운 일이다.

바로 그때 사람들은 양적으로 쉽게 나타낼 수 있는 비교의 기준을 찾게 된다. 오늘날의 세계에서 그것은 곧 인스타그램 팔로워 수, 돈, 업계 내 수상 이력, 직함, 사는 집의 평수, 소셜미디어 프로필의 셀럽 인증 마크, 입고 다니는 옷의 가격, 그리고 수량화할 수 있는 여타의 사회적 또는 물질적 지표 같은 것들이다. 여기서 깨달아야 할 중요한 사실이 있다. 수많은 연구를 통해 밝혀진 바로는 이렇게 재고, 비교하는 성향에는 끝이 없으며, 그것은 사람들이 터무니없이 많은 돈, 차, 지위를 가진 후에도 결코 사라지지 않는다는 것이다. 여러분이 내일 당장 복권에 당첨돼서 다른 사람들이 으레 그렇듯 비싸고 좋은 동네로 이사를 가는 등 자신의 생활환경을 업그레이드한다고 해도, 새로운 생활 반경 내의 몇몇 부자들보다는 여전히 덜 부유하다는 걸 곧 깨닫게 될 것이다. 따라서 부에 대한 목표는 기준에 한계가 없기에 끊임없이 변화할 수밖에 없고, 만족할 만한 수준이라는 것 역시 계속해서 바뀔 수밖에 없다.

자신이 부유하다는 느낌은 어린 시절의 꿈을 이룸으로써 얻을 수 있는 것이 아니다(내 경우는 열여덟 살 때 내 꿈이었던 레인지로버를 사는 것이었다). 부유하다는 느낌은 주로 자신의 준거 집단 내 타인과의 비교로 얻어진다. 내 회사가 상장된 날, 나의 준거 집단은 완전히 바뀌었다. 내가 열두 살 때 중학교 또래 준거 집단에서 가장 높은 위치에 오르기 위해 필요했던 건 오로지 새 노키아 벽돌폰뿐이었지만, 백만장자가 그와 같은 수준의 만족감을 얻으려면 남들보다 50피트 더 높은 슈퍼 요트가 필요한 것이다.

하버드 경영대학원 마이클 노튼(Michael Norton) 교수는 행복과 부의 상관관계에 대해 연구하면서, 최소 백만 달러의 순자산을 보유한 사람들 2,000명(그 기준을 훌쩍 뛰어넘는 다수의 부자들을 포함하여)에게 자기가 얼마나 행복한지를 1부터 10까지의 점수로 표현해 달라고 한 뒤, 10점이 되려면 얼마나 많은 돈이 더 필요할지도 알려달라고 했다. 그의 말에 의하면, 소득 자산 스펙트럼 전반에 걸친 모든 사람이 하나같이 자기가 "완벽하게 행복해지려면 지금보다 두세 배는 더 많은 돈이 필요하다"고 말했다고 한다. 그 말은 곧, 100만 파운드를 가진 사람은 완전히 행복해지려면 200만이나 300만 파운드가 필요하다 생각하고, 1000만 파운드를 가진 사람은 행복해지려면 2000만이나 3000만 파운드가 필요하다고 생각한다는 이야기다! 미안하지만, 완전히 정신 나간 소리 같다.

이 이야기는 너무나 중요하지만, 그 중요성을 사람들이 깨닫지 못하고 있다는 진실을 고스란히 보여준다. 행복이 당신의 미래 어딘가에 있다고 믿으며 살아간다면 그것은 항상 멀리에 있을 것이고, 결코 자기가 지금 있는 곳에서 찾을 수 없을 거라는 사실이다. 우리는 완벽한 행복이 한 단계 높은 승진, 더 많은 월급, 늘어난 팔로워 수 뒤 어딘가에 숨어 있다는 생각에 점점 더 빠져들고 있다. 또한 우리는 마케팅 산업(나 같은 사람들이 모인, 내가 속한 산업)과 우리가 바라는 모든 걸 가졌으면서도 더 광범위한 지위 쟁탈 게임에서 승리하기 위해 온라인에서 완벽한 행복을 꾸며내는 사람들, 그리고 사물의 진짜 가치를 알아보는 데 필요한 노력을 하지 못하는 우리의 게으른 CEO 뇌에 의한 이 거짓말에 속고 있다.

매슬로 동기 이론

모두가 내 인생 최고의 날일 거라고 생각하던 그날, 나는 왜 그렇게 아무런 느낌이 들지 않았는지를 이해하기 위해 또 다른 방법인 유명한 매슬로(Abraham Harold Maslow, 미국의 심리학자–옮긴이)의 욕구 5단계 이론을 적용했다. 매슬로의 욕구 5단계 이론이란 심리학에서 널리 알려진 동기 이론으로, 인간의 욕구를 다섯 단계로 나누어 피라미드 모형을 통해 설명한 모델이다.

매슬로는 우리의 가장 기본적인 욕구는 물리적인 생존에 대한 것으로, 가장 먼저 우리의 행동에 동기를 부여하는 요소라고 언급했다. 내가 열여덟 살 때 지저분한 식당 좌석 뒤편에서 찾아낸 13.40파운드는 그날 내 생존을 위한 시급한 욕구를 충족시켜 주었다. 그 돈이 나의 생리적 욕구에 대한 불만을 해소시켜 주었기에, 당연히 매우 큰 만족감이 들었다. 매슬로는 피라미드의 한 단계가 만족되고 나면, 그 바로 위의 단계가 우리에게 동기를 부여하고, 그런 식으로 계속 이어진다고 했다. 그리고 일단 어떤 단계가 만족되고 나면, 아래 단계는 이전과 같은 수준의 동기 부여를 전달하지 못할 것이라고 주장했다.

나는 스물여섯 살 때 이미 물질적 욕구를 충족시킬 만한 경제적 여유를 갖추었다. 여섯 자리 숫자로 된 월급을 받으며 부족함

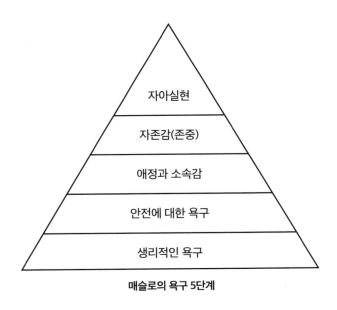

매슬로의 욕구 5단계

없이 지내고 있었기 때문에 거기서 수천만의 돈이 더 생긴다고 해서 솔직히 별로 달라질 게 없었던 것이다. 만약 내가 이런 얘기를 땡전 한 푼 없던 시절에 들었다면, 그 말을 아예 믿지 않거나, 믿더라도 여전히 돈을 많이 벌고 싶어 했을 것이다. "행복은 돈으로 살 수 없다"라는 진부한 이야기는 내가 가난했던 시절에도 분명 알고 있었지만, 그때는 솔직히 '개소리가 따로 없네. 내가 람보르기니를 탈 정도로 부자가 되면 당연히 훨씬 더 행복해질 텐데'와 같은 생각을 마음속으로 하고 있었다.

2018년 퍼듀 대학교(Purdue University)에서 발표한 연구에 따르면, 세계적으로 가구 소득이 약 9만 5,000달러에 도달할 경우 그 이상의 수입이 생긴다 해도 삶의 만족도는 기존과 동일하거나 오히려 더 줄어들고, 행복 수준도 낮아지는 경향이 있다고 한다. 즉, 일단 기본적인 욕구가 충족되고 난 이후에는 계속해서 더 많은 돈을 벌더라도 삶의 만족도에 아무런 영향을 미치지 않는다는 것이다.

나는 잘못 생각하고 있었다. 그게 다. 돈은 중요한 게 아니었다. 필요한 것들을 마음껏 살 수 있는 넉넉한 경제적 여유, 따뜻하고 편안한 집에 사는 것, 자유롭게 여행을 다니는 것, 다 좋은 일이긴 하다. 하지만 그 이상의 의미는 없다. 그리고 가깝게 지내는 억만장자 친구들이 나에게만 털어놓은 것들에 의하면, 심지어 고통스럽게 사는 경우도 있다. 찢어지게 가난하게 살다가 부자가 되는 과정에서 내가 깨달은 모든 교훈들 가운데 가장 깊이 감사하게 여

바깥 세상에 맞춰 살다 보면
머지않아 불행을 찾게 될 것이다.

자기 안의 세상에 맞춰 살다 보면
머지않아 행복을 찾게 될 것이다.

———

기는 교훈은 바로 이것이다. 쾌락과 지위를 행복이라 착각하며 숱한 시간, 돈, 에너지를 물질적인 데 쏟는 것이 얼마나 부질없는 것인가를 지금이라도 알게 된 것 말이다.

건강한 새 습관

그날 흘린 감사함의 눈물이 마르기 시작하고 직장에 거의 다 도착할 때쯤, 나는 다짐했다. 이제부터는 감사하는 마음이 살면서 저절로 생기기를 바라지 않을 것이며, 내 마음속 게으른 CEO를 해고시키진 못하더라도 수시로 아래를 향한 자기 비교를 하는, 더 건강한 책무를 매일같이 주겠다고 말이다. 아래를 향한 자기 비교란 간단히 말해서, 수시로 하던 일을 멈추고 내가 얼마나 멀리 나아왔는지, 그게 얼마나 대단한 일인지 스스로 상기시키는 것이다.

나는 최대한 자주, 밤에 잠들기 전에, 그리고 아침에 일어나자마자 내 폰의 메모장에 감사한 일 하나씩을 적기로 결심했다. 어떨 때는 '내 조카'나 '파블로(내가 키우는 개)'처럼 단어 하나만 적기도 하고, 어떨 때는 긴 에세이를 적기도 했다. 또 어떨 때는 아예 아무 것도 적지 않고 그냥 중요한 순간들을 떠올려 줄 음악이나 사진을 담아두기도 했다. 나는 뜬구름 잡는 자기 계발 나부랭이를 믿지 않는 사람이다. 맹세컨대, 나는 천성적으로 여러분이 살면서 만날 수 있는 가장 회의적이고 논리를 추구하는 사람일 것이다. 그런데 감사함을 적는 이 별것 아닌 습관이 내가 세상을 보는 방식을 바꿔 놓았다. 내 삶의 모든 것과 모든 이들을 보다 따뜻한 눈으로 감사하며 볼 수 있게 해주었다.

그 습관은 또한 나를 더 낙천적인 사람이 되게 해주었고, 연인 관계를 더 특별하고, 가치 있고, 의미 있게 만들어 주었다.

감사하는 마음이 도파민 분비 수준에 미치는 신경학적 영향은 이해했지만, 어떻게 하루 평균 20초밖에 안 걸리는 그 사소한 작은 습관이 내 전반적인 행복감에 그렇게 중대한 영향을 미쳤는지는 이해할 수 없었다. 그래서 나는 특유의 호기심 많은 성격대로 거의 여섯 달 동안 내가 찾아볼 수 있는 모든 관련 연구 자료를 뒤졌고, 마침내 찾아낸 결과는 너무나도 믿기 어려운 것이었다.

내가 《긍정 심리학 저널(Journal of Positive Psychology)》에서 읽은 란 채플린(Lan Chaplin)의 연구에 의하면, 감사 일기를 적는 것이 물질 만능주의와 더 많이 갖고자 하는 욕구를 감소시킨 것뿐만 아니라, 자선 기부를 60%나 증가시켰다고 한다. 이는 2020년의 전 세계적인 코로나19 팬데믹 기간 동안 우리가 본 것을 생각해 보면 수긍할 수밖에 없는 결과이다. 우리 소셜미디어의 타임라인은 죽음, 공포, 고통으로 가득했다. 코로나로 인해 소비가 엄청나게 위축됐고, 사람들이 물질적인 소유물을 남들에게 자랑할 기회를 자제하게 되었을 뿐만 아니라, 원치 않게 사회적 하향 비교를 하게 되었다. 우리는 가족과 건강, 우리의 삶을 그 어느 때보다도 감사히 여

5장 · 백만장자의 딜레마

기게 되었고, 디자이너 제품들의 판매량은 급감했다. 세계에서 가장 큰 럭셔리 중고 의류 온라인 스토어인 '스레드 업(ThredUP)'이 발표한 보고서에 따르면, 코로나 사태 이후 명품을 팔려는 사람들 수는 코로나 이전에 비해 50% 이상 늘었다고 한다.

팬데믹이 사회와 경제에 미친 영향 때문에 정확한 인과 관계를 파악하는 것은 쉽지 않다. 하지만, 팬데믹 동안에 감사하는 마음이 늘어나면서 물질만능주의는 줄어들었다고 확신한다. 내 동업자 도미닉이 바로 그 예다. 그는 내가 볼 때마다 늘 멋들어진 롤렉스 금시계를 차고 있는 모습이었는데, 놀랍게도 팬데믹이 시작되고 나서는 단 한 번도 그 시계를 차지 않았다.

이 이야기들과 앞 장에서 내가 제시한 증거는 우리가 감사하는 마음을 강하게 느낀다면 루이비통(Louis Vuitton) 가방이나 롤렉스 시계 같은 값비싼 명품들을 사고 싶은 강한 충동을 느끼지 않게 된다는 것을 보여준다. 결국, 거금을 들여 이런 명품을 사고 싶게 만드는 힘은 애초에 사람들이 스스로가 충분하지 않다고 느끼는 것에 달려 있다. 내가 어릴 적에 좀 더 감사하며 살 줄 알았더라면 나 자신이 그렇게까지 부족한 존재라 느끼지 않았을 것이고, 섹시한 백만장자가 되어야겠다는 생각도 들지 않았을 것이다. 내 청소년기를 지배했던 강렬하고도 건강하지 못한 위를 향한 비교가, 감사하는 마음을 갖는 걸 불가능한 것처럼 만들어버렸다. 어쩌면 나의 직업적인 성공은 감사하는 마음의 결여와, 그로 인해 마음속

늘　　　　　　　자기 집

남의 집　　　　　잔디에

잔디가　　　　　물을 주기

더 푸르게　　　　시작하기

보일 것이다.　　전까지는.

깊이 느낀 부족함의 직접적인 결과일지도 모른다. 만약 지금껏 내가 이 사실을 깨닫지 못했다면, 물질적인 소유를 행복인 양 착각하고 그 꽁무니만 쫓아다니는 또 하나의 우울한 백만장자로 살고 있었을지도 모른다.

감사함에 대한 또 다른 연구들을 보면, 감사 일기를 쓰는 것은 더 건강한 식습관으로 이어지고, 이를 통해 결국 부정적인 감정이 줄어든다는 것이 밝혀졌다. 이 연구들이 공통적으로 동의하는 것은, 하루에 한 번이든, 일주일에 한 번이든 감사 일기를 쓴다면 정신 건강에 상당히 긍정적인 효과를 얻게 된다는 것이다.

여러 측면에서 나의 감사 일기는 나의 게으른 CEO 마음과 그것이 자양분으로 삼는 유해한 사회에 대적하는 수단이 되어주었다. 감사하는 마음은 가진 것이 충분하지 않다고 느끼는 나에서, 이미 충분하다 못해 넘친다고 느끼는 나로 탈바꿈해 주었고, 나 스스로 충분히 가치 있는 사람이라고 느끼게 해주었다.

적극적으로 감사하는 마음을 갖는 것은 현대를 살아가는 사람들에게 반드시 필요한 것이라 생각한다. 왜냐하면 우리의 뇌는 지구상에서 가장 예쁘고, 부유하고, 똑똑한 사람들을 매일같이 내게 쏟아붓는 모든 사회적 소음이나 알고리즘에 대처할 수 있도록 설계된 것이 아니기 때문이다. 심리학자들이 종종 말하기를, 인간의 진화는 느리게 진행되는 데 비해 문화와 기술은 급격한 속도로 변화한다는 사실은 우리의 마음이 오늘날의 빠르게 변화하는 세상

오늘 침대 밖으로
억지로 몸을 끌어내고,
삶을 저주하고,
일주일 내내 그런 부정적인
태도를 달고 다니는 대신,
일이 있다는 게 얼마나 감사한지,
살아 있다는 게 얼마나 행운인지를
떠올려 보라.

신기하게도 삶은 감사하는
마음으로 사는 사람들에게
더 많은 감사할 거리를 준다.

———

5장 · 백만장자의 딜레마

보다는 (인간 진화의 95%가 일어난) 과거의 수렵-채집인 시절에 더 잘 적응한다는 것을 의미한다고 한다. 간단히 말해, 디지털 기술은 우리의 편견, 나약함, 한계를 보이지 않는 무의식적인 방식으로 착취하여, 우리의 선사시대적인 뇌를 압도해 버릴 만한 능력이 있다는 것이다. 비록 그게 우리 눈에 보이지는 않지만, 현대에 폭발적으로 증가한 불안과 여타 정신 건강 문제들을 보면 우리가 그 결과에 직면해 있다는 것을 분명 알 수 있다.

종교적으로 감사하는 사람들

우리를 이곳에 있게 해준 존재의 희생과 공에 대해 태어나면서부터 가져야 하는 감사와 신세 진 마음이라는 것은 종교 공동체들에게 익숙한 내용이다. 그것은 종교적 숭배의 가장 중요한 요소이기 때문이다. 기독교인들은 예수의 희생에 대한 감사를 그 모든 찬송가와 기도, 주일예배를 통해 표현한다. 한편 이슬람교도들은 알라에게 감사하며 살아간다. 감사가 없는 숭배는 없으며, 종교는 곧 숭배다.

그렇다면 여러분은 응당 전 세계의 종교인들이 비종교인들보다 훨씬 더 행복할 거라 예상할 수 있는데, 전적으로 옳은 생각이다. 그 주제에 관해 24개국의 종교인과 비종교인의 삶을 비교한 유명한 연구에서 종교인들이 더 행복한 삶을 살고 있다는 것이 밝혀졌다.

실제로 직업 만족도 조사에서도 성직자가 1위를 차지했고, 영

국국립보건원(NIS, National Institute of Health)이 수많은 연구 논점들을

적극적으로 종교 활동 하는 사람들의 행복 경향
종교 생활을 하는 사람들 중 '매우 행복하다'라고 답한 사람들의 비율

국가	비율
멕시코시티	71
콜롬비아	58
에콰도르	56
호주	45
일본	45
싱가포르	43
우루과이	43
뉴질랜드	41
브라질	38
네덜란드	38
남아프리카 공화국	38
카자흐스탄	37
페루	37
아르헨티나	36
미국	36
대만	35
독일	30
홍콩	27
칠리	25
슬로베니아	21
대한민국	21
에스토니아	20
러시아	20
우크라이나	19
스페인	13
벨라루스	11

0% 10% 20% 30% 40% 50% 60% 70% 80% 90%

참고: 적극적으로 종교 생활을 하는 사람들이란 종교와 자신을 동일시하며, 최소한 한 달에 한 번은 종교 행사에 참석하는 사람들로 정의한다. 자료 출처는 PEW 연구 센터(PEW Research Center).

5장 · 백만장자의 딜레마

평가한 결과 종교인들의 자살 발생률이 비종교인들보다 현저하게 낮다는 것을 발표했다.

물론 종교는 복잡하고 다면적인 경험이기 때문에, 흡연이나 음주는 덜 하면서도 자기 속마음을 털어놓고 공동체의 소속감을 즐길 가능성은 더 높은 어떤 종교 분파와, 긍정적인 마음가짐 및 정신 건강에 도움이 되는 모든 요인들의 확실한 인과 관계를 확립하는 것은 그렇게 간단한 일이 아니다.

하지만 감사하는 마음에 대한 과학적인 결과들이 믿을 만한 것이라면, 종교인들의 변함없이 영원한 감사의 정신이 그들이 누리는 더 높은 차원의 행복에 큰 영향을 미친다는 데에는 의심할 여지가 없을 것이다.

나는 독실한 기독교 신자인 부모님 아래에서 자란 무신론자 아들이고, 주변 또래들이 인스타그램 인플루언서나 리얼리티쇼 스타, 성공한 운동선수, 물질적인 것들만을 숭배하는 상대적으로 안락한 세상에 태어난 세대이다. 이런 나에게 진심으로 감사하는 마음이 저절로 생겨나지 않는 것도 어찌 보면 당연한 일이다.

나는 내가 세상에서 가장 부유하거나, 아름답거나, 똑똑한 사람이 되는 건 불가능하다는 걸 깨닫게 되었다. 그리고 저 중 하나가 되고 싶어 하는 욕망은 감사할 줄 모르는 마음에 의해 촉발되는 것이며, 감사할 줄 모르는 마음이야말로 불행의 씨앗이라는 것도 알게 되었다. 그래서 나, 우리 그리고 우리 온라인 세대는 그런

감사하는 마음은 가진 것이
충분하지 않다고 느끼는 나에서,
이미 충분하다 못해 넘친다고
느끼는 나로 탈바꿈해 주었고,
'나 스스로' 충분히 가치 있는
사람이라고 느끼게 해주었다.

———

5장 · 백만장자의 딜레마

길로 빠져들려는 욕망을 어떻게든 뿌리쳐야 하고, 대신 그렇게 아낀 시간과 에너지를 현재에 감사하는 데 쓰도록 노력해야 한다. 말은 쉽지만 실천하기는 어려운 그 일 말이다.

여러분이 지금 이렇게 앉아서 이 책을 읽고 있다는 사실 하나만으로도 여러분이 감사해야 할 게 얼마나 많은지를 알 수 있다. 이런 실존적인 문제에 대해서 생각한다는 것 자체가 얼마나 큰 특권인가. 아프리카에 살던 내 증조부님들은 가난과 사투를 벌이면서 열 명이 넘는 배고픈 식구들을 먹이려 부단히 애를 써야 했다. 그들의 가장 큰 걱정은 살아남는 것이었다. 여러분 역시 각자 조상의 계보를 쭉 따라 올라가 보면, 그들도 대부분 이와 비슷한 상황에 시달렸을 것이라 생각한다. 만약 개발도상국에서 선진국으로 넘어온 1세대 또는 2세대 이민자라면, 그렇게 많이 거슬러 올라갈 필요도 없다. 하지만 지금의 우리는 어떤가. 그들의 헌신적인 사랑 덕분에 우리는 이렇게 따뜻하고 안락한 집에서, 잘 먹으며, 삶의 목적을 고민하고, 행복을 찾고, 사물의 의미에 대해 생각하는 호사를 누리면서 잘살고 있지 않은가. 실로 어마어마한 특권을 누리고 있는 것이다.

감사하며 살라.
감사하는 마음이야말로 삶에
활기를 불어넣고,
식사를 만찬으로,
분노를 사랑으로, 미움을 용서로,
적을 친구로, 아픔을 희망으로,
결핍을 충만함으로
바꾸어주는 것이기에.

———

5장 · 백만장자의 딜레마

동화는 인생을
망쳐놓는다

우리는 이러이러하게 살아야 한다고 말하는, 우리 사회에 만연한 동화 같은 얘기들만큼 온라인 세대의 정신 건강을 해치는 것은 없는 것 같다. 지금쯤이면 당신은 결혼을 해야 한다, 주택 담보대출을 받아야 한다, 아이를 낳아야 한다, '진짜' 직업, 저축, 차, 계획, 열정, 그 모든 것에 대한 답이 있어야 한다, 그리고 행복해야 한다. 이런 완벽한 삶에 대한 동화는 아주 오랫동안, 끊임없이 일관되게, 아주 뻔뻔스럽게 우리의 자아 인식의 중심부까지 전파되어 왔고, 합리적이고 의식적인 검열을 어떤 식으로든 천연덕스럽게 피함으로써 우리 각자의 처지와 상관없이 모두 삶의 표준으로 자리 잡았다. 앞서 말했듯이, 빌보드 광고, 잡지, 라디오 방송, 소셜미디어가 우리에게 뭔가를 팔아먹으려면 먼저 우리에게는 우리가 꼭 가져야 하지만 갖지 못한 뭔가가 있으며, 우리는 어딘가 부족한 사람들

6장 · 동화는 인생을 망쳐놓는다

이라 믿게 만드는 과정을 거쳐야 하지 않겠는가?

그런 동화들은 우리 인생을 망쳐놓을 것이다.

인생은 확실한 혼란이자, 행복을 얻기 위해 계속해서 앞으로 나아가는 여정이다. 그러나 너무나 많은 사람이 이 여정의 목적을 잘못 이해하고 있다. 고작 스물네 살의 나에게 누군가가 거금을 주면서 내 회사를 사겠다고 했을 때, 그 즉시 나 또한 이 모든 것들의 목적을 잘못 이해하고 있었다는 걸 깨달았다. 삶은 유한한 게임이 아니라는 걸 기억하기 바란다.

우리는 뭔가를 얻으려 노력할 때(즉, 거의 모든 순간) 혼란과 불만족의 상태에 놓이며, 목적을 달성하고 나면 바라던 질서와 만족감을 얻을 것이라 생각한다. 하지만 실제로는 그렇지 않다. 내가 인생을 살아오며 분명하게 목격한 진실은, 모든 목표를 이루는 것이 결국 혼란과 불만족으로 이어지고, 오히려 노력하는 행위 자체야말로 우리에게 안정감과 만족을 준다는 것이다.

목표를 이룬 후에는 나아갈 방향을 잃게 되고, 목적 없는 삶의 혼란스러움과 심리적 불안감이 뒤따를 위험도 있다. 노력하다 보면 으레 고생, 실패, 탈락, 피로와 같은 불편함이 수반되기 마련인데, 우리는 이것을 혼란으로 착각하곤 한다. 하지만 아이러니하게도 노력하는 행위 자체가 우리를 안정된 상태로 유지해 준다. 즉, 우리 삶의 혼란은 곧 삶의 질서이며, 우리가 추구하는 행복은 행복을 추구하는 행위 그 자체이다. 그래서 모든 걸 한 번에 얻을 수 있

삶은 '이래야 한다'라는 동화는
우리 인생을 망쳐버릴 것이다.
무조건 열여덟 살에는 대학에 가고,
스물한 살에는 직업을 가지고,
서른 살엔 집을 사고,
서른다섯이면 결혼하고,
서른여섯에는 아이를 낳지
않아도 된다.
우리는 모두 완전히
다른 사람들이며, 행복으로 가는 길
역시 천차만별이다.

———

　　　　　　　　6장 · 동화는 인생을 망쳐놓는다

는 게 가능하더라도(동화가 현실이 된다 하더라도), 그 이후는 완벽하게 불만족스러운 삶이 될 것이다.

만약 당신이 약 2,500년 전에 그리스에서 태어났고, 부모님이 당신에게 괜찮은 교육을 시키고자 한다면, 당신을 가까운 종합학교에 보내기보다는 철학을 심도 있게 가르쳐줄 특별한 곳으로 보냈을 것이다. 특히나 부유한 집안에서 태어났다면, 오늘날까지도 너무나 유명한 그리스 철학 강습소인 스토아학파에서 배울 수도 있었을 것이다. 스토아학파의 많은 가르침 중에는 'τη φιλοσοφία της ζωῆς'라는 유명한 가르침이 있다.

걱정마시라. 나도 저 문장을 어떻게 읽어야 할지 모른다. 저 말은 영어로 '생철학(the philosophy of life)'이라는 뜻이라고 한다. 스토아학파는 인생에서 추구할 가치가 있는 것은 두 가지라고 생각했다. 바로 '선'(행복하게 사는 방법)과 '평정심'(고통으로부터 자유로운 명료한 정신 상태)이다.

스토아학파는 인간의 타고난 본성 중 하나는 채워지지 않는 소비에 대한 욕구라는 것을 알고 있었다. 그들은 사람들이 언제나 더 많이 원하고, 더 많이 가진 후에도 또다시 더 가지고 싶어 하는 것을 꿰뚫어 보았다. 이는 심리학자들이 '쾌락 적응(hedonic treadmill)'이라 부르는 현상으로, 사람들은 새 자동차나 사치스러운 가방 같은 물질을 소유하고자 하는 욕망을 느끼고 그것을 손에 넣지만, 짧은 만족감 이후에는 더 이상 그 물건으로부터 즐거움을 느끼지 못하게 되는 현상을 말한다. 결국 그것은 당연한 것이 되어버리고, 더 새롭고 더 좋은 또 다른 무언가를 찾아 나선다. 같은 위치를 지키려면 계속해서 움직여야 하는 것이다.

이 현상은 스토아학파에게는 너무나 빤히 들여다보이는 것이었고, 그들은 이를 극복하기 위해 두 가지 방법을 내놓았다.

첫 번째 방법은 '부정적 시각화'이다. 부정적 시각화를 쉽게 이해하려면, 여러분이 당연하게 생각하는 것들과 사람들, 예를 들어 가족이나 가까운 친구가 갑자기 사라진다고 상상해 보라. 그 상실감은 이루 말할 수 없을 것이다.

이 방법은 결국 2,500년 된 감사하기 훈련으로, 내가 앞에서 말한 감사 일기 쓰기나 회사가 증권 거래소에 상장된 날 직장까지 걸어가면서 들었던 노래와 본질적으로 같다. 즉, 그들이 현실에서 여전히 우리 삶에 있다는 게 얼마나 다행스러운 일인지에 대해 깊이 생각해 볼 기회를 주는 훈련이다. 스토아학파는 가진 것에 대해 감사할 줄 알게 되면 세상을 훨씬 더 깊이 있게 누릴 수 있게 된다고 설파했다.

두 번째 해결책은 부정적 시각화에서 한 단계 더 나아간, '자발적 불편'이라 불리는 방법이다. 이것은 로마의 유명한 스토아 철학자인 세네카가 '가난 실천하기'라 부르던 것에 기반한 것이다. 간단히 말해서, 이것은 어떤 것을 멀리하고 참아내는 훈련을 통해서 후에 그것을 다시 누릴 때 그 가치를 진정으로 감사히 여기게끔

하는 방법이다. 스토아학파는 고대 그리스 철학자 소크라테스가 다음과 같이 너무나도 명확하게 표현한, 단순한 하나의 진리를 믿었다. "행복의 비밀은 더 많은 것을 추구하는 것이 아니라, 더 적은 것으로도 즐길 줄 아는 능력을 기르는 데 있다"라는 것이다. 원하는 걸 다 갖지 못한다는 사실이 우리가 이미 가지고 있는 것을 특별하게 만들어준다.

포기하면 가치가 생긴다

나는 와플을 진짜 좋아한다. 아마도 이 세상에 존재했던 그 어떤 인간보다도 더 많이 좋아할 것이다. 와플 위에 누텔라 초코 잼과 캐러멜 소스, 오레오 부스러기, 아이스크림, 그 외에도 뭐든지 다 얹어도 좋다! 할 수만 있다면 하루에 무조건 다섯 개는 먹었을 것 같다. 어쩌면 더 먹을 수도 있다. 하지만 나는 내 배에 멋들어진 복근이 있는 것도 너무나 좋다. 식스팩이 지닌 사회적 가치는 꽤나 상당하기 때문에, 멋진 복근이 있는 사람은 온 세상이 넋을 놓고 바라본다. 그런데 여러분은 그 이유에 대해 진지하게 고민해 본 적 있는가? 여러분은 '섹시해서'라고 답할지도 모르겠다. 하지만 섹시하다는 것 역시 또 다른 형용사다. 그게 왜 섹시한가? 그에 대한 답은, 인생의 모든 '사물'이 그러하듯 거기에 딸린 이야기 때문이다.

멋진 복근을 만들기 위해서는 엄청난 절제와 힘, 노력이 필요하다. 진화론적인 생존의 관점을 벗어나서 보더라도, 탄탄한 복근은 당신이 절제심 있고, 활동적이며, 하루에 와플을 다섯 개나 먹지 않는 사람이라는 걸 의미한다! 만약 매일 와플을 다섯 개씩 먹으면서도 복근을 유지하는 게 가능하다면, 그건 사회적으로 인식된 그 어떤 '가치'도 갖지 못하는, 그냥 우리 배에 난 주름에 불과할 것이다. (내가 매일 와플을 다섯 개씩 먹었더라면 와플 또한 그 특별함을 잃을 것이라 예측할 수도 있겠다)

매일 다섯 개의 와플과 식스팩이라는 두 가지의 상충되는 욕망은 공존할 수 없다. 결국 그것들이 상호 배타적이기 때문에, 각각이, 그 자체로 나에게 특별하게 여겨지는 것이다. 따라서 무언가의 가치의 일부는 그것 자체에 있는 것이 아니라, 그것을 갖기 위해 우리가 절제하고 포기한 것들에 대한 이야기로부터 생겨난다. 그리고 이 원칙을 여러분 삶의 모든 영역에 대입해서 생각해 볼 수 있다. 당신이 살면서 만나는 모든 매력적인 사람과 만나지 않겠다고 한 선택이, 배우자 한 사람만을 보는 당신의 헌신을 더욱 가치 있게 만든다. 어쩌면 이것이 인생의 가치일지 모른다. 어쩌면 자기절제가 이 세상 모든 것들을 소중하게 만들어주는 것일지도 모른다. 하지만 우리가 우리에게 꼭 필요한 무언가를 가지고 있지 않다고 설득하는 것을 통해 돌아가는, 이 갈수록 불만족스러워지는 소비지상주의 세상에서, 그리고 그것을 손에 넣는 것이 인간 역사상 그 어느 때보다도 가장 쉽다고 느끼게 하는 기술적 인프라(아마존 프라임, 틴더, 벼락부자 되기에 관한 온라인 사기들)를 갖춘 오늘날의 세상에서, 그런 생각은 현대적인 탐욕이라는 심난한 문화로 대체되었다.

경제분석국(Bureau of Economic Analysis)이 내놓은 2017년의 (물가 상승률로 조정된) 수치를 보면, (서구 소비지상주의의 본고장이라고 해도 무방한 나라에 사는) 미국인들이 장신구, 시계, 책, 가방, 휴대폰 같은 상품에 2002년 대비 두 배의 돈을 쓴 것으로 밝혀졌다. 역시 같은 기간에 자기 관리 용품에 쓴 돈도 두 배로 늘었다. 또한 평균적으로 미국인들은 옷을 사는 데 2000년보다 20% 더 많은 돈을 썼고, 미국인 한 명이 산 신발은 2000년에는 6.6켤레였다가, 7.4켤레로 늘어났다(하지만 그 기간에 인간이 평균적으로 보유한 발의 개수는 변함없이 2개였는데 말이다).

의미 없이 구매한 물건들이 산더미처럼 높이 쌓여갈수록, 당연하게도 이제는 그걸 다 쌓아둘 수 있을 만큼 큰 집이 사람들에게 필요하게 됐다. 예상한 대로 하버드 주택연구센터(Harvard Joint Center for Housing Studies)의 조사 결과 집의 크기는 20년 만에 20%가 커졌고, 또 예측 가능한 연구 결과, 밀레니얼들이 배우자를 두고 바람을 피우는 경우가 꾸준히 증가했다고 한다.

저글링은 우리 역사의 한 일부다. 4,000년 된 이집트 벽화에도 공을 저글링하는 사람의 모습이 그려져 있으니 말이다. 저글링은 다양한 제한 인자의 영향을 받는다. 손의 속도, 정확도, 공을 던져 올릴 수 있는 공간, 그리고 사람의 손 크기(여러 개의 공을 잡을 수 있어야 하니까)와 같은 것들이다. 게다가 더 많은 개수의 공을 저글링할

수록 공중에서 공끼리 부딪히지 않을 만큼 충분한 공간을 만들기 위해 공을 점점 더 높이 던져야 하는데, 이렇게 되면 더 높은 정확도와 속도 그리고 이론상으로 더 큰 손이 필요하다. 이런 제한 인자들 때문에 물리학자들은 성인이 14개 이상의 공을 저글링하는 것은 거의 불가능하다고 추정한다(모두가 인정하는 현재 세계 기록이 14개이다). 14개 이상의 공을 저글링하려고 시도한 사람들은 모두 실패했다는 말이다.

나는 항상 이 이야기를 인생에 대한 아름다운 은유라고 생각해 왔다. 우리가 저글링할 수 있는 공의 개수에는 본질적인 한계가 있는 것이다. 따라서 우리는 어떤 공을 저글링하고 싶은지, 어떤 공을 쥐는 게 가장 의미 있는지를 선택해야 한다. 모든 공을 다 저글링하려는 바보 같은 시도는 실패로 이어질 뿐이다. 그리고 저글링하려고 선택한 공은 훨씬 더 가치 있게 느껴질 것이다. 왜냐하면 그것은 당신이 쥘 수 없는 다른 모든 공들을 포기하고 선택한 공이기 때문이다.

그래서 내 결론은, 나는 와플을 선택하겠다는 것이다.

6장 · 동화는 인생을 망쳐놓는다

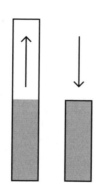

"행복의 비밀은 더 많은 것을 추구하는 것이 아니라,
더 적은 것으로도 즐길 줄 아는 능력을 기르는 데 있다."

소크라테스

인생에 해로운 멍청하고 한심한 질문들

ㄱ

당신은 살면서 무엇에 열정을 쏟는가? 삶의 목적은 찾았나? 그 것은 과연 사랑인가? 당신 삶의 이유는 무엇인가? 그 사람은 당신 의 소울메이트인가?

사람들로부터 이런 멍청하고 한심한 질문들을 받는 게 지긋지 긋하다.

현대 사회가 없으면 못 살 것처럼 해대는, 유해하고 왜곡되었 으며, 근거도 없이 제멋대로 넘겨짚기나 하는 순진해 빠진 질문들 의 세계에 온 것을 환영한다. 이런 질문들은 TED 강연과 소셜미 디어 인플루언서, 자기계발서, 마음관리 전문가들을 통해 우리에 게 전파된다. 더불어 수많은 팔로워들을 거느린 나 같은 '성공한' 사람들을 통해서도 전해져 온다. 자신들의 환경이 근본적으로 특 별하고, 모든 사람은 본질적으로 다 다르며, 그들이 엄청나게 운이

'당신의 열정을 따르라'는 말은
직업에 대한 불안을 자아내는
매우 강력한 헛소리다.

_____

7장 · 인생에 해로운 멍청하고 한심한 질문들

좋았기에 무언가로부터 우연히 돈 잘 버는 성공한 인생의 핵심적인 요소를 얻게 되었다는 사실을 이해하지도, 감사히 여기지도 못하는 사람들 말이다.

이런 해로운 질문과 말, 이야기들이야말로 현대 사회에 존재하는 필요 이상의 불안과 스트레스, 고질적인 생각 과다를 불러일으키는 원인이다. 제발 다 닥치라고 말하고 싶다.

만약 내가 여러분에게 '4는 무슨 색인가?'라던가, '주황색은 몇 번인가?'라고 묻는다면 어떻겠는가…… 바로 그거다. 어이없고 황당한 느낌.

어떤 질문을 할 수 있다고 해서 그 질문이 본질적으로 타당한 것이 되지는 않는다. 나는 이 모든 질문들을 쓰레기통에 넣어버리고 싶다. 아니, 아예 금지시켜 버리고 싶다. 언론의 자유고 나발이고, 내가 만약 영국의 총리가 된다면 법적으로 저런 말들을 아예하지 못하게 만들어버릴 것이다. 저런 말을 하는 사람들이 철창신세를 면치 못하도록 말이다.

헛소리 같은 충고들과 그 출처

어디서부터 시작해야 할지 모르겠다. 나는 어지간하면 화를 내지 않는 사람이지만, 여러분도 초반부터 느꼈듯이 내가 이 장을 쓰는 내내 속에서 천불이 부글부글 끓었다. 아마도 이런 말도 안 되

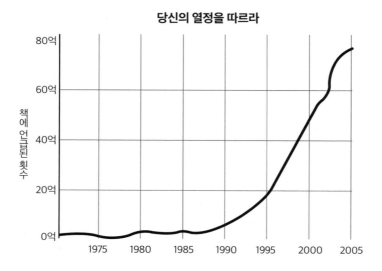

당신의 열정을 따르라

책에 언급된 횟수

80억
60억
40억
20억
0억

1975　1980　1985　1990　1995　2000　2005

는 질문들이 사람들과 그들 사이의 관계, 직업, 나이 어린 내 직원들을 포함해 너무나도 쉽게 영향을 받는 우리 세대 전체의 정신 건강에 얼마나 안 좋은 영향을 미쳤는지를 직접 목격해 왔기 때문인 것 같다. 해마다 나는 전 연령대의 사람들로부터 자기 삶의 '이유'를 모르겠다거나, '삶의 열정'을 못 찾았다거나, 자기의 '소울메이트'와 '사랑에 빠진' 건지 아닌지를 모르겠다며 걱정하는 메시지를 수도 없이 많이 받는다. 얼핏 순수해 보이는 이런 말, 질문, 이야기 들은 인생에서 나아갈 방향을 찾기 위함이라는 원래의 좋은 의도와는 달리 실제로는 많은 사람에게 악영향을 미치며, 그들을 전보다 더 방황하게 만들었다. 이런 유도 질문에는 너무나도 행복하게 잘살고 있는 사람들에게 자신이 정말 행복한 게 맞는지 의심하게 만드는 엄청난 능력이 있다. 또한 사회는 모든 것을 완벽하고, 이분법적으로 보이도록 만들기 때문에 불완전함과 복잡함은 잘못된 것처럼 느껴진다. 그러나 인생이란 원래 불완전하고 복잡한 것이다. 그리고 그것은 잘못된 것이 아니다.

우리는 놀라울만큼 다면적이고, 각자 독특한 복잡성을 지니고 있으며, 계속해서 변화하는 존재이다. 우리는 70억 개의 원자와 37조 개의 세포, 수백만 개의 친밀한 개인적 경험들로 이루어져 있으며, 두 개의 특별한 눈과 하나의 완전히 독자적인 관점으로 세상을 본다.

우리는 모두 다르게 느낀다.

우리는 모두 다르게 본다.

우리는 모두 다르게 생각한다.

그렇기에, 앞서 나온 것처럼 '예', '아니오'로 된 대답을 요구하는 질문들은 마치 우리가 '예', '아니오'로 된 이분법적인 상자에 완벽하게 분류될 수 있다는 순진한 착각을 하고 있으며, 인간의 경험이 지닌 복잡함과 미묘한 차이라는 특징을 아예 이해하지 못하고 있다.

사회가 발전해 나감에 따라, 우리는 세상일이란 이분법적으로 나눌 수 없는 것이며, 우리가 그동안 얼마나 잘못 생각해 왔었는지를 이해하기 시작했다. 고작 얼마 전에야 개인의 섹슈얼리티(성 성향)와 젠더(사회적 성 구분)는 이분법적으로 딱 나눌 수 있는 것이 아님을 깨달았다. 하지만 그걸 깨닫기 전, 세상은 젊은이들에게 사회가 만들어놓은 상자들 안에 자신을 맞추도록 강요했고, 이는 말하지 못할 우울증과 불안, 자기혐오, 심지어 자살을 야기했다. 솔직히, 이것들은 지금도 계속되고 있는 문제다.

이와 관련된 연구 결과는 레즈비언, 게이, 바이섹슈얼, 트랜스젠더 공동체 내의 자살 시도율과 자살을 생각해 본 경험이 일반 대중에 비해 여전히 현저하게 높다는 것을 보여준다.

역사를 통해 보아왔듯이, 우리 인간의 복잡성과 미묘한 문제들을 단순한 이분법적 상자 안에 욱여넣으려는 시도는 우리 모두를 불안하고 불편하게 만들 뿐이다.

또한 인간에게 정해진 '열정'은 한 가지라는 개념에 대한 연구에서, 이러한 관점이 유일한 열정 외의 모든 것에 대한 동기를 해치며, 상황이 힘들어지면 여러 관심사에 대해 보다 유동적인 관점을 가진 사람들에 비해 '열정'을 단념할 확률이 더 높다는 사실이 증명되었다.

'소울메이트'니, '열정'이니, '소명'이니 하는 말들은 서구 문화에서 만들어진 것들로, 다음과 같은 정신 건강에 좋지 않은 추정들로 가득하다. 첫째, 우리에게는 미리 형성되고 결정된, 하나의 정해진 '소울메이트'나 '열정', 또는 '이유'가 있으며, 우리는 은유적인 이스터에그(개발자가 게임이나 프로그램에 재미를 위해 숨겨놓은 기능을 뜻하는 말로, 부활절 달걀 찾기 행사에서 따온 말-옮긴이)처럼 이것들을 찾아내야 한다. 둘째, 이 이스터에그를 찾았을 때의 느낌은 지구상에 존재하는 80억의 고유한 존재들에게 모두 동일할 것이며, 그 느낌이 너무나 똑같은 나머지 모든 일에 대한 답변을 예, 아니오로 할 수 있게 되어, 누군가가 당신 인생의 '그것'을 찾았느냐 물으면 자신 있게 이분법적 상자로 뛰어들어 체크할 수 있게 된다는 것이다. 미안하지만, 이건 비극적으로 많은 양의 개소리다. 진실은 바로 이것이다. 사람들에게는 다수의 '열정'이 있고, 그것들은 유동적으로 변화하며, 나이를 먹고 지혜와 경험을 쌓아감에 따라 함께 발전한다. 내 두 살배기 조카의 현재 가장 중요한 '열정'은 양손으로 자기 두 눈을 가렸다가 빠르게 손을 치우면서 '까꿍'이라고 외치는 것이다. 그녀가 40살이 되어서도 지금과 같은 열정을 추구하지는 않기를 바란다.

사회는 모든 것을 완벽하고,
이분법적으로 보이도록 만들기
때문에 불완전함과 복잡함은
잘못된 것처럼 느껴진다.

인생이란 원래 불완전하고
복잡한 것이다. 그리고 그것은
잘못된 것이 아니다.

———

7장 · 인생에 해로운 멍청하고 한심한 질문들

8장

인생은 원래
정해진 각본이 없다

인생에는 대본이 없다.

결혼이 모든 사람에게 옳은 선택은 아니며, 9시에 출근해서 5시에 퇴근하는 생활이 무조건 좋은 것만도 아닐뿐더러, 평생 한 가지 직업만 갖는 거라던가, 아이를 가지는 것, 또는 한 곳에서만 사는 게 모두에게 맞는 것은 아니다. 내가 나의 방식대로 성공과 행복을 손에 넣을 수 있었던 이유는, 단언컨대 내가 가진 다음과 같은 능력 덕분이다. 짜인 대본대로 따르는 것을 거부하는 능력과, 사회의 이분법적 상자에 어떻게든 짜맞추려 하는 시도와 의미 없는 질문에 답하는 것을 거부하는 능력, 그리고 인생을 어떻게 살아야 할지에 대해 나만의 새로운 규칙을 써나가는 능력 말이다.

그러다 보면 때때로 관습적인 생각과 어긋나는 경우도 있다. 하지만 우리 사회에서 무서운 속도로 늘어가는 우울증과 파경, 번아웃, 불안, 인생의 목적 상실과 같은 문제를 생각한다면, 어쩌면 우리에게는 관습에서 벗어난 생각이 더 필요한 것일지도 모른다.

이분법적 상자 얘기가 나와서 말인데, 내가 가까운 친구나 가족에게 여자 친구가 생겼다는 말을 할 때마다 그들은 곧 "사랑하고 있어?"라던가, "사랑인 것 같아?"라는 질문으로 화답하곤 한다.

그 질문을 듣는 즉시, 나는 이 말의 사회적으로 합의된 단순한 정의를 찾으려 애를 쓴다. 그러는 동안 나의 인지 과정이 과열되기 시작하고, 결국은 고장이 나서 당혹감이라는 단단한 벽과 충돌하고 만다. 세상에서 가장 복잡한 의미를 담고 있으면서도 여기저기 남용되고 있는, 본질적으로 주관적일 수밖에 없는 바로 그 말, 사랑 말이다.

"음. 대체 '사랑'이 뭔데?" 나의 뇌가 조용히 되묻는다.

사람마다 사랑의 감정은 다 다르게 느낀다

지구에 사는 80억 인구 모두가 공유하는 하나의 공통된 설명을 찾기란 엄청나게 어려운 일이다. 특히 너무나 자주 쓰이는 말이라면 더 그러하다. 사람들은 자기가 키우는 개를 사랑하고, 마마이트를 사랑하며, 자기의 직업을 사랑한다. 세상 그 어떤 사람도 다른 사람이 느끼는 것을 똑같이 느낄 수 없는데, 어떻게 우리 모두가 '사랑하고 있다'는 말의 정의에 동의할 수 있겠느냐는 말이다.

안 그런가?

사실을 말하자면, 내가 내 여자 친구에 대해 느끼는 감정이 그 복잡 미묘한 단어에 대해 당신이 정의 내린 감정과 같은지 아닌지 나는 절대 알 수 없을 것이다. 그래서 "지금 사랑하고 있는가?" 라는 질문에 예, 아니오로 대답하는 건 불가능하겠지만 그래도 괜찮다. 나의 경험이 극도로 개인적이고, 계속해서 변화하며, 말로는 다 표현하기 어려운 것이라 해도 나는 불안하지 않다. 좋은 일에 굳이 불필요한 사회적 압력을 가할 필요는 없다고 생각한다. 내 여자 친구와의 관계가 의미 있고 가치 있는 것인지를 알기 위해 나의 개인적인 경험을 사회의 이분법적 상자에 구겨 넣을 필요도 없다. 그리고 그게 남들과 대체 무슨 상관인지도 정말 모르겠다.

"깃털이 같은 새들끼리 모인다(끼리끼리 논다-옮긴이)"라는 말이 있는데, 백조들은 정말 그렇다. 동물의 왕국에 속한 다른 많은 생물처럼, 백조들은 '결혼반지를 끼울' 필요도 없이, 서로 사랑하는지 묻거나 다른 백조의 허락을 구하지 않고도 일부일처의 관계를 평생 기적적으로 유지한다. 그들은 그냥 그렇게 아는 것 같고, 그래도 괜찮아 보인다. 그들은 서로를 돌보는 공동의 책임을 받아들인다. 두 배우자가 힘을 합쳐 함께 살 집을 지으며, 알을 품는 의무도 같이 나눈다. 서로를 있는 그대로 받아들이며, 어떤 다른 모습이기를 바라지 않는다. 그리고 평생토록 함께 가정을 꾸리는 데 헌신한다.

어쩌면 우리도 백조처럼 살아야 하는지 모른다.

8장 · 인생은 원래 정해진 각본이 없다

인생에는 대본이 없다.

———

죽음이 우리를 갈라놓을 때까지

이 책을 준비하는 과정에서 나는 수백 명의 결혼한 사람들에게 "결혼은 대체 왜 하는가?"라는 질문을 던졌다. 결혼이라는 관념을 지지하는 사람들은 보통 자기들이 결혼 생활을 통해 얼마나 많은 걸 이루었는지 설명했다. 내가 다시, 결혼이라는 법적인 계약이 없이도 지금과 같은 것들을 이룰 수 있을 거라 생각하냐고 물었을 때, 그들은 모두 하나같이(잠깐 생각할 시간을 가진 경우도 있었지만) "그렇다"고 답했다.

이 논박이 나와 그들에게 결혼이라는 법적인 계약과 장기적으로 서로에게 헌신하며 사랑하는 관계라는 개념, 너무나 다른 두 가지를 구분하는 데 도움을 준 것 같다.

결혼식 날에 느낀 기쁨을 결혼의 이유라고 말한 사람들도 몇 있었지만, 결혼식은 결혼하지 않고도 올릴 수 있다. 또 결혼하지 않고도 아이를 가지고, 서로에게 헌신하고, 사랑하고, 반지를 교환하는 등 그 모든 관계를 결속하는 것들을 가질 수 있다.

믿을지 모르겠지만, 나는 결혼을 반대하는 것이 아니다. 단지 모든 사람이 결혼해야 한다는 생각에 반대하는 것뿐이다. 결혼은 어떤 사람들에게 있어서는 행복을 증진하고 관계의 질을 향상하는 좋은 제도일 수 있다. 하지만 또 어떤 사람들에게는 그렇지 않을 수도 있는데, 바로 내가 그런 경우다. 특히나 나는 법이나 종교 등이 내가 누군가에게 품은 사랑에 대해 왈가왈부할 자격이 없다고 생각하기 때문이다(그들의 사랑에 대한 전적은 최악이니까). 물론 내가 연애를 하는 동안 동거를 하지 않고, 더 자유롭게 생활하며, 애착을 좀 덜 가질 때 가장 행복했기 때문인 이유도 있다.

내가 진짜 하고 싶은 말은 이것이다. '사랑'이란 인생에서 겪게 되는 나만의 개인적이고 특별한 경험 중 하나다. 따라서 사람들이 사랑을 키워나가고 관계를 만드는 방식 역시 각각 달라야 한다. 나는 사회가 기대하는 바를 이루어냈을 때가 아니라, 그것들을 거부해 냈을 때 우리가 가장 행복해질 거라고 믿는다. 내게 맞는 것과 내가 현재 살아가고 있는 세상에 기반해서 내 인생을 위한 새로운 규칙을 써나갈 수 있는 능력을 갖출 때, 비로소 우리는 가장 행복해질 수 있다.

오늘날 우리가 사는 세상은 이런 생각이나 대안이 생겨나기 전과는 완전히 다른 곳이 되었다. 지금 우리에게는 인터넷과 더 많은 정보, 더 긴 수명과 더 많은 선택지가 있다. 하지만 이런 것들이 최소한 삶을 어떻게 '살아야' 하는지, 어떻게 '사랑해야' 하는지에 대한 오래된 청사진을 다시금 상상해 보게 하지 못한다면, 이를 가능케 하는 건 과연 무엇인지 모르겠다.

이러한 이분법적 상자들과 근거 없는 질문, 사회적 청사진은 본디 우리를 보호하고 우리에게 길을 안내하기 위해 생겨난 것이지만, 실상은 그 반대의 역할을 하면서 우리에게 어마어마한 해를 끼치고, 우리를 방황하게 만들며, 혼란과 불행으로 이끌고 있다는 점이 아이러니다.

우리가 할 수 있는 가장 중요한 일은 저항하는 것이다. 물론 이것은 너무나 어려운 일이지만 말이다. 진정 인생을 행복하게 살면서 자신이 하는 일에서도 성공하기를 바란다면, 할 수 있는 일은 오직 하나다. 사회가 지시한 대로가 아니라 오로지 자기 마음으로써 내려간, 자기 삶의 '대본'의 작가가 되어야 한다.

세상 그 어떤 사람도
다른 사람이 느끼는 것을
똑같이 느낄 수 없는데,
어떻게 우리 모두가
'사랑하고 있다'는 말에
동의할 수 있겠는가?

———

나만의 열정을
만드는 법

내가 몇 년 전에 만났던 사람이 최근 전국 라디오 방송에 나와, 낡은 와인 상자로 이층 버스 모형을 만들고 거기에 손 흔드는 사람들을 조그맣게 그려 넣기도 하는 취미가 있다고 밝혔다. 그 사람의 이름은 보리스 존슨(Boris Johnson, 영국의 전 총리-옮긴이)이다. 그는 자신의 취미를 직업으로 발전시키진 못했지만, 어쨌거나 그에게 좋은 결과를 가져온 것은 맞는 듯하다.

연구를 통해 드러난 사실은, 사람들은 급여를 많이 주는 일을 할 때보다 그 자체로 동기 부여가 되는 일을 할 때 더 행복하다는 것이다. '자신의 열정을 찾으라'라는 말의 문제점은 일단 그 열정을 찾기만 한다면 도전, 수입, 발전, 성공, 성취감 같은 모든 것들은 알아서 따라올 것이라는 의미를 은연중에 가진다는 데 있다.

내가 '꿈의 직업' 찾기라는 주제에 대해 20년 동안 발행된 60

개 이상의 연구 자료를 검토해 본 결과, '꿈의 직업'이라는 건 솔직히 헛소리에 지나지 않는다는 것만은 분명해졌다.

어린 시절, 나는 축구와 힙합 노래 쓰기, 그리고 잡동사니를 주워다가 집 뒤편 숲에 은신처를 만드는 걸 너무나도 좋아했다. 그리고 다들 이미 알다시피 나는 건축과 랩에 일가견이 있는 축구선수가 되지 않았다(아직 시간이 있기는 하지만). 대신, 그것들과는 전적으로 다른 지금의 일에서 완벽한 직업적 만족감을 찾게 되었다. 시작하기 전까지는 내 삶의 '열정'이 되리라고 생각조차 해보지 않은 일이었다.

사람들은 자신이 꿈꾸는 직업이 무엇인지 알아내고자 할 때, 일반적으로 자기가 아는 여러 직업들을 떠올려본 뒤, 그 일을 즐겁게 할 수 있을지를 스스로 물어보는 식의 접근 방법을 택한다. 혹은 과거에 가졌던 직업들을 되짚어 보며 그 일의 어떤 부분이 좋았고, 또 어떤 부분이 싫었는지를 파악한다. 내가 열일곱 살 때, 우리 학교의 직업 상담 선생님은 나에게 갖고자 하는 직업에서 바라는 것들을 적어보라고 했다. 예를 들면, '높은 수입'이나, '동물들과 함께 일하기' 같은 것들 말이다. 이 방법은 바로 역대 가장 많이 판매된 직업에 대한 조언 서적, 리처드 볼스(Richard N. Bolles)의 『당신의 파라슈트는 어떤 색깔입니까?(What Color is Your Parachute?)』에서 추천된 방법이다. 그러나 이것은 사람들이 이미 마음속 깊은 곳에서 자기가 진정으로 원하는 것을 알고 있고, 하나의 어떤 일을 하게 될 운명이며, 그걸 글로 적거나 말로 하게 되면 어떻게든 우리의 운명을 결정짓는 별들이 일직선으로 놓이게 된다는 희망에 불과하다. 그야말로 개소리에 해롭기까지 한 말이다. 한마디로, 해로운 개소리다.

여러분의 인생에서 친구들과 떠들썩하게 놀러 나갔던 밤이라던가, 좋아하던 사람과의 데이트, 디자이너 브랜드의 신상 운동화, 여행이나 새로운 직장 같은 것들처럼, 살면서 무언가를 하게 되거나 갖게 되어서 한껏 들떴다가, 결국 그것이 기대에 미치지 못해서 실망하고 후회했던 적이 여러 번 있었을 것이다. 이건 누구에게나 매우 흔하게 일어나는 일이다. 과학자들의 연구에 따르면, 우리는 무엇이 우리를 행복하게 만들어줄지에 대해 예측하는 데 영 소질이 없으며, 그 일에 있어서 우리가 얼마나 형편없는지조차도 모르고 있다고 한다.

또한 우리는 각각을 경험할 당시 우리가 얼마나 만족스러워했는지 기억하는 일에도 형편없다고 한다. 인간이 가진 조건의 혼란스러운 한 측면은, 주로 어떤 일에 대한 결과만을 두고 그 경험에 대해 판단하는 경향이 있다는 것이다. 예를 들어 휴가 때 비행기를 놓치는 상황이라면, 여행의 마지막 날에 비행기를 놓치는 것보다 여행 첫날에 비행기를 놓치는 것이 그 여행이 얼마나 즐거웠는지에 대한 기억에 훨씬 더 적은 영향을 미칠 것이다.

안타깝지만 우리는 그다지 믿을 만한 존재가 못 된다.

쉽게 번 돈!

엄마는 크리스마스 때 나를 만나면, 어김없이, 그리고 애정 어린 의도에서, 내가 번 돈이 제대로 들어오고 있는지 확인하라고 하시면서, 최대한 스트레스를 받지 않도록 하라고 말씀하신다. 여러분은 급여가 높아질수록 행복해질 확률이 기하급수적으로 늘어나며, 스트레스는 우리에게 좋지 않다는 말을 분명 들어본 적이 있을 것이다. 사실, 스트레스라는 말은 부정적인 맥락에서만 사용되는 듯 보이며, 우리 문화 내에서 필연적으로 정신 건강 문제와 연관되어 있다.

하지만 돈과 스트레스에 관해서 '현대문학'을 통해 들여다본 진실은 그렇게 간단하지 않다. 앞서 말했듯이, 돈은 어느 지점을 넘어선 이후부터는 만족감을 증가시키지 못한다. 또한 스트레스는 일과 관련있다는 점에서 경우에 따라 좋은 것이 될 수도 있다.

우리가 생각하기에 가장 '스트레스를 많이 받을 것 같은' 직업군, 예를 들어 군사 지휘자나 고위 공무원, 또는 CEO들은 그들이 겪어야 하는 불량한 수면 패턴과 과도한 책무에도 불구하고 다른 직업군에 비해 더 낮은 스트레스 호르몬 수치를 보인 것으로 나타났다. 이에 대해 널리 받아들여진 설명에 의하면, 이들은 더 강한 자기 통제력을 가지고 있으며(자기 업무 스케줄을 알아서 정하고, 할 일을 스스로 규정하며, 자기 힘으로 결정을 내리는 것을 통해), 이 통제력을 기반으로 직책이 요구하는 것들로부터 자신을 지킬 수 있다고 한다.

9장 · 나만의 열정을 만드는 법

자신의 능력치와 역량의 수준을 훨씬 넘어선 것을 요구하는 일
은 감당하기 어려우며, 이는 좋지 않은 스트레스를 유발한다. 그러
나 지나치게 힘들지 않은 일 역시 보람이 없기는 마찬가지다. 가장
좋은 경우는 자신에게 요구되는 능력이 자기의 실제 능력 및 자기
가 파악하고 있는 능력의 수준과 맞는 경우이다. 그러면 그것은 곧
성취감을 주는 도전이 된다.

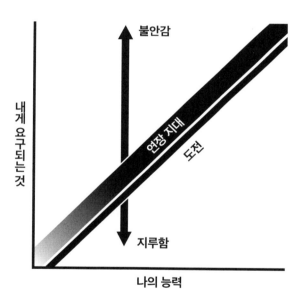

단순한 건 팔리고, 복잡한 건 안 팔린다

'자신의 열정을 찾으라'는 충고는 어마무시하게 좋지 않은 충

고다. 하지만 잘 팔린다. 왜냐하면 복잡하고 어려운 문제에 대한 단순한 답은 언제나 잘 팔리게 마련이기 때문이다. 내가 만약 '행복에 관한 단 하나의 단순한 비밀'이라는 책을 쓴다면, '행복의 만 가지 요소'라는 제목의 책보다 훨씬 잘 팔릴 거라 장담한다.

작년에 스페인 바르셀로나에서 만 명의 청중에게 사업과 일에 대해 강연할 기회가 있었다. 강연이 끝난 후, 한 남자가 내게 다가와서 이런 질문을 했다. "어떻게 이런 대단한 강연자가 됐나요? 저도 올해 안에는 꼭 그렇게 되고 싶어서 그러는데, 혹시 훌륭한 강연자가 되기 위한 비법 세 가지만 알려줄 수 있나요?" 그때 나는 내 친한 친구들과 가족들이 내가 '사랑하고 있는지' 꼬치꼬치 캐물었을 때처럼, 나의 인지 과정이 또다시 과열되는 것이 느껴졌다. 그리고 내가 너무나도 복잡한 그의 질문에 대한 단순한 답을 찾느라고 애쓰는 동안, 내 인지 과정은 또다시 고장 나 당혹감이라는 벽에 충돌해버렸다.

요컨대, 그는 내가 십 년 이상 경험해 온 노력과 실패, 운과 타이밍, 선천적 혹은 후천적 요소, 끈기를 통해서만 얻을 수 있었던 결과를 고작 몇 분 만에 얻기를 바라는 마음으로 나에게 단 세 가지 '비법'을 알려달라고 한 것이다. 비유적으로 말하자면, 그는 아주 날카로운 칼을 들고 있는 나를 보고 이런 칼은 결코 살 수 있는 게 아니라는 걸 알지도 못한 채 나한테 어디서 샀느냐고 물어본 것이다. 그런 날카로움은 자신이 직접 갈고 연마해서만 얻을 수 있는 것인데 말이다. 그가 정신을 차리고 지금부터 자신의 칼을 갈기 시작한다면 어쩌면 10년 후에는 이런 칼을 갖게 될 수 있을지도 모른다.

윽…… 그러려면 '인내심'이 필요한데, 그럼 우리 같은 '지금 당장 손에 넣어야만 속이 시원한 세대'는 대체 어떻게 기다려야 한단 말인가?

나는 지름길이나 즉각적인 만족감을 추구하지 않고, 오랜 시간 동안 인내심과 자기 절제를 발휘하며 가치 있는 목표를 향해 나아가는 사람들은 장기적으로 더 큰 행복과 성공을 거둘 것이라 진심으로 믿는다. 우리 세대가 남의 잔디가 더 푸르다며 광고하는 인스타그램에 현혹되지 않고, 좋지만 완벽하지 않은 무언가에 잠시 집중할 수 있다면, 결국 아주 큰 일을 해내고 진정 행복해질 수 있을 거라고 생각한다. 하지만 앞에서도 얘기했듯이 소셜미디어는 완벽함을 일상적인 것으로, '좋음'은 그저 그런 것으로 만들어버렸다.

인생에서 중요한 대부분의 일들은 간단하지도, 쉽지도 않다. 그것들은 노력을 필요로 한다. 완전히 만족할 수 있는 커리어를 쌓는 일 역시 마찬가지다. 나는 '꿈의 직업'을 가지기 위한 다섯 가지 중대한 요소, 즉 심리학적으로 인간의 만족감을 증가시키는 것으로 널리 입증된 요인들을 찾아냈다. 수입은 거기에 해당되지 않으며, 그것들은 '자신의 열정을 찾는 것'처럼 간단하지도 않다.

1. 매력적인 일

첫째로, 진짜 중요한 것은 급여나 지위, 심지어 일의 분야가 아니라, 당신이 매일 그리고 시시각각 무엇을 하는지가 중요하다.

매력적인 일이란 우리를 끌어당기고, 우리를 지탱하며, 우리의 마음을 빼앗아 가는 일이다. 이것이 나를 포함한 많은 사람이 비디오 게임을 하는 데 쓰는 한 시간은 눈 깜짝할 새처럼 느끼면서, 서류 작업이나 엑셀 작업을 하는 데 걸리는 한 시간은 따분해 미칠 것처럼 느끼는 이유다. 컴퓨터 게임은 그 태생부터가 사람을 빠져들게 하는 매력을 기반으로 하기 때문이다.

무엇이 그런 차이를 만드는가? 어째서 컴퓨터 게임은 우리를 빠져들게 하는 반면, 사무적인 행정 업무는 그렇지 못한가? 이에 대해 연구한 사람들이 다음과 같은 네 가지의 요인을 밝혀냈다.

1. 어떤 식으로 일할 것인지 결정할 수 있는 자유
2. 시작과 끝이 정확히 규정되어 있는 명확한 업무
3. 업무 유형의 다양함
4. 피드백 - 내가 잘하고 있는지를 알 수 있음

그렇기는 하지만, 컴퓨터 게임은 행복한 삶을 만들어주는 핵심적인 요소가 아니다 (단지 게임을 한다고 돈을 받는 건 아니라서가 아니다). 그 이유는, 우리에게는 이것 역시 필요하기 때문이다. 그건 바로…….

흙 속에 씨앗을 하나 심고서 얼마나 자랐는지 보려고
몇 분마다 다시 파내보는 사람은 없을 것이다.

그렇다면 당신은 왜 계속해서 자기 스스로에 대해,
자신의 노력과 결정에 대해 의심하는가?

인내심을 가지고, 지나치게 많이 생각하지 마라.
그리고 계속해서 당신의 씨앗에 물을 주라.

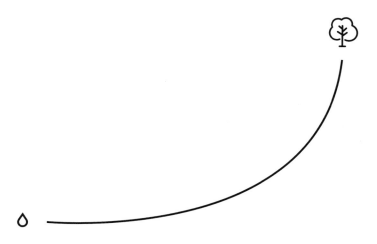

우선순위의 법칙

2. 다른 사람에게 도움을 주는 일

사람들, 특히 젊은 사람들은 '세상을 바꾸는 일'에 소름 끼치도록 집착하는 것 같다. 하지만 정확히 어떤 식으로 바꾸고 싶은지를 알지 못하고, 무엇을 그렇게 바꾸고 싶은지에 대해서도 확실히 모르는 경우도 있다.

세상을 바꾼 사람들은 전 세계적으로 칭송받기 때문에(그들을 기리는 동상이 세워지고, 영화가 만들어지며, 그들에 관한 평전이 쓰이고, 그들의 삶이 수업 시간에 자세히 논의되기 때문에), 자신의 지위를 드높이고자 혈안이 된 우리는 그들과 마찬가지로 '세상을 바꾸면' 사람들로부터 그들과 같은 수준의 존경을 받게 될 것이며, 가장 중요하게는 우리 자신으로부터 존경받을 수 있을 거라고 생각한다. 우리가 찬양하는 그 사람들을 모방하면, 우리 스스로를 찬양할 수 있을 거라 믿는 것이다.

옆길로 새서 미안하지만, 이 역시 인터넷으로 모든 게 연결되어 사람들이 허황된 비교를 일삼고 지위를 찬양하는 세계의 이들이 가진 또 다른 고통스러운 특징이다. 지위를 얻고자 하는 우리의 본능적인 욕망으로 인해, 너무나 많은 사람이 다른 사람의 업적에 대한 존경을 우리 스스로의 개인적인 열망으로 혼동해 왔다.

나는, 우리가 다른 이의 삶이 아닌 우리 자신의 삶을 살아가야 한다는 사실을 받아들이기 전까지는 결코 우리의 진정한 자아나 행복을 찾을 수 없을 것이라고 진심으로 믿는다. 우리가 이를 깨닫고 우리 자신에게 집중한다면, 우리 인생은 이미 충분하다고 느껴

당신이 따르고 존경하는
누군가를
그대로 따라 하려는 것은
절대로 남에게 존경받는 사람이
될 수 없는 확실한 방법이다.

우리 세대는 남에 대한 존경을
자기 자신의 열망으로 혼동해
왔다.

당신의 우상은 자신만의 길을 갔
다. 그들이 이룬 것을 당신도
이루고 싶다면, 당신도
당신 자신의 길을 가야 한다.

———

질 것이다.

덴마크의 철학자 쇠렌 키르케고르(Søren Kierkegaard)는 1849년에 발표한 저서 『죽음에 이르는 병(The Sickness unto Death)』에서, 우리 삶 속 불행의 대부분은 우울감에서 비롯되는 것이 아니라 진정한 자아로부터의 괴리에서 비롯된다고 썼다. 그는 우리의 점점 커지는 자의식(온라인 세상에서 필연적으로 가질 수밖에 없는 것)에 우리 자신에 대한 깊은 혐오(완벽한 듯 보이는 인플루언서들이 우리 마음속 게으른 CEO에게 받아들이라고 강요하는 것)가 합쳐지면, 진정한 자신을 벗어나는 위험을 무릅쓰게 된다고 말했다.

그는 다음과 같은 간단한 순서도를 통해 우리가 우리 자신을 버리려는 시도는 그것이 성공하든 성공하지 못하든 간에 절망으로 이어진다는 걸 보여주었다.

물론 이것은 19세기의 철학이지만, 나 아닌 다른 사람이 되려는 시도의 심리적인 위험에 대한 중요한 진실을 담고 있는 듯하다. 특정 사회 집단과 소수 집단에 대한 억압이 심각한 고통과 자살로 이어지는 이유도 어쩌면 이것 때문인지 모른다.

여러분이 자신의 우상처럼 되려고 하는 것 또한 정답이 아니다. 그들은 자기들이 우러러보는 사람들의 발자취를 그대로 따르지 않았다. 빌 게이츠(Bill Gates)에게는 그가 따라 할 빌 게이츠가 없었고, 그는 자신의 '위대함'을 찾기 위해 자기만의 길을 개척해 나갔을 뿐이다. 여러분의 우상이 가진 힘은 그들 각각의 유일무이함

　　　　　　　　　　9장 · 나만의 열정을 만드는 법

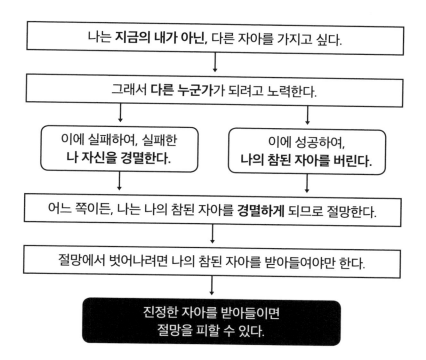

나는 **지금의 내가 아닌**, 다른 자아를 가지고 싶다.

↓

그래서 **다른 누군가**가 되려고 노력한다.

↓

이에 실패하여, 실패한 **나 자신을 경멸한다.**

이에 성공하여, **나의 참된 자아를 버린다.**

↓

어느 쪽이든, 나는 나의 참된 자아를 **경멸하게** 되므로 절망한다.

↓

절망에서 벗어나려면 나의 참된 자아를 받아들여야만 한다.

↓

진정한 자아를 받아들이면 절망을 피할 수 있다.

에 있다. 그들에게는 세상의 방식과 달리 생각하거나 그 너머를 보는 강한 신념, 굴하지 않을 자신감, 그리고 현실과 반대로 갈 수 있는 힘이 있었다.

우리는 세상에 맞추지 않은 그들의 개성과, 자기의 신념을 밀고 나간 배짱을 찬양한다. 흑인도 백인과 같은 권리를 가진다는 신념이나, 주머니 속 컴퓨터와 온라인으로 연결된 세상에 대한 비전, 또는 운전자 없이 주행하는 차와 개인 우주선 같은 것들 말이다. 이런 아이디어들은 다른 사람의 발자취를 따르지 않은 사람들만

이 생각해 낼 수 있는 것들이다. 그러므로, 오로지 성공이나 높은 지위를 원한다면 당신의 영웅처럼 되기를 바라지 마라. 인스타그램에서 다른 사람들이 하는 걸 보고 흉내 내지 말라는 소리다. 그들로부터 배우고, 그들로부터 얻되, 그들이 되려고 하지 마라. 당신이 유일하게 될 수 있는 위대한 사람은 당신 자신의 가장 위대한 버전일 뿐이며, 그건 꽤 괜찮은 사람이다. 여기서 한 가지 재미있는 점은, 당신이 자신의 가장 위대한 버전이 되고 나면 사람들은 그런 당신을 보고 당신처럼 되려고 하는 똑같은 실수를 저지르게 된다는 것이다.

내 삶에 약간의 사회적 책임을 불어넣으면

대개 소셜미디어와 집단사고에 의해 주도되는 누군가를 위해 내가 세상을 바꾸고 싶다는 믿음은 사회적 미덕의 증표에 지나지 않는 일종의 자선적 소셜 화폐(소셜미디어에서 사람들이 다양한 참여 활동을 한 것에 대한 경제적 보상으로 제공되는 가상 화폐-옮긴이)로 보상 받을 뿐 그저 헛소리에 불과하다. 그러나 심리학적인 관점에서 남에게 도움을 주는 일을 하는 것은 실제로 의미가 있다. 한 사람이 다른 사람을 돕기 위해 어떤 일을 할 때 느끼는 긍정적인 감정을 의미하는 말인 '헬퍼스 하이(helper's high)'가 바로 그 예다.

심리학 이론에 의하면, 베푸는 것과 친절은 그 행위를 하는 사람의 뇌에서 순한 버전의 천연 모르핀을 생성한다고 한다. 이후의 연구 결과들도 이 이론을 꾸준히 뒷받침해 왔다. 자원봉사를 하는 사람들의 대다수는 그렇지 않은 사람들보다 덜 우울하고, 더 건강하다. 그리고 무작위적인 친절을 베풀면 친절을 베푼 사람이 더 행복해진다. 전 세계 사람들을 대상으로 한 조사에서, 타인을 가장 많이 돕는 사람들은 그들보다 돈을 두 배는 더 잘 버는 사람들만큼 자기 삶에 만족한다는 것이 밝혀졌다.

다른 사람들을 돕는 것이 의미 있는 직업을 갖기 위한 유일한 길은 결코 아니지만, 가장 중요한 것 중 하나라는 점에는 많은 연구자들이 동의하고 있다. 이는 여러분이 오로지 자선사업과 관련된 일만 추구해야 한다거나, '세상을 바꾸는' 것만을 목표로 삼아야 한다는 뜻이 아니다. 그저 주변 사람들을 돕거나, 이미 갖고 있는 직업이나 참여하고 있는 단체의 일에 약간의 사회적 책임을 더하는 것이면 된다.

미국의 종합사회조사기관(General Social Surveys)이 1972년부터 2006년까지 실시한 조사(응답자 50,313명) 결과, 다른 이들을 돕는 일에 관련된 직업들이 직업 만족도 순위에서 상위권을 차지했다.

순위	직업	평균 만족도	매우 만족 (응답 비율 %)
1	성직자	3.79	87.2
2	물리치료사	3.72	78.1
3	소방관	3.67	80.1
4	교육행정가	3.62	68.4
5	화가, 조각가	3.62	67.3
6	교사	3.61	69.2
7	작가	3.61	74.2
8	심리학자	3.59	66.9
9	특수교육 교사	3.59	70.1
10	현장 기술자	3.56	64.1

다른 사람을 돕는 것은 인간의 본성이다. 우리에게 남을 돕고자 하는 마음이 없었다면, 그리고 그 마음이 우리 뇌에서 방출되는 엔도르핀으로 인해 강화되지 않았다면, 힘을 합쳐 부족을 이루거나 아이들을 키워내는 일이 불가능했을 것이고, 결국에는 인간이라는 종 자체가 살아남기 힘들었을지도 모른다.

내가 가장 소중하게 생각하는 멘토 중 한 분이 돌아가시기 전 나에게 이렇게 말씀하셨다. "어려움에 빠진 이에게 도움의 손길을 내밀어 끌어올려 주는 일만큼 정신 건강에 좋은 운동은 없다"라고. 우리가 다른 이들을 끌어올릴수록, 어쩌면 우리는 스스로 더 끌어올리게 되는 것 같다.

독창적인 사고방식을 가진
사람이나 창작자, 예술가들처럼
되고 싶어 하는 마음이 클수록,
자신이 그런 사람이 될 확률은
줄어든다.

독창성이라는 것은 절대로
따라 할 수 있는 것이 아니다.
그것은 모방이 끝나는 지점에서
시작된다.

———

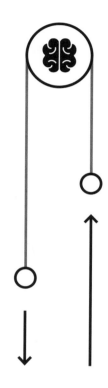

어려움에 빠진 이에게
도움의 손길을 내밀어
끌어올려 주는 일만큼
정신 건강에 좋은 운동은 없다.

3. 좋아하는 일만 하지 말고, 잘하는 일을 하라

내가 사람들의 입에 더 자주 오르내려야 한다고 생각하는 '경력 자본'이라는 말이 있다. 경력 자본이란, 간단히 말해서 능력이나 인맥, 자격, 자원처럼 여러분의 미래의 경력에 변화를 가져다줄 수 있는, 여러분을 더 나은 위치에 있게 해줄 모든 것을 의미한다. 경력 자본을 얻는 것은 경력 전반에 걸쳐 중요한 일이지만, 배울 것이 많고 기댈 평판은 별로 없는 젊은 사람에게는 특히 더 중요하다.

오프라 윈프리(Oprah Winfrey)나 일론 머스크(Elon Musk), 심지어 보노(Bono)처럼 성공한 사람들을 보면 다들 한 가지 분야에서 정점을 찍음으로써 그들의 화려한 이력의 시작을 알렸고, 그것을 통해 어마어마한 경력 자본과 평판을 쌓았다. 그런 다음, 이 경력 자본을 바탕으로 자선사업이나 인도주의적 일, 사업 관련 관심사들로 자신의 활동 분야를 확장해 나갔다.

어린 나이부터 경력을 일찍 시작할수록 중장기적으로 무엇을 해야 할지에 대한 확신은 더 적기 때문에, 다른 분야로도 이전시키는 게 가능한 경력 자본을 얻는 것에 더욱 집중해야 한다. 나보다 목적지향적인 직원들이 그들의 목적이 무엇인지에 대해 내게 물었을 때, 나는 종종 이것을 '자기 양동이 채우기'로 비유해서 말하곤 했다.

내 인생의 지금 단계에서, 나는 내가 평생 활용할 수 있는 다섯

가지의 핵심적인 양동이에 최대한 많은 가치를 쏟아붓고 있는 중이다:

1. 내가 아는 것 (지식)
2. 내가 아는 사람 (인맥)
3. 내가 할 수 있는 것 (나의 능력)
4. 남들이 나를 어떻게 생각하는가 (평판)
5. 내가 가진 것 (나의 자원)

평판은 우리가 생각하는 것보다 훨씬 더 중요하다. 샌프란시스코에 사는 친구 브라이언이 어느 날 아침 조깅하러 나갔다가 대충 아는 사람을 만난 이야기를 내게 해주었다. 그 사람은 가던 길을 멈추고 브라이언에게 인사를 하더니, 우주선을 쏘아 올려서 화성에 착지시키는 계획에 대해 열심히 이야기하기 시작했다고 한다. 그날, 내 친구가 조깅하다 마주친 사람은 바로 일론 머스크였다. 만약 내가 길을 가고 있는 사람들에게 다가가서 지금 우주선을 하나 만들고 있는데, 그걸 타고 화성에 갈 거라고 핏대 세워 말했다면, 아마도 나는 정신 병원에 갇히게 됐을 것이다. 하지만 똑같은 말을 일론 머스크가 했을 때, 나사(NASA)는 그에게 수백만 파운드의 지원금을 주었다.

그것이 바로 실제 경력 자본이다. 그리고 그것은 보통 당신이 열정만 가지고 있는 일이 아니라, 눈에 띄게 잘하는 일을 함으로써 얻을 수 있다.

자기 일에서 잘해내고 있다는 것은 우리에게 성취감을 주고, 성취는 긍정 심리학을 통해 반복적으로 밝혀진 바대로 삶의 만족도에 있어서 중심이 되는 요소이다. 결국 우리가 살고 있는 이 자본주의적이고 능력 위주로 돌아가는 세상에서 능력은 관심을 이긴다. 만약 내가 그림 그리는 것을 너무나 좋아해서 선천적으로 그림 실력이 형편없음에도(실제로도 그렇다) 불구하고 그걸 직업으로 삼는다면, 먹고사는 일과 같은 기본적인 욕구를 충족시키지 못할 것이다. 이는 우리가 이미 잘하는 일만을 해야 한다는 말이 아니다. 다만, 잘하게 될 가능성이 있는 일을 하는 것을 목표로 삼아야 한다는 것이다.

4. 재수 없는 인간들과 일하지 마라

재수 없는 인간들은 거의 모든 것을 망쳐버릴 수 있는 특별한 능력을 가지고 있다. 코미디 쇼, 아침 출근길, 극장에서의 즐거운 영화 관람, 당신의 정신 건강은 물론이고, 심지어는 의미 있는 일까지도 망치는 게 가능하다.

같이 일하는 모든 사람을 다 좋아할 필요는 없다. 하지만 다수의 연구들에 의하면, 직업 만족도에서 가장 중요한 요인은 어쩌면 같이 일하는 상사와 동료들이 서로를 위해주는 분위기인지다. 그렇다고 해서 친한 친구들하고만 일해야 한다거나, 내 비위를 맞추는 사람들하고만 일하라는 뜻은 아니다. 나와 다른 의견을 가진 사람들은 일을 하는 데 있어서 너무나도 중요하다. 우리의 관심사를 신경 쓰는 사람들이라는 전제하에, 그들은 종종 가장 귀중한 피드백을 주는 사람들이기 때문이다(그리고 우리 또한 그것을 기꺼이 들을 용의가 있어야 한다.).

나쁜 상사나 이기적인 동료, 또는 해로운 직장 문화는 '꿈의' 일을 망쳐버릴 수 있는 반면, 손발이 잘 맞는 동료는 따분한 일조차도 즐겁게 만들어준다. 여러분이 직업을 선택할 때 고려해야 할 가장 중요한 두 가지 질문은 직장의 사람들과 친구가 될 수 있을 것 같은가와, 그곳의 직장 문화가 서로를 위해주는 분위기인 것 같은가이다.

'재수 없는 인간들과 일하지 마라' 그리고 말할 필요도 없는 얘기지만, 재수 없는 인간이 되지도 마라.

5. 일과 삶의 조화

이 사회와 소셜미디어는 우리가 일을 너무 열심히 안 하고 있다거나, 혹은 지나치게 많이 하고 있다며 떠들어 대는 걸 좋아한다. 즉, '당신은 충분히 열심히 일하고 있지 않다'라는 이야기와 '당신은 일을 지나치게 많이 하고 있고, 곧 번아웃을 겪게 될 것이다'라는 이야기를 동시에 퍼뜨리고 있다. 부디 두 이야기 다 무시하라. 사회와 수많은 교육 기관, 일부 부모들은 일이 인생의 전부라는 말을 여기저기에 퍼뜨린다. 하지만 이것은 이해 가능하고 과학적으로 타당한 그 어떤 방법을 통해서 보더라도 사실이 아니며, 우리가 반드시 저항해야 하는 생각이다. 또한 이것은 보통 당신에게 뭔가를 팔아먹으려고 하거나 워크홀릭을 미화하며 영향력을 미치는 사람들을 따르고 찬양하도록 만드는 것처럼, 속내가 따로 있는 사람들이 만들어낸 생각이다.

반대로, 일은 그렇게 중요한 게 아니라거나, 장시간 일하는 것은 위험하다고 말하는 사람들도 편협한 것은 마찬가지다. 일이 중요한 것은 사실이지만 일 외의 삶 역시 중요하다. 일을 통해 의미를 만들어내고 성취감을 얻는 것은 우리 모두가 각자 다르게 접근해야만 하는 개별적이고 유동적이며 다차원적인 노력이다. 나는 여전히 내가 아는 그 어떤 사람보다도 더 열심히 일하지만, 그래도 행복하다. 반면, 내 친구들 중에는 아예 '일'을 하지 않으면서도 행복하게 사는 친구들도 있다.

나에게는 '일과 삶에서의 욕구의 조화'를 찾는 것이 가장 중요했다. 즉, 내가 선택한 책임(개인적 야망)과 나의 기본적인 욕구를 충족시켜 주는 것들(음식, 물, 살 곳), 나의 심리적 만족감에 대한 욕구(성취감, 자신감, 발전해 가고 있다는 느낌), 그리고 사랑, 친교, 소속에 대한 나의 욕구(가족, 낭만적인 관계, 우정) 사이에서 조화를 찾아내는 것이다.

이 욕구들 간에 조화를 만들어내는 것은 우리가 장려하고 목표로 해야 하는 것이며, 만약 운이 좋아서 얻게 되었다면 절대 놓치지 말아야 한다. 각각의 욕구에 어느 정도의 시간을 쓰는 것이 최선이라는 기준은 없지만, 우리의 모든 욕구가 충족되어야 한다는 것만은 확실하다.

사회는 우리가 일을
너무 열심히 안 하고 있다거나,
혹은 지나치게 많이 하고 있다며
떠들어 대는 걸 좋아한다.

사회는 '당신은 충분히 열심히
일하고 있지 않다'라는 이야기와
'당신은 일을 지나치게
많이 하고 있고, 곧 번아웃을
겪게 될 것이다'라는 이야기를
동시에 퍼뜨리고 있다.

두 이야기 다 무시하라.

———

우선순위의 법칙

10장

홀로 쓸쓸하게
살아가지 않으려면

이 장을 쓰고 있는 나는 지금 인도네시아의 장엄하게 반짝이는 강 옆의 정글에 자리를 잡고 앉아, 머리 위로 쏟아지는 눈부신 햇살을 그대로 받고 있다. 가볍게 불어오는 미풍이 햇살에 따뜻해진 내 살결을 어루만지듯 스치고, 정글을 가득 채운 나무들이 내뿜는 흙냄새와 꽃냄새가 콧속 깊숙이 들어온다. 나는 보다 명쾌하고 깨끗한 마음으로 이 책을 쓰기 위해 이곳까지 와서 정글 속 오두막에서 지내고 있다. 또한 나의 '몰입 상태(flow state, 특정한 활동에 집중했을 때 나타나는 최적의 심리 상태를 일컫는 심리학 용어-옮긴이)'에 도달하고, 뉴욕 중심가에 위치한 산업 지구 냄새 물씬 나는 내 집의 차가운 회색 배경에서 벗어나기 위해 이곳에 왔다.

이렇게 앉아 있는 지금, 나는 평화로움을 느끼고 있다. 여러분도 자연 속에서 시간을 보내본 적이 있다면 아마도 경험해 보았을 것이다. 스토아학파 철학자들의 표현을 빌리자면, 나는 지금 평정심을 느끼고 있다. 이곳이야말로 내가 본래 있어야 할 곳이라는 느낌이 든다고 말하는 것 외에 달리 이 기분을 어떻게 설명해야 할지 모르겠다. 다시 말해, 나를 위험으로부터 멀리, 안전한 상태로 떨어뜨리기 위한 유용한 수단으로써 고통이나 불편함 같은 선사시대의 장치들을 종종 사용하는 나의 생존 지향적인 원시적 감각들이 바로 이곳이 내가 '있어야 할' 곳이라고 말하는 것 같다. 즉, 불편함의 부재가 이곳이 그냥 내 '집'이라고 말하고 있다.

하지만 나는 결국 도시의 혼란 속으로 되돌아가야 한다. 그곳에서 나는 홀로 콘크리트 상자 속에 살면서 내 또래의 사람들이 그러하듯 외부의 세상과 소통하기 위해, 가끔은 다른 이들에게 음식을 가져다달라고 주문하기 위해, 또 가끔은 사랑을 찾아 스와이프(데이트 앱인 '틴더'에서 마음에 드는 사람의 프로필을 옆으로 넘기는 행위-옮긴이)하려고, 혹은 그냥 별다른 목적도 없이 길게는 하루에 11시간까지도 손바닥만 한 빛나는 유리 조각을 두드리고 있을 것이다.

편리하게도 나는 그 빛나는 유리 조각을 사용해서 커다란 금속 컨테이너에 나를 싣고 내가 사는 고독한 콘크리트 상자에서부터 내가 일하는 고강도의 콘크리트 상자까지 (완전한 침묵 속에서) 데려다줄 사람을 부를 수 있다. 이 말은 곧, 이론적으로 나는 사실상 전혀 움직이지 않고도 하루를 보낼 수 있다.

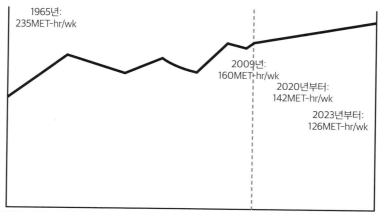

1965년:
235MET-hr/wk

2009년:
160MET-hr/wk

2020년부터:
142MET-hr/wk

2023년부터:
126MET-hr/wk

1965 1970 1975 1980 1985 1990 1995 2000 2005 2010 2015 2020 2025 2030
년도

MET(Metabolic Equivalent of Task의 약어로, 대사당량을 의미하며 운동 강도의 단위로 쓰임-옮긴이)
MET-hr/wk (운동 강도인 대사당량에 회당 시간과 주당 횟수를 곱한 것으로, 주당 운동량을 의미함-옮긴이)

12,000년 전쯤, 인류는 아프리카의 초원에서 부족 사람들이 먹을 양식을 구하기 위해 여럿이 모여서 사냥했다. 하지만 지금 나는 가끔 속옷만 입은 채 혼자 앉아서 불과 한 블록 떨어진 곳에 있는 멕시코 식당에서 타코를 배달 주문하고, 음식을 기다리는 동안 잘 훈련된 엄지손가락으로 틴더 프로필들을 능숙하게 스와이프한다. 이것을 정녕 인간의 삶이라고 할 수 있을까? 우리는 왜 이렇게 사는가? 어쩌다가 우리는 실리콘 밸리의 기업들이 우리에게서 인간다운 삶을 '최적화시켜' 없애버리는 걸 무턱대고 그냥 받아들여 버렸을까?

우리는 지금 그 어느 때보다도 더 끔찍하게 외롭다. 우리가 자연에서 보내는 시간은 이전 그 어떤 세대들보다도 짧으며, 우리는 인간 역사상 가장 적게 활동하며 살아가고 있다. 우리 모두는 우리의 신체가 꼭 필요로 하는 요소들(식량, 물, 공기)에 대해 분명히 인지하고 있으며, 그것들을 조달하는 데 주력한다. 그것들이 충족되지 않으면 우리의 몸은 명확한 신체적 신호(공복통, 갈증 및 기타 불편한 증상)를 보낼 것이고, 그럼에도 불구하고 계속해서 충족되지 않으면 결국은 죽기 때문이다.

하지만 우리가 심리적으로 필요로 하는 요소들(공동체, 인간관계, 자유로운 움직임, 의미, 자연)은 눈에 보이지 않기 때문에 많은 사람들이 편리함이나 시간 절약, 신체적 욕구, 더 큰 '성공'과 같은 명목하에 심리적 필요조건들을 거스른 채 우리 삶을 최적화시키는 기술만을

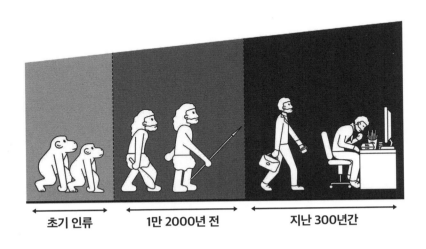

초기 인류   1만 2000년 전   지난 300년간

계속해서 추구한다. 놀랄 것도 없이, 신체적 필요조건들이 충족되지 않았을 때의 결과와 마찬가지로, 충족되지 못한 우리의 심리적 필요조건들 역시 부족 생활을 하던 시기의 마음 상태로 우리를 되돌려 놓기 위해 신호를 보낸다. 외로움이나 불안감, 우울감이 바로 그 신호들이다. 하지만 우리는 그것들을 무시하고 있다. 우리는 사람들에게 그 신호들을 일컬어 '망가진 것'이라던가, '미쳐버린 것'이라고 하고, 심지어 모든 게 다 괜찮으니 그냥 계속 그렇게 살라고 말한다.

홀로 불행히 죽어가는 우리

이 강박적인 최적화는 우리를 여태껏 존재했던 인간들 중 가장 외로운 인간들로 만들어버렸다. 현재, 우리의 외로움은 다른 사람들에게까지 전염되는 수준에까지 이르렀고, 코로나19 팬데믹과 그로 인한 세계적 사회 봉쇄 때문에 더욱 악화되었다. 서구 국가 성인들 중 2만 명을 대상으로 한 최근의 연구에서, 거의 절반가량이 자신이 혼자라고 느낀다는 것이 밝혀졌다. 마찬가지로 연구 대상의 절반에 가까운 사람들이 의미 있는 직접적인 사회적 상호 작용을 매일 하지 않는다고 말했으며, 그렇게 답한 사람들 중 절반은 가끔 그들의 인간관계가 의미 없으며, 항상 다른 사람들로부터 고립되어 있다고 느낀다고 답했다.

충격적이게도, 조사 대상 성인들의 5분의 1은 주변에 대화할 사람이 아무도 없는 것 같다고 말했다. 45세 이상의 성인 중 다수가 만성적인 외로움으로 고통받고 있으며, 아이러니하게도 역대 가장 '연결된' 세대인 더 젊은 사람들(18세에서 37세)은 기록된 역사상 유일하게 가장 외로운 세대이다.

확실히 사회 연결망은 그렇게 사교적이지 않으며, 인터넷 연결은 인간들 사이의 연결을 보장해 주지 못한다.

외로움 전염병이 너무도 심각해지면서 이에 개입하는 세계의 지도자들도 등장했다. 2018년 1월, 당시 영국 총리였던 테리사 메이(Theresa May)는 세계 최초로 '고독부'를 설치하고 '고독부 장관'을 임명하면서, 이는 현대 생활의 슬픈 현실에 대처하기 위해 내린 결정이었으며, 이를 통해 고립과의 싸움을 정부의 공식 업무로 만들겠다고 발표했다. 이 소식은 나로 하여금 엘리베이터나 지하철, 여타의 공공장소에서 불안하게 서 있는 사람들에게 스피커를 통해 '제발 서로 대화 좀 해라'라고 소리치는 불편한 디스토피아적 정부의 이미지를 떠올리게 했다.

나는 내 시간의 절반은 미국에서, 나머지 절반은 영국에서 보낸다. 내가 관찰한 바로 영국 문화는 단연코 가장 내향적인 문화다. 사실, 만성적인 사회적 어색함과 예의 바른 자제는 영국인의 결정적인 특징인 것 같다.

영국 문화권 밖의 사람이라면 영국인들은 다 서로를 싫어하거

정신 건강을 증진시키는
목적을 가진
대부분의 '뉴에이지' 기술은
만 년 전 삶 속의 '올드에이지'
원칙에 기반한다.

잘못된 길로 들어서버린
우리는 우리의 삶을
과잉 자극, 알코올, 카페인,
영양 불량과 외로움으로
가득 채우고 말았다.

이제 다시 돌아갈 때다.

———

나, 사회성이 떨어지거나, 아니면 광장 공포증 같은 게 있다고 결론을 내릴지도 모른다. 확실하게 짚고 넘어가자면 이건 영국인들의 특징이 아니라 영국 문화의 특징이다. 영국인 열 명에게 배낭을 들려주고 동남아시아로 보내면 장담컨대 그들은 런던에서 평생 만들 친구의 수보다 훨씬 더 많은 수의 친구를 일주일 안에 사귈 것이다.

그럼 이제 어떻게 해야 하는가? 이 문제를 어떻게 해결할 것인가? 그에 대해 고독부는 『연결된 사회: 외로움을 해결하기 위한 전략(A Connected Society: A strategy for tackling loneliness)』이라는 84페이지짜리 대책안을 내놓았다. 그 대책안은 '사회적 처방'이라는 것을 제시했는데 그 내용은 다음과 같다. "당신이 신체적 불편함을 느껴서 의사를 찾았는데 그 증상의 기저 요인이 고립감으로 의심되는 경우, 의사는 약을 처방해 주는 대신 당신에게 고독 전문가를 연결해 줄 것이다." 이 고독 전문가는 "상담을 통해 당신의 정신 건강에 꼭 필요한 요소들을 충족시키기 위한 맞춤 계획을 세워주고, 당신을 여러 활동들과 연계시켜 줌으로써 외로움을 극복할 수 있도록 도와주며, 지역 내에서 지원을 받을 수 있게 해준다."

이 프로그램은 외로움이 질병 및 조기 사망과 관계가 있을 뿐만 아니라, 고혈압, 비만, 알코올 중독, 매일 15개비씩 담배를 피우는 습관과 더불어 그러한 건강의 위험의 원인이 되는 요소로써 순위에 올라 있다는 것을 증명한 수많은 국제적인 연구들이 나온 후,

어려움을 겪고 있는 영국 국민건강보험(NHS)의 부담을 조절해 줄 압력 밸브와 같은 역할을 하기 위해 만들어진 것이다.

전 미국 공중보건위생국장인 비벡 머시(Vivek Murthy)는 "내가 환자를 돌보던 시기 동안 가장 흔히 보았던 병은 심장병이나 당뇨병이 아닌 외로움이었다"라고 걱정스럽게 말했다.

나는 고독 전문가가 외로움에 힘들어하는 사람에게 도움이 될 만한 계획과 활동할 내용들을 제시하는 것은 근본적인 원인을 해결하는 것이 아니라고 생각한다. 그것은 단지 일시적인 효과만 꾀하는 일일 뿐, 외로움을 유발하는 사회 구조를 본질적으로 다루는 것이 아니라 당장 눈앞에 있는 문제만을 다루고 있는 미봉책에 불과하다는 생각을 하지 않을 수 없다. 사실을 말하자면, 정부가 이 문제를 해결하기 위해서는 현재 우리 삶의 방식 전체를 뜯어고쳐야 할 것인데, 경제 성장을 저해하면서까지 그렇게 하는 일은 부디 없기를 바란다!

몇 주 뒤 내가 앉아 있을 곳이 이 푸르른 정글이 아닌 안타깝게도 내가 집이라 부르는 콘크리트 정글이 되어야 할 시기가 오면, 고독한 도시 환경 속에 있다는 사실만으로 나는 또다시 불안 장애를 가질 확률이 21퍼센트 더 증가하고, 기분 장애를 가질 확률은 39퍼센트 더 증가한 상태가 될 것이다. 완전히 미칠 노릇 아닌가? (말장난하려던 건 아니다.)

이 책을 준비하는 과정에서 나는 저명한 사회 분석가이자 『도둑맞은 집중력(Lost Connections: Uncovering the Real Causes of Depression - and the Unexpected Solutions)』을 쓴 뛰어난 작가 요한 하리(Johann Hari)를 만났다. 그는 그 주제에 대해 10년 이상 연구한 것을 토대로 우리가 자연에서 함께 있어야 하는 중요한 하나의 이유는 인류가 진화해 온 역사 때문이라고 말했다.

"아프리카 사바나에 살던 우리 조상들은 정말로 잘하는 것이 하나 있었다. 그들은 보통 그들이 잡은 동물들보다 크지도, 빠르지도 않았지만, 무리를 이루어 협동하는 것에서만큼은 훨씬 뛰어났다. 바로 이것이 하나의 종으로서 인간이 가진 초능력이다. 우리는 무리 지어 뭉친다. 벌들이 벌집에 모여 살게끔 진화된 것처럼, 인간들은 부족을 이루어 살게끔 진화했다."

우리는 우리 부족을 해체한 최초의 인간들이며 이것 때문에 우리는 아파하고 있다.

만약 내가 여러분에게 내 친구 네그라는 구부정한 자세에 표정도 무덤덤하고, 사회적으로 움츠러들어 있으며, 낮시간에 잠을 너무 많이 자고, 재미있는 일이나 음식, 자신을 가꾸는 일, 다른 사람에 대해 별 관심이 없는 데다, 일에 집중도 잘 못하고, 느리고, 행동은 굼뜨며, 가끔 불안해 보이기도 한다고 말한다면, 여러분은 심리학에 관련한 대단한 학위 없이도 그녀가 우울한 상태임을 확신할 것이다. 방금 내가 묘사한 모든 것은 호프 퍼도시언(Hope Ferdowsian) 박사의 광범위한 연구 논문 가운데, 오랜 기간 혼자 갇혀 지내야 했던 서른여섯 살 암컷 침팬지 네그라의 행동에 대해 적혀 있는 내용들이다.

하지만 네그라만 그랬던 것은 아니다. 1950년대 위스콘신 대학의 심리학자인 해리 할로(Harry Harlow)의 악명 높은 연구에 따르면, 그는 붉은털원숭이들을 각각 '절망의 구덩이'라는 역삼각형 모양으로 특별히 고안된 독방에 가두었다. 할로는 혼자 갇혀 지내게 된 원숭이들은 결국 "매우 불안한 모습을 보였고, 무표정하게 먼 곳을 응시하거나 오랫동안 제자리에서 몸을 흔들기도 했고, 우리 안을 반복해서 빙빙 돌았으며, 자주 자해를 했다"라고 밝혔다. 가장 오랫동안 고립되었던 원숭이들은 되돌릴 수 없을 만큼 심각한 상태가 되었다고 한다. 그는 "12개월 동안의 고립은 동물들의 사회성을 거의 말살하는 결과를 낳았다"고 설명했다. 코로나 팬데믹으로 인해 서구 사회가 고립을 겪고 있는 지금, 이러한 연구 결과는 특히 걱정스럽게 느껴진다. 지금의 시기를 어떻게 극복해야 할지, 어떤 보이지 않는 피해가 생겨났는지, 그리고 그것이 외로움이라는 전염병에 어떤 영향을 미칠지를 다시금 생각해 보게 된다.

이는 인간을 포함한 동물의 왕국 전체에서 볼 수 있는 패턴이다. 1951년에 맥길 대학교의 연구자들은 몇몇 대학원생들을 고용해 그들을 각각 침대 하나만 있고 감각 자극이 거의 차단된 작은 방에서 지내도록 했다(요즘에는 윤리적, 법적 이유로 이런 식의 실험은 하지 않는다). 화장실을 가기 위해 방을 나갈 수는 있었지만 그게 전부였다. 원래 계획은 대학원생들을 6주간 관찰하는 것이었는데 고작 7일 만에 참가자들은 슬슬 정신이 나가기 시작했고, 결국 모든 참가자들이 실험을 포기하면서 끝이 났다. 실험이 이루어지는 동안 거의 대부분의 대학원생들이 '온전히 생각할' 능력을 잃었고, 몇몇은 기이한 환각까지 보이기 시작했다고 한다.

이와 비슷하게 감옥에서 독방에 지내게 된 수감자들의 3분의 1 정도가 '심각한 정신병에 시달리고 있거나 격렬하게 자살 충동을 느끼게' 된다는 것이 여러 연구들을 통해 밝혀졌다. 심지어 쥐 같은 작은 포유류마저 어딘가에 갇혀 있으면 미쳐버리고 만다.

심리학자 브루스 알렉산더(Bruce K. Alexander)는 고립과 감금의 심리학적 영향을 관찰하기 위하여 작고 하얀 우리에 쥐들을 한 마리씩 가둔 뒤 헤로인을 탄 물과 일반 물 사이에서 선택하게 했다.

그 결과, 작고 하얀 우리에 가두어진 쥐들은 쳇바퀴와 장난감, 기타 다양한 기구들이 있는 곳에 여럿이 모여서 (반대 성별을 가진 쥐들을 포함하여) 지내는 쥐들과 다르게 우울증에 걸린 행동 양식을 보였고, 헤로인을 탄 물을 선택한 경우가 압도적으로 많았다. 심리학자들은 이 가공된 쥐들의 낙원을 '쥐 공원'이라 이름 붙였다.

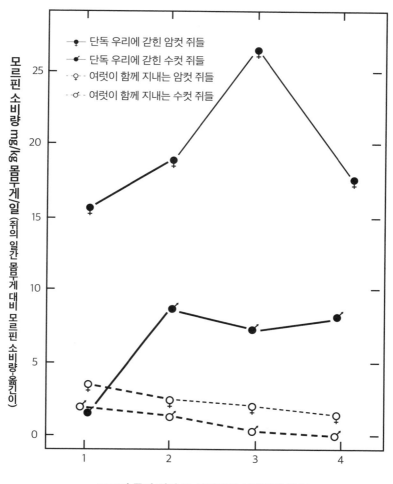

부족 생활을 하던 우리 조상들은
사람 사이의 교류, 단순한 생활,
운동, 자연, 물과 더불어 살았다.

지금의 우리는
하얀 벽, 바쁘게 돌아가는 도시,
외로움, 디지털 중독, 불면증,
테이크아웃 음식, 탄산음료와
더불어 살아간다.

당신의 정신 건강을 지키고 싶다면
조금 더 인간답게 살아 보라.

———

세 절친과 일중독

아마도 나는 성공을 위해 스스로를 고립시키는 문제에 있어서는 가장 크게 앞장선 장본인일 것이다. 나는 열여덟 살 때 나의 첫 회사를 시작하기 위해 (참고로 그 회사는 완전 망했다) 건강한 사회생활에 조금이라도 가까운 모든 것들을 3년간 철저히 거부하며 스스로를 고립시켰다. 그 후로 두 번째 회사를 세우기 위해 5년 동안 일하면서 나는 사무실에서 혼자 컴퓨터 화면를 보며 일하는 데 수많은 주말을 연속으로 갖다 바쳐야 했고, 하루 16시간을 일한 그 사무실에서 쪽잠을 자며 또한 수많은 날들을 보내야 했다. 아마 그때 그렇게 보낸 시간들은 세계 기록을 세우고도 남지 않았을까 싶다. 당시 내가 마음속에서 쉬지 않고 되뇌던 독백은 워크홀릭을 찬양하는 온라인 유명인들이 전하는 '영감'과 미친 듯이 많이 일하는 척을 하거나 역으로 일을 아예 안 하는 척하는 사람들을 미화하는 소셜미디어의 해로운 문화에 자극받은 것이었다. 이것들은 내가 더 열심히 일하면 더 많은 것들을 가질 수 있을 것이고, 더 큰 부자가 되면 지위도 더 높아질 것이며, 그러면 나를 좋아하는 여자들도 더 많아질 테니 결과적으로 더 행복해질 거라고 장담했다. 그때 그 말들을 마음에 새긴 나는 얼마나 자신 없고 어리석은 사람이었던가.

나는 나처럼 죽어라 일하지 않는 사람들을 무시했다. 열심히 일하면 나처럼 큰돈을 벌고 '계층의 사다리를 올라갈' 수 있는데, 그 시간에 왜 친구나 가족을 만나고 있단 말인가?

나는 그들의 균형 잡힌 라이프스타일을 이해할 수가 없었다. 당연히 그들 입장에서도 내가 이해되지 않았겠지만. 우리가 직업적 성공을 그 외의 모든 것들(엄마한테 전화를 하거나, 의미 있는 관계를 가지거나, 정신 건강을 챙기거나 하는 것)보다 중요하다 고집한다면 그 '그 외의 모든 것들'은 아무 의미도 없는 영원한 2순위가 되고 만다. 그때의 나는 내가 옳고, 그들이 틀렸다고 너무나도 확신했다.

우울증에 걸린 침팬지 네그라처럼 나 역시 사회의 말들에 현혹되어 내 욕구에 대해 잘못 내린 계산 속에 갇힌 몸이었다. 나는 나도 모르는 사이에 오만하게도 내 심리적, 감정적 욕구를 거부했다. 어리석은 얘기지만 그건 아마도…… 소셜미디어에 대한 욕구를 채우느라 그랬던 것 같다. 그리고 다른 사람들도 이렇게 해야 한다고 열심히 부추겼다. 따지고 보면 내 친구들이 나 같은 워커홀릭으로 살게 된 데에는 내 성공의 영향도 있었던 것 같다. 그러다가 나의 두 절친과 워커홀릭 동료들이 내 앞에서 무너져 내리는 모습을 보고 나서야 나는 아주 중요한 질문들을 스스로에게 묻기 시작했다.

2016년 어느 화요일 새벽 3시, 나는 아래층에서 무언가 와장창 부서지는 무서운 소리에 잠에서 깼다. 그 당시 나는 고작 스물네 살의 나이로 침실이 여섯 개나 되는 으리으리한 교외 저택에서 동업자인 도미닉과 함께 살고 있었다. 그 집에는 전기로 작동하는 12피트 높이의 철문이 설치되어 있었고, 테니스 코트와 영화 감상실, 게임방 등 자신감 없는 남자들이 남들에게 과시할 목적으로 갖춰

놓는 온갖 멍청한 것들로 가득했다! 나는 전투를 위해 캘빈 클라인 (Calvin Klein) 속옷(확실히 그럴 목적으로 입은 것은 아니지만)만 걸친 채로 천천히 아래층으로 내려가면서, 내 집에 들어온 대담한 침입자에게 찔러 댈 요량으로(어쨌든 계획은 그러했다) 대걸레 자루를 챙겨 들었다.

불안에 떨며 부엌 전등을 켰을 때, 나는 적잖이 당황할 수밖에 없었다. 도둑이 든 게 아니었다. 내 시야에 들어온 건 화요일 새벽 3시에 두 병째인 듯 보이는 레드와인을 앞에 두고, 어두운 부엌에 취한 채 홀로 앉아 있는 도미닉이었다. 나는 아무 말도 하지 않고 그의 손에서 와인 병을 빼앗아 싱크대에 부어 버리고는 취해서 흐트러진 그의 몸을 추슬러 3층에 있는 침실로 데리고 올라갔다.

한 시간 후, 집 안 어딘가에서 불안한 소리가 또다시 들려왔다. 내가 도미닉의 상태를 확인하러 위층으로 달려 올라갔을 때, 눈앞에 펼쳐진 광경은 너무나 끔찍했다. 침대 위에 모로 누워 있던 그는 정체 모를 빨간 액체에 뒤덮인 채 앞뒤가 맞지 않는 말들을 중얼거리고 있었고, 그의 베개와 매트리스, 이불에서는 빨간 액체가 뚝뚝 떨어지고 있었다. 최악의 상황을 생각하며 공포에 사로잡힌 나는 황급히 방 안으로 달려 들어가 빨갛게 얼룩진 침대 시트를 확 걷어 젖혔다.

"이게 대체 무슨 일이야, 도미닉!"

그는 발가벗은 채 실실 웃고 있었다. 자기한테 반쯤은 쏟아 버린 와인 병을 쥐고서.

그날 이후, 도미닉의 피폐해진 정신 건강의 실체가 수면 위로 드러나기 시작했다. 고립, 의미 있는 관계의 결여, 일 외의 모든 것들을 희생하며 쉼 없이 달려온 생활이 결국 그를 잠식해 버린 것이다. 그는 자기도 모르는 사이에 어찌어찌 사회생활만 겨우 유지하는 수준의 알코올 중독자가 되어 있었다. 그는 과체중이 됐고, 불안이 가득한 정신 상태는 정상이 아니었으며, 후에 내게 털어놓은 바로는 '달리는 열차에 뛰어드는' 상상을 많이 했다고 한다. 스트레스를 유발하는 우리에 갇힌 쥐들처럼 도미닉은 수년간 충족되지 못한 자신의 심리적, 감정적 욕구들이 주는 고통을 달래기 위해 알코올의 힘을 빌리고 있었던 것이다.

우리는 가장 친한 친구였다. 함께 대학을 중퇴했고, 거의 10년 동안 같이 살았으며, 두 번의 사업을 함께 하면서 전 세계 방방곡곡을 같이 여행했다. 우리는 각자 자신보다도 서로를 더 잘 알았다. 최소한 내 생각은 그랬다. 생각해 보면 그는 자신의 기분에 대해 나에게 한 번도 말한 적이 없었는데, 그건 다 내 탓이었다. 그는 쓰러져도 다시 일어서고, 나약한 구석이라곤 찾아볼 수 없는 나 같은 '터프가이'에게 자신의 약한 모습을 보여주는 게 너무나 두려웠던 것이다. 그래서 그는 문득문득 솟아오르는 감정을 꾹꾹 내리누르고 자기도 천하무적인 척을 했다. 실은 나도 그런 척만 하고 있었다는 걸 모른 채로.

다음 날 아침, 우리는 사실을 직면하는 게 무서워서 그동안 솔직하게 말하지 못했던 것들을 서로에게 털어놓았고, 마음속 깊은 곳의 진실한 이야기를 나누었다. 이후, 몇 주간의 심리 상담을 받은 도미닉은 완전히 새로운 삶을 살기 시작했다. 그는 살을 50파운드나 **뺐고**, 건강한 음식으로 식단을 바꾸었으며, 내가 차마 다 셀 수 없을 정도로 많은 마라톤 대회에 참가했을 뿐만 아니라 술도 완전히 끊었다.

그 모든 과정들을 지켜보면서 나는 도미닉을 전부 다 알았던 건 아니었음을 깨달았다.

이 일이 있은 직후였다. 내 두 번째로 가장 친한 친구 앤서니에게 갑작스레 연락이 왔다. 서른셋의 그 역시 무시할 수 없는 '천하무적' 워커홀릭으로, 나처럼 일이 가장 중요하다는 관념에 사로잡혀 지난 4년간 친구도, 가족도, 진지한 관계도, 사회생활도 다 마다하고, 깨어 있는 모든 시간을 오로지 자기 사업에만 쏟아부었던 사람이다. 그는 내게 전화로 자기가 심각한 불안증과 공황장애, 우울증으로 힘들어하고 있다는 사실을 털어놓았다. 이후 그는 항불안제를 처방받았고, 그 주부터 심리 상담을 받기 시작했다.

잠시 여러분의 친구들 중 가장 '터프한' 친구를 떠올려 보라. 정신 건강이라는 개념을 마치 한심한 미신이라도 되는 양 비웃고, 정신적 문제로 힘들어하는 사람을 보면 그저 '남자다워지면' 해결될 문제라고 할 법한 친구 말이다. 나에게 있어 그런 친구가 바로 앤서니였다.

이런 일들을 겪은 후, 나는 그간 간판처럼 내세워 온 내 가공된 이미지 뒤에 숨어 있는 진짜 나 자신에 대해 아주 오랫동안 진지하게 생각해 보았다. 그리고 세상이 보는 기준에서 성공한 사람이라면 응당 느껴야 하는 것이 아닌, 진정으로 내가 느끼는 것은 무엇인지 스스로에게 물어보았다. 계속 이런 식으로 살아간다면 미래의 나는 과연 무엇을 느끼며 살게 될 것인지도 자문해 보았다. 결국 나는 내가 중요한 무언가를 놓치면서 살고 있고, 내게 변화가 필요하다는 것이 분명하다는 결론에 이르렀다.

일을 열심히 하는 것은 기본적으로 우리에게 해로우며, 성공한 사람들이 다른 이들에게 일을 열심히 하라고 장려하는 것 역시 위험할 정도로 무책임한 일이라는 이야기가 최근 사회적으로 대두되고 있다. 솔직히 그 이야기에 동의하고 싶은 유혹도 상당하지만, 차마 그러지는 못하겠다. 나는 열심히 일하는 게 나쁘다고 생각하지 않기 때문이다. 나는 앞으로도 항상 열심히 일하며 살 거라는 데에 조금의 의심도 없다. 나는 일을 통해 엄청나게 많은 행복과 자극, 즐거움, 성취감을 얻고 있으며, 이는 인간으로서 자연스럽게 느끼는 부분일 것이다. 그리고 솔직히 말하면, 내가 지난 몇 년간 그렇게까지 열심히 일하지 않았다면 이 정도의 성공은 거두지 못했을 거라고 생각한다.

문제는 열심히 일하는 것 자체가 아니라 무엇을 져버리면서까지 그렇게 열심히 일해야 하느냐는 것이다. 도미닉과 앤서니 그리

10장 · 홀로 쓸쓸하게 살아가지 않으려면

고 나는 우리도 모르게 우리의 심리적 욕구들과 의미 있는 관계, 진정한 인적 교류, 운동, 가족과 함께하는 시간, 사랑, 그리고 그 사이의 모든 것들을 저버리면서 열심히 일했다. 우리의 충족되지 못한 신체적 욕구들이 우리를 병들게 하는 것처럼 우리의 충족되지 못한 심리적 욕구들 역시 우리를 아프게 할 것이다. 우리는 언젠가는 무너져 내릴, 어리석고, 해로우며, 순진해 빠진 환상 속에서 살고 있었다. 우리는 중요하지 않은 모든 것들에서는 이기고, 정말 중요한 모든 것들에서는 지고 있었다. 우리는 잘못 생각하고 있었다. 그들이 옳았던 거다.

지난 몇 년간 우리 셋은 삶의 균형을 찾는 노력을 계속 이어갔고 그 결과, 지금 우리는 전과는 비교도 안 될 만큼 행복해졌다. 우리는 농담 삼아 그렇게 노력했던 시기를 '인간으로의 회귀'라고 부른다. 이제 우리는 아무리 시급해 보이는 일이 있더라도 그보다 인간관계를 우선시하게 되었고, 나약함을 들키는 것 같아 두렵더라도 각자의 감정을 서로에게 솔직하게 이야기한다. 또한 일 때문에 아무리 피곤하더라도 운동을 게을리하지 않고, 아무리 궂은 날씨라도 자연에서 시간을 보내며, 아무리 잔소리가 듣기 싫어도 엄마에게 전화를 한다. 그리고 많은 어려움에도 불구하고, 우리 모두는 사랑을 했다.

그만두는 것은
승자만의 특권

ㄱ

이 책을 쓰기 시작했을 무렵, 스물일곱 살이었던 나는 소셜체인(Social Chain)이라는 세계에서 가장 크고 유명한 소셜미디어 회사의 CEO이자 설립자였다. 소셜체인은 내 자식이나 다름없었다. 스무 살 때, 나는 내가 중퇴한 대학교의 책상을 쓰기 위해 아직 그 대학교에 다니는 척을 하면서 그곳에서 이 회사를 만들기 시작했다. 내가 가진 작은 아이디어로 시작된 이 회사는 이제 전 세계에 700명의 직원을 두고 연간 2억 달러의 수익과 기록적인 높은 매출을 창출하는 사업체로 성장했다. 일반적으로 한 회사의 성공을 측정하는 모든 지표가 우리의 기대를 훌쩍 뛰어넘은 것이다. 모든 게 다 잘 되어가고 있었다.

'그럼 대체 왜 그만둔 거야?'

만약 여러분이 궁금해하는 게 이거라면 여러분 혼자만 그런 건 아니다.

사직을 공개적으로 발표하고 난 후에 나는 내가 잘못된 선택을 했다거나, 내가 미쳤다거나, 혹은 다시 생각해 보라는 내용의 무수히 많은 메시지와 이메일, 댓글을 받았다. 처음에는 수많은 사람이 내게 전한 당혹감, 취조에 가까운 질문, 추측 때문에 혼이 빠질 지경이었다. 하지만 그들이 그러는 것도 당연하다. 왜냐하면 나는 내 결정에 대한 이유를 잘 알고 있었던 데다 솔직히 그렇게 어려운 결정도 아니었다. 하지만 누군가에게는 너무도 갑작스러웠을 테니까. 만약 여러분이 내가 중요한 무언가를 그만두는 결정을 내릴 때마다 무의식적으로 사용하는 마음속 체계를 알게 된다면 내가 딱히 무슨 결정을 내릴 것도 없었다는 걸 이해하게 될 것이다.

나는 열여섯 살 때 학교 가는 걸 그만뒀고(결국에는 퇴학당했지만), 열여덟 살 때에는 대학을 그만뒀으며, 이후 몇 달 동안 이어진 가망 없는 일들도 전부 그만뒀다. 그리고 스무 살 때에는 내 첫 스타트업 회사를 갑작스레 그만두었고, 이제는 남들이 보기에는 정말이지 난데없이 소셜체인을 그만두었다.

나는 사람들이 내 이런 결정들을 두고 '용감한' 혹은 '위험한' 결정이라고 말하면 참 당혹스럽다. 왜냐하면 내 입장에서는 그만두지 않는 게 더 위험한 것이었기 때문이다. 그리고 내 결정의 근거에 대한 확고한 믿음이 있었기에 그 중요한 결정들을 내리는 데 있어 어렵거나, 용기를 필요로 하는 건 단 하나도 없었다. 그 모든 결정은 완벽하게 평온한 상태에서 내린 결정들이다.

그만두는 결정을 위한 체계

무언가를 시작하기 위해 필요한 용기에 대해 말하는 사람은 많다. 새 직업, 새 관계, 새 사업, 또는 새로운 열정을 시작할 용기 말이다. 하지만 그만큼 중요하고, 그만큼 용기가 필요하고, 그만큼 혼란스럽고, 새로운 무언가로 나아가기 전에 우리가 종종 해야 하는 그 일, 바로 지금까지 해오던 걸 그만두는 것에 대해 말하는 사람은 많지 않다.

'그만두는 것은 패배자들이나 하는 일이다'라는 말 같지도 않은 말이나 '절대로 포기하면 안 된다'라는 상투적인 말은 누구에게도 도움이 안 된다. 그것은 그만두는 것은 나약함의 표상 내지는 도망치기 쉬운 길이라던가, 심하게는 실패나 다름없다는 식의 해로운 이야기 안에 여러분을 가두어 버린다.

여러분에게 확실히 말해두지만 그만두는 것은 승리자들이 할 수 있는 일이며 그 또한 능력이다.

그만둬야 할 때, 방향을 바꿔야 할 때, 해로운 환경에서 벗어나야 할 때, 삶에서 더 많은 걸 요구해야 할 때, 마음으로 옳지 않다고 느낀 무언가를 그만두고 다른 것으로 넘어가야 할 때를 아는 것은 행복, 사랑, 성공을 찾은 사람들, 즉 자신의 인생에서 승리한 사람들이 직감적으로 통달한, 인생을 결정짓는 기술이다.

하지만 결코 쉬운 일은 아니다. 우리가 옳은 일을 찾아 떠나는 걸 방해하는 가장 큰 힘은 옳지 않은 일이 우리를 끌어당기는 힘이다. 지금 당신이 안주해 있는 안전한 그 일 말이다.

다음은 그만두는 결정을 내리기 위한 나만의 체계다. 이 체계는 매우 단순하고, 구체적인 뉘앙스는 빠져 있긴 하지만 다양한 상황에 적용할 수 있도록 일부러 아주 일반적으로 만들었다. 하지만 이 근본적인 체계는 내가 인생의 중요한 순간에 직면할 때마다 불안해하지 않고 결단력 있게 헤쳐 나갈 수 있도록 무의식적으로 이끌어줬다.

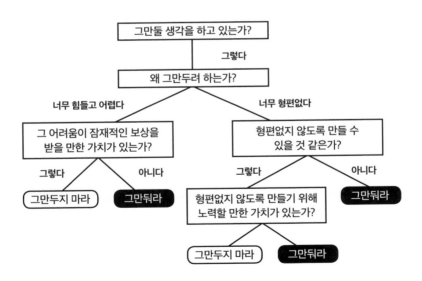

이 체계를 글로 적어서 공개하는 것은 처음이지만, 이것은 분명 내가 그만두는 결정을 해야 할 때마다 마음속으로 대입해 보고 따랐던 순서도다.

내가 뭔가를 그만둘 때마다 사람들은 내게 미쳤다고 했다. 그만둔 것 때문에 엄마가 나와 의절한 적도 있었고, 전국의 언론에서 실패자로 낙인찍힌 적도 있었다. 하지만 매번, 어김없이, 그만두겠다는 그 결정은 더 큰 행복과 더 큰 사랑, 더 큰 성공으로 나를 이끌었다. 단 한 번의 예외 없이 말이다. 나는 그 중요한 결정들에 대해 절대로 후회해 본 적이 없다. 그리고 결정 그 자체뿐만 아니라, 결정을 내리는 타이밍도 매번 완벽했다고 믿는다.

가장 대단해 보이는 것이나 최고의 기회, 혹은 가장 편안한 상황을 자발적으로 벗어나 내 삶을 불확실성으로 내던지는 것은 내게 있어 언제나 쉬운 일이었다. 그리고 그럴 수 있었던 이유는 내마음속 체계와 그 체계의 끝에 이르러 도달한 결론이 뭐가 되었든 간에 내가 마음을 내려놓고 받아들였던 덕분이라 생각한다. 이 체계 안에서, 나는 성급하게 다음 단계로 나아가려 애쓰지 않는다. 그만두도록 나 자신을 설득하지도 않는다. 또한 내가 바라던 답이나 오늘의 내 삶을 좀 더 편하게 해줄 답을 찾기 위해 이미 지나온 과정을 다시 거슬러 올라가는 것 역시 하지 않는다. 그저 내 논리를 믿고, 나 자신을 믿으며, 이 체계가 날 한 번도 실망시킨 적 없다는 점에 안심할 뿐이다.

나는 단지 어떤 것이 힘들다는 이유만으로 그만두지 않는다. 사실, 도전의 어려움은 보통 그것이 가져다줄 보상과 관련되어 있다. 어려움은 내가 계속 나아가야 한다는 신호이자 '성장하고 있는 순간'에 '그만두지 마라'를 능동적으로 선택하고 있다는 신호다. 그렇게 나는 점점 더 어려운 도전을 찾아 나서게 된다. 직업적인 측면에서의 내 임무는, 어렵지만 가치 있는 도전들로 나의 삶을 채우는 것이다.

나는 지금 어려운 일들을 해놓으면 나중에 보다 쉬운 인생을 살 수 있고, 지금 당장 쉬운 일들만 하다 보면 나중에는 어렵게 살게 된다는 걸 믿는 사람이다. 내가 6장에서 혼란이 곧 행복이고, 안정됨은 곧 혼란이라고 했던 맥락과 연결해서 말하자면, 이렇게 하는 것이 내가 행복하기 위해 필요한 혼란을 보장하는 나만의 방식이다.

그럼에도 불구하고 상황이 형편없거나 내가 그 형편없는 상황을 타개할 수 있을 거라는 믿음을 잃었거나, 형편없는 상황을 바꾸기 위해 들이는 노력이 제시된 보상만큼의 가치를 더 이상 갖지 못한다면 나는 바로 그만둔다.

회사를 그만두겠다는 발표를 한 직후, 내게 쏟아진 반응의 60퍼센트는 '다음엔 뭘 할 건가요?'라는 질문이나 그와 비슷한 질문들이었다. 이런 질문은 대부분 사람들이 적절한 시기에 잘못된 것을 그만두지 못하게 하는 또 다른 중요한 요인을 분명히 보여준다.

일반적인 생각과 달리,
그만두는 것은 승리자들을 위한 것이다.

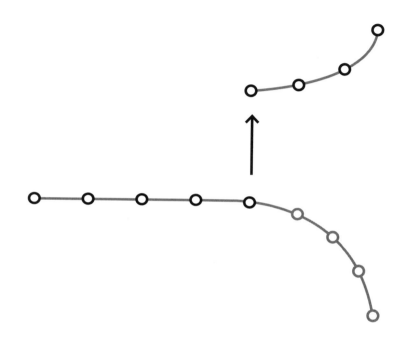

그만둬야 할 때, 방향을 바꿔야 할 때,
해로운 환경에서 벗어나야 할 때,
삶에서 더 많은 걸 요구해야 할 때,
맞지 않는 것을 그만두고 나아가야 할 때를 아는 것은
인생의 모든 승리자들이 가진 아주 중요한 능력이다.

우선순위의 법칙

다음 단계로 나아가기 전에 그것에 대해 완벽하게 다 파악하려는 안전을 추구하고자 하는 마음이 바로 그것이다.

나는 다음 단계에 대한 아무런 계획도 없었다. 그저 나 자신에 대한 강한 믿음과 내 결정을 뒷받침하는 근거에 대한 강한 믿음만이 있을 뿐이었다.

어떤 사람들은 인생에서 그 어떤 불확실성도 감당해 내지 못한다. 그리고 행복이 말살되고 자존감이 무너져 내려 절망만 가득한 상황에 반복적으로 갇혀 있는 자신을 발견한다. 그들은 불확실성과 그것이 가져올 단기간의 불편을 피하려고 애쓰는 것이 실은 자기도 모르게 장기간의 불행을 선택하는 것이 되어버린다는 걸 미처 깨닫지 못한다. 나는 여러분이 일과 인간관계 그리고 그 사이의 모든 것을 포함한 인생 전반에서 찾게 될 행복은 불확실성에 대처하는 여러분의 능력과 분명히 관계가 있다고 생각한다.

거미원숭이와 불확실성의 교훈

나는 이 책의 앞부분을 인도네시아 발리의 정글에서 썼다. 그리고 지금은 그곳과 지구 반대편에 있는 코스타리카의 정글에서 이 글을 쓰고 있다. 이 순간, 나는 지난 몇 주간 홀로 머무는, 우거진 열대 우림 나무 위에 지어진 아름답고 안락한 오두막에 고요하게 앉아 있다. 유일한 방문객이라곤 하루에 한 번씩 들러서 내 상태를 확인하고, 내 음식을 훔치고, 내 가방에 똥을 싸러 오는 거미원숭이들 뿐이다. 몇 주 전에는 거미원숭이 한 마리가 무슨 열매로 착각했는 지 내 애플 에어팟을 가지고 도망간 적이 있었다. 내가 황급히 다가 가자 그 원숭이는 오두막에서 한 10미터 아래에 있는 정글 숲까지 겁 없이 몸을 날려 뛰어내렸는데, 나무줄기를 잡고 매달려서는 몸 을 앞으로 나아가게 하더니 줄기를 잡고 있던 손을 거리낌 없이 놓 아 버리고 다음 줄기를 향해 거침없이 허공을 가로질러 날아갔다. 나는 그 모습을 그저 바라보고 있을 수밖에 없었다.

이 원숭이란 녀석들은 원래 손버릇이 고약하긴 하지만 우리에 게 불확실성을 받아들이는 것의 중요성에 대한 가르침을 준다. 결 국 그들이 도약하지 않는다면, 그리고 다음 나무줄기를 잡기 전에 지금까지 잡고 있던 가지를 놓고 찰나의 불확실한 순간으로 자신 을 내던지지 않는다면, 살아남기 위해 필요한 속도로 앞으로 나아 가지 못할 것이다.

마찬가지로 인간의 경험 역시 일차원적인 것이 아니다. 인간의 경험은 예상치 못한 사건과 장애물, 전환점의 연속이자 가장 실력 있는 도전자마저 때로는 안 좋은 소식과 잘못된 결정, 불운을 마주 하게 되는 유격 훈련 코스다. 우리는 죽는 날까지 좋지 않은 선택 을 하게 되겠지만, 그래도 괜찮다. 그게 인생이기 때문이다. 현재의 확실한 불행보다 불확실성을 선택할 용기가 있는 사람들에게 있어 과거의 잘못된 선택이란 그저 미래에 좋은 선택을 하는 데 도움이 되는 '실수'에 지나지 않는다. 그 실수들은 여러분이 거미원숭이처럼 더 좋고 튼튼한 가지로 옮겨 가는 동안 백미러로 이따금씩 돌아볼 수 있는 가치 있고, 도움 되며, 후회 없는 교훈이 된다.

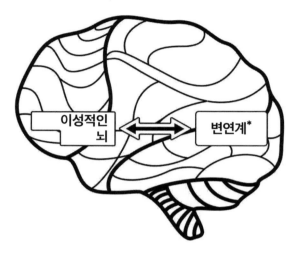

(*원초적 욕구와 감정 등을 관장하는 신경계-옮긴이)

어쩔 수 없이 좋지 않은 결정을 내렸지만 불확실성을 감당하지 못해서, 누군가의 마음을 다치게 할지 몰라서, 아니면 완벽한 계획이 없어서 같은 이유로 거미원숭이처럼 그 상황을 벗어날 용기를 찾으려 하는 사람들의 경우도 크게 다르지 않을 것이다. 그들이 바로잡지 않고 방치해 둔 실수들은 시간이 갈수록 점점 쌓이게 되고

11장 · 그만두는 것은 승자만의 특권

결국에는 스스로를 혐오하는 인생을 살고 있는 자신을 발견하게 될 것이다. 나를 불행하게 만드는 곳에서 사랑 없는 텅 빈 관계를 이어가며, 나를 비참하게 만드는 동료들과 함께 우울하고 지겨운 일을 하면서 말이다.

불확실성은 현재의 불행한 상황과 확실하지 않은 미래의 더 행복한 지점 사이의 간극이다. 그 불확실성의 영역은 여러분이 지금보다 더 큰 행복과 더 큰 사랑, 더 큰 성공을 바란다면 살면서 몇 번이고 다시 여행해야 하는 곳이다. 그곳은 세상에서 가장 불안정한 곳으로, 빛이란 빛은 다 꺼져 있고, 내비게이션도 없으며, 목적지도 불분명하다. 그러나 여러분이 내가 제시한 체계를 통해 생각해 봤을 때 현재 상황이 정말로 형편없고 결국에는 여러분을 불행하게 만들 것이 확실해 보인다면, 지금보다 더 나은, 더 행복한 상황을 찾는 동안 마주하게 될 불확실성은 지금의 상황이 주는 확실한 불행보다 훨씬 더 나은 선택지가 될 것이다.

우리의 뇌는 불확실한 순간에 공포로 반응하도록 설계되어 있다. 캘리포니아공과대학에서 진행된 뇌에 관한 연구에서 신경과학자들은 실험 대상자들을 점점 더 불확실한 선택을 할 수밖에 없는 상황에 놓이게 한 뒤 그들의 뇌를 스캔했다. 그 선택이란 인생과 일, 사랑에 관련해서 우리가 흔히 할 수밖에 없는 선택과 비슷한 종류의 것들이었다.

이 연구는 실험 대상자들이 결정을 내리기 전에 제공받은 정보

불확실성을 감당하지 못한다면,

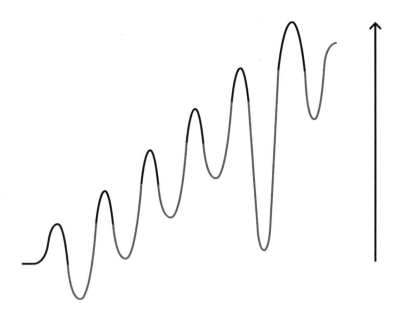

성장도 감당해 낼 수 없다.

11장 · 그만두는 것은 승자만의 특권

의 양이 적을수록 더 비이성적이고 일반적이지 않은 결정을 내린다는 것을 보여주었다. 아마 여러분은 그 반대의 결과가 나올 거라고 생각했을지 모른다. 다시 말해, 가지고 있는 정보가 적을수록 더 차분하고, 조심스럽고, 이성적으로 결정을 내리게 될 거라고 말이다. 하지만 실제로는 그 반대였다. 실험에서 제시된 다양한 시나리오의 불확실성이 커질수록 실험 대상자들의 뇌는 그 통제권을 불안과 공포 같은 감정을 생성하는 영역인 변연계로 넘겼다. (앞의 뇌 그림을 참고하시길.)

수천 년간 그대로 유지되어 온 이 신경학적 장치는 우리가 원시인이었던 시절, 어두운 밤에 낯선 곳으로 길을 잘못 들었을 때 큰 도움을 주었을 것이다.

그 옛날, 불확실한 상황을 두려워하는 마음은 생존을 보장해주었다. 하지만 이제 이러한 메커니즘은 우리가 사는 세상과 우리가 매일같이 내려야 하는 결정에는 별 도움이 되지 않는다.

성공한 사람들은 이 본능적인 메커니즘을 이겨내고 그들의 사고를 더 이성적인 영역으로 옮길 줄 아는 사람들이라는 것이 임상적으로 입증되었다. 이는 아주 높은 수준의 정서 지능(EQ)을 필요로 하기 때문에, 세계적인 EQ 평가 회사인 탤런트스마트(Tal-entSmart)가 검사한 100만 명 이상의 사람들 중 상위권의 성적을 거둔 사람들의 90퍼센트는 EQ가 높고 더 행복한 삶을 살고 있었고, EQ가 낮은 사람들에 비해 한 해 평균 2만 8000달러를 더 번다는 사실이 놀랍지 않게 느껴진다.

버락 오바마처럼 똑부러지게 결정하는 법

열네 살의 나는 큰형의 침실 바닥에 앉아 버락 오바마가 2008년 미 대선에서 최초의 흑인 대통령으로 선출되는 믿기 어려운 순간을 기쁨의 눈물을 흘리며 지켜보았다.

그로부터 12년이 지나 스물여섯 살이 된 나는 그분과 함께 브라질 상파울루에 있는 15,000명 규모 행사장의 연설자로 초청받게 되었다. 그야말로 '꿈인가 생시인가' 하는 순간이었다.

나는 단순히 그의 팬이기만 한 것이 아니다. 나는 다국적 기업의 CEO이지만 그럼에도 불구하고 내가 내려야 했던 결정들은 세계를 이끄는 지도자로서 그분이 3억 5000만 인구의 국가를 수호하고, 세계에서 가장 큰 규모의 경제를 책임지며, 세계에서 가장 강력한 군대를 지휘하는 임무를 수행하기 위해 매일같이 내려야 했던 결정들 앞에서는 한없이 무색해졌다.

많은 사람들이 일상 속에서 어떤 옷을 입을지 혹은 누구와 데이트할 것인지와 같은 비교적 중요하지 않은 결정들을 내리는 과정에서 습관적으로 집착하고, 고뇌하며, 결국 결단을 내리지 못하고 질질 끈다. 우리가 일상적으로 내리는 결정들의 중요도와 미국 대통령이 내리는 결정들의 중요도 사이에는 분명 큰 차이가 있다.

하지만 그렇다고 해서 그 결정들을 이끌어내는 원칙마저 달라야 하는 것은 아니라고 생각한다. 사실 이론적으로는 이 원칙의 기본적인 구조가 어느 결정에서든 똑같이 적용되어야 한다.

우리가 하는 선택과 그 선택의 타이밍이 인생을 결정한다. 오늘 우리의 삶은 작년에 우리가 내린 결정의 결과이고, 일 년 뒤 우리의 삶은 오늘 우리가 내린 결정의 결과일 것이다. 그렇다면 오바마는 어떤 과정을 통해 결정을 내렸을까? 예컨대, 지구상에서 가장 흉악한 테러리스트로 손꼽히는 오사마 빈 라덴(Osama Bin Laden)을 처단하라는 공격 지시 결정은 어떻게 내리게 된 것일까? 나는 브라질에서 그분으로부터 직접 이에 대한 답을 듣는 인생 일대의 기회를 얻게 되었다. 그는 이렇게 말했다. "나는 오로지 어려운 일만 처리했어요. 쉬운 문제였거나, 조금 어렵기는 해도 충분히 해결될 수 있는 문제였다면 내 선까지 오지도 않았을 겁니다. 당연히 그런 문제들은 다른 사람들이 이미 해결했을 테니까요. 결국 내 책상 위에 놓인 것들은 정말 어려운 문제나 어느 쪽으로 결정하든 손해만 보게 되는 시나리오들뿐이었죠."

그는 계속해서 말을 이어갔다. "그런 어려운 결정들을 내리기 위한 첫 번째 단계는, 내가 완벽한 결정을 내리지 못할 거란 사실을 편안하게 받아들이는 겁니다. 매번 완벽할 수만은 없고, 어쩌면 절대로 완벽할 수 없다는 걸요. 그리고 나는 지금 확률적인 문제를 다루고 있다는 사실을 스스로 되새기면서, 이 문제를 완벽하게 해

불확실성은 현재의 불행한 상황과 확실하지 않은
미래의 더 행복한 지점 사이의 간극이다.

불확실성의 영역은 여러분이 지금보다
더 큰 행복과 더 큰 사랑, 더 큰 성공을 바란다면
살면서 몇 번이고 다시 여행해야 하는 곳이다.

결해야만 한다는 부담감에 마비되지 않도록 노력합니다."

그는 또 이렇게 말했다. "가능한 한 모든 관련 정보를 확보한 후, 내가 문제의 핵심을 이해했다는 확신이 들면 그 정보들을 바탕으로 결정을 내립니다. 그렇게 내가 도출한 결정에 51퍼센트의 확률이 있다고 판단한다면 그대로 결정을 밀고 나갑니다. 그리고 내가 활용할 수 있는 모든 정보를 바탕으로 최선의 결정을 내린 것으로 믿고 마음을 내려놓습니다."

멍청함을 연구한 것으로 잘 알려진 저명한 심리학자 데이비드 더닝(David Dunning)의 연구는 똑똑한 사람들이 어떤 식으로 생각하고, 예측하고, 결정하는지를 잘 보여준다.

최근 그는 똑똑하지 못한 사람들은 세상을 흑백 논리로 보고 감정적인 결정을 내리는 반면, 똑똑한 사람들은 확률을 바탕으로 생각한다는 의견을 밝혔다. 효과적인 결정을 내리는 사람들은 "X나 Y가 발생할 것인가?"와 같은 식이 아니라, "X나 Y가 발생할 확률은 얼마나 되는가? 10퍼센트? 아니면 50 또는 80퍼센트?" 같은 식으로 생각한다고 한다.

오바마는 확실히 똑똑한 결정을 내리는 사람이다. 그는 결정을 내리는 데 있어 근거, 논리, 어떤 상황이 일어날 확률에 의지하는 데 반해 어떤 사람들은 단순히 감정이나 '직감'을 따른다. 그의 전임자였던 조지 부시(George W. Bush) 대통령은 미국 역사상 최악의 외교적 결정을 내린 것으로 유명한데, 그건 바로 (존재하지도 않는) 화학 무기를 찾기 위해 이라크를 침공한 일이다. 주변 사람들이 그의 이 같은 결정에 대해 치켜세워 주자, 그는 "나는 교과서대로 움직이는 사람이 아니라 직감대로 판단하는 사람이다."라고 말했다. 조지 부시라는 사람에 대해 참 많은 것을 설명해 주는 말이다.

생각을 많이 하는 것(그리고 그로 인해 결정을 미루는 것)은 완벽한 결정을 내리려 애쓰는 데서 비롯된다. 하지만 결국 완벽한 결정이란 모든 일이 다 끝나고 난 후 평가를 통해서나 존재하는 법이다. 51퍼센트의 확률이 있는 결정이라면 마음을 놓기에 충분하다. 왜냐하면 100퍼센트의 결정이란 존재할 수 없다는 걸 알기 때문이다. 같은 시간 안에 51퍼센트의 확률이 있는 결정을 더 많이 내리고 그에 대한 피드백을 더 빨리 받는다면, 여러분이 바라는 결과를 위해 더 빨리 배우고, 더 빨리 발전해 갈 수 있을 것이다. 여러분이 중요한 결정에 대해 계속해서 90퍼센트나 100퍼센트의 확실함을 확보하려 한다면, 결국 여러분은 결정을 내리지 못하고 그저 불안해하며 망설이는 데 시간을 허비할 것이다. 그 시간 동안 무언가 배울 수 있는 가능성과 중요한 기회를 놓치게 될 것은 너무나도 당연하다.

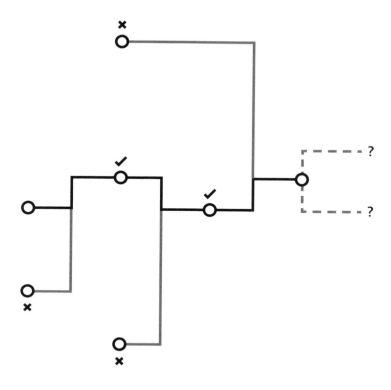

생각을 너무 많이 하는 것과 그로 인해 결정을 미루는 것은
완벽한 결정을 내리려 애쓰는 데서 비롯된다.

하지만 결국 완벽한 결정이란 모든 일이 다 끝나고 난 후
평가를 통해서나 존재하는 법이다.

어쩌면 당신은 늘 행복했던 것일지
도 모른다.
하지만 이 세상과, 소셜미디어와,
남들과의 비교가
당신이 행복해질 수 없다고 믿게
만든 것이다.

———

12장

당신의 비행기가
추락하지 않도록

얼마 전, 휴대폰을 확인한 나는 복수심에 찬 분노가 내 온몸 구석구석까지 뻗치는 것을 느꼈다. 지인으로부터 나와 지난 6주간 잠깐 사귀다가 바로 며칠 전에 헤어진 여자가 다른 사람과 만나고 있는 모습을 봤다는 내용의 메시지가 와 있었던 것이다. 그 즉시 나의 뇌는 나와 한마디 상의도 없이, 그녀를 직접 만나 비난을 쏟아낼 방법들을 생각하기 시작했다.

나는 지금껏 나쁜 소식이 예측 불가능하게 자주 일어나는 스트레스 높은 업무 환경에서 살아왔다. 악의를 품은 사업적 경쟁자들이 여러 번 우리 회사를 망하게 하려 했던 적도 있었고, 온 세상과 언론들이 근거 없는 소문만으로 나를 비난하며 나에게서 등을 돌렸던 시기도 있었다.

당신이 유명한 세계적 기업을 수년째 경영하고 있고 대중에게도 잘 알려진 사람이라면, 예측 불가능한 혼란과 이중성, 나쁜 소식들은 불쾌하지만 자꾸만 마주할 수밖에 없는 당신 인생의 일부가 될 것이다.

이런 이유로 나는 혼란이 극에 달한 순간에서도 흔들리지 않는 차분함을 발휘할 수 있는 사람이 되었기 때문에, 내가 이렇게까지 생각과 반응, 감정을 통제하지 못할 정도로 흔들리는 경우는 아주 드물었다. 그리고 그건 아주 위험한 상황이기도 했다. 수백만의 팔로워를 가진 내가 손가락 한 번 잘못 놀려서 인터넷에 생각 없는 글이나 경솔한 반응을 올려버린다면, 700명의 우리 회사 직원들을 포함하여 회사의 고객인 세계적인 브랜드들은 아주 끔찍한 피해를 입게 될 것이다. 그러므로 마음의 평정은 정말이지, 너무나도 중요하다.

하지만 그때, 나의 평정심은 부엌에 서서 휴대폰의 메시지를 뚫어지게 노려보던 나를 그대로 지나쳐 가버렸다.

그 일에 대해 신경 쓰지 않으려 노력했지만 뜻대로 되지 않았다. 기분을 바꾸려 음악을 들어 봐도, 아예 생각하지 말자고 나 자신을 설득해 봐 역시 하나 마나 한 일이었다. 혹시나 운동을 하면 내 안을 꽉 채우고 있는 분노의 열기가 사그라들까 싶어 자리를 박차고 일어나 운동화를 주워 신고 달리러 나갔다. 하지만 달리기는 생각할 시간과 공간을 주었다는 것 외엔 별 도움이 되지 않았고, 그 시간 동안 내 마음속에서는 정반대로 폭주하는 두 개의 생각이 엎치락뒤치락 씨름을 벌이고 있었다.

내가 '이성'이라고 부를 첫 번째 생각은 이렇게 말했다. "스티브, 니가 먼저 예고도 없이 그 여자를 차서 그녀에게 상처를 주고 자존감을 무너트렸잖아. 그녀는 아마도 너의 결정 때문에 짓밟힌 자존심을 회복하려고 그렇게 한 걸 거야. 그리고 그녀는 지금 너랑 사귀고 있는 것도 아닌데, 누가 됐든 자기가 만나고 싶은 사람을 만날 권리가 있는 거잖아. 그러니까 넌 그녀에게 따져 물을 수도 없고, 그녀를 비난할 자격도 없어. 그냥 잊어버리고 넘어가."

내가 '자존심'이라고 부를 두 번째 생각은 이렇게 말했다. "@%$#!^*%$#! 지금 빨리 그 여자에게 연락해서 네가 모든 걸 다 알고 있고, 그녀한테 완전 &%#라고 말해! 그 여잔 네가 절대 모를 거라 생각했겠지만, 완전히 딱 걸렸잖아. 그리고 그렇게 쏘아 댄 뒤에는 네가 아는 모든 예쁜 여자들에게 연락해서 이리로 오라고 해. 그리고 그녀에게 똑같이 갚아주는 거야. 감히 이런 짓을 해? 빨리 어떻게 복수할지 생각해."

내 자존심의 목소리에 뒤이어, 어둠 속 어딘가에 조용히 머물러 있던 또 다른 목소리가 슬그머니 존재를 드러냈다. 그 자신감 없는 목소리는 이렇게 속삭였다. "어쩌면 그 여자가 널 별로 좋아하지 않았던 게 아닐까? 네가 별로라서? 그러니까 네가 괜찮은 사람이라는 걸 그녀와 너 스스로에게 증명해. 널 놓친 건 그녀의 손해라는 걸 보여주는 거야."

런던 거리를 달리다 보니, 아무래도 내 자존심의 목소리가 승기를 잡은 게 확실한 듯했다. 나는 집에서 나온 지 15분 만에 그 길로 뒤돌아서 다시 집을 향해 달렸다. 집에 도착한 나는 위층으로 올라가 침대에 누워서 내 마음이 원하는 제멋대로의 정의를 어떻게 실현할 것인지 구상하기 시작했다. 그리고 그녀에게 보낼 메시지를 작성했다. 속 좁고, 유치하며, 감정적인 메시지였다. 그리고 내 자존심은 그것을 승인했다. 내가 그녀에게 줄 상처가 내 마음속 어딘가에 있는 상처를 치료해 줄 것만 같았다. 혼돈, 파괴, 복수만이 내 상처 받은 자존심을 위로해 줄 유일한 해독제인 것처럼 느껴졌고, 곧 위대한 승리를 맛보게 될 것이라 생각했다.

그때, 전화가 울렸다.

앞에서 언급한 적 있는, 한때 워크홀릭이었던 나의 절친 앤서니였다. 나는 그가 내게 전화를 건 이유를 말할 틈도 없이, "누가 좀 전에 XX가 다른 남자랑 있는 걸 봤다고 나한테 문자를 보냈어"라는 말부터 시작해서, 무슨 일이 있었으며, 내 기분은 어땠는지에 대해 그에게 마구 쏟아냈다. 그리고 내가 그녀에게 보내려고 작성해 둔 분노에 찬 메시지를 그에게 읽어주었다.

앤서니는 한숨을 쉬며 이렇게 말했다. "야, 너 지금 완전 바보 같으니까 이제 그만해. 그 메시지를 보내서 네가 얻는 건 아무것도 없어. 그녀는 정말로 널 좋아했어, 진심으로. 근데 네가 차버린 거잖아. 아마도 널 잊으려고 좀 좋지 않은 선택을 한 거겠지. 잊지 마.

그녀를 원하지 않았던 것도 너고, 헤어지자고 한 것도 너야. 그녀가 널 떠난 게 아니라고. 아마 아직도 널 좋아하고 있을 걸."

앤서니의 객관적인 충고는 결국 내 이성의 목소리와 일맥상통하는 것이었지만, 그것이 얼마나 논리적이었든 간에 내 이성의 목소리는 결국 내 자존심을 억누르지 못했다. 인정하기 부끄럽지만, 그날 밤 나의 복수를 저지한 것은 내 이성이 아니라 그녀가 나를 원하지 않아서 그런 일을 벌인 게 아니라는 것을 상기시켜 준 앤서니의 말이었다. 앤서니와의 통화를 마치고 오래 지나지 않아 나는 잠에 빠져들었다.

다음 날 아침, 길길이 날뛰던 내 자존심은 어느 정도 진정된 듯했고, 어느새 이성의 목소리가 통제권을 되찾은 뒤였다. 그녀에게 복수해야겠다는 생각은 더 이상 들지 않았고, 전날 밤의 거침없던 적개심도 사그라들었다. 실망스럽고 비참한 느낌은 여전했지만, 상황을 고려하면 무조건적으로 그녀를 비난하는 건 옳지 않다고 생각하게 됐다. 그래서 아무 반응도, 대응도 하지 않는 것이 최선이라는 결론을 내렸다.

나는 왜 '그녀는 정말로 널 좋아했어'라는 말과 '그녀를 밀어낸 건 너잖아'라는 말이 내게 가장 크게 와닿았는지 진지하게 생각해 보았는데, 그 이유를 알 것 같다. 사귀고 있는 사람이 바람을 피운 걸 알게 됐거나 그 사람에게 차였을 때, 어떤 상황에서 내가 거부당했다는 느낌이 들 때, 결국 나를 정말 아프게 하는 것은 그 사건 자체가 아니다. 거부당했다는 사실로 인해 자신에 대해 스스로 던지는 말들 때문에 아픈 것이다. 누군가로부터 고의적인 거부를 당하게 되면 자존감과 자부심은 마치 잔인한 폭행을 당한 것처럼 상처를 입는다. 그것은 마치 누군가에 의해 우리가 언제나 두려워해온 그 생각, 바로 우리가 부족한 사람이라는 생각이 반박의 여지없이 확실하게 증명되어 버린 것과 같다. 우리가 충분히 아름답지 않고, 충분히 똑똑하지 않고, 충분히 가치 있는 사람이 아니라는 그 생각 말이다.

우리는 스스로를 실제보다 더 강하고, 자신감 있고, 쉽게 굴하지 않는 사람이라고 생각하는 경향이 있다. 특히 남자들이 그렇고, 특히 내가 그렇다. 나는 나 자신을 남들이 생각하는 것보다 훨씬 더 감정적이지 않고 훨씬 더 정신력이 강한 사람이라고 생각했었다. 하지만 우리의 자부심이란 실은 너무나도 상처 받기 쉬운 것이다. 특히 오디션 또는 구직 면접을 보거나, 대중에게 작업을 선보이는 것처럼 타인으로부터 피드백과 평가를 받는 경우에 그렇고, 쓰라린 거절을 당할 수도 있는 이성 관계에서는 더더욱 그렇다. 우리의 일과 재능 그리고 사랑은 모두 우리의 자존감을 구성하는 중요한 구성 요소들이기 때문이다.

자존감이 낮은 사람은 아주 사소한 거절에도 무너져 내릴 수 있다. 내가 관찰한 바에 따르면, 어떤 사람이 거절당한 경험에서 회복하는 데 걸리는 시간은 얼마나 크게 거절당했는지뿐만이 아

같은 실수를 두 번 저지르고
싶지 않다면,
현재의 감정이 아닌 과거의
기억에 기반해서 결정하라.

———

12장 · 당신의 비행기가 추락하지 않도록

니라, 거절당하기 전에 자존감이 얼마나 낮았는지와도 직접적인 관련이 있는 듯하다. 안타깝지만 자존감이 낮은 사람들은 거절당할 가능성을 피하기 위해 부단히 애를 쓴다. 그들은 습관적으로 좋은 기회를 회피하고, 자기 비하적인 행동을 하며, 연애로 발전될 수 있는 상황을 포기해 버린다.

나는 절대 무너지지 않을 정도까지는 아니더라도, 비교적 자존감이 높은 편에 속한다. 그래서 내 친구의 설득과 얼마간의 수면만으로도 나의 무너진 자존감을 인지 행동에 대한 통제력을 되찾기에 충분한 수준으로 회복시킬 수 있었고, 그 결과 복수심으로 불타는 자존심을 잠재우고 상황을 그냥 묻어버릴 수 있게 되었다.

이 상황은 마치 내가 아주 이성적인 기장으로서 하늘을 날고 있는 커다란 여객기를 조종 중인데, 내 전 여자 친구가 다른 사람과 만나는 걸 봤다는 메시지를 받은 직후 어떤 감정적인 테러리스트들이 나를 공격하고 조종실 밖으로 쫓아낸 뒤, 비행기를 탈취한 상황과도 같았다. 그리고 이 가미가제 테러리스트들의 목표는 비행기를 추락시켜서 결국 나와 다른 사람들을 해치는 것이다. 우리는 일과 사랑, 삶 속에서 흔히 이런 상황들을 마주하게 되는데, 이럴 때 꼭 기억해야 할 핵심 목표는 나중에 후회할 만한 일을 하기 전에 이 테러리스트를 조종실 밖으로 쫓아내고, 비행기의 통제권을 되찾을 수 있도록 객관적인 자의식과 균형 잡힌 시각, 그리고 합리적인 관점을 소환하는 것이다.

우리의 뇌는 이런 순간들에 직면할 경우 우리에게 거짓말을 할 것이다. 상처 받은 자존심은 단기적인 '승리'를 장기적인 결과보다 중요하게 여길 것이기 때문이다. '이겨야겠다'는 마음이 들거나, 복수를 해야겠다던가, 자존심을 지켜야 한다는 생각이 든다면, 우리의 이성적인 마음은 통제권을 상실하고 만다. 그런 비이성적인 내면의 목소리에 현혹되지 마라.

감정이 격해지고 자존심에 상처를 입은 상황에서 할 수 있는 최선의 반응은 보통 아무런 반응도 하지 않는 것이다. 하지만 실제로 그런 순간에 맞닥뜨리면 아무런 반응도 하지 않기란 거의 불가능에 가깝다. 감정이 격해지면 합리적인 의사 결정 능력은 저하되기 마련이다. 따라서 우리는 일단 우리의 감정이나 자존심, 상처 입은 자존감이 우리를 장악했다는 사실을 인식해야 하고, 그다음엔 그러한 힘이 이성적인 마음을 대신해서 그 순간 결정을 내리지 않도록 있는 힘을 다해 막아야 한다.

여러분도 나처럼 그걸 막지 못할 것 같다면, 친구와 상의도 해보고, 잠시 멈춰서 기다리는 시간도 가져본 뒤, 내일 아침에 해결하기로 하고 일단 잠을 청해보라. 여러분의 비행기가 계속해서 하늘을 날 수 있도록 할 수 있는 모든 것을 다 해보라.

테러리스트들이 이긴다면 비행기는 추락하고 말 것이고, 여러분에게 깊은 후회를 남길 것이다.

감정이 격해지면,

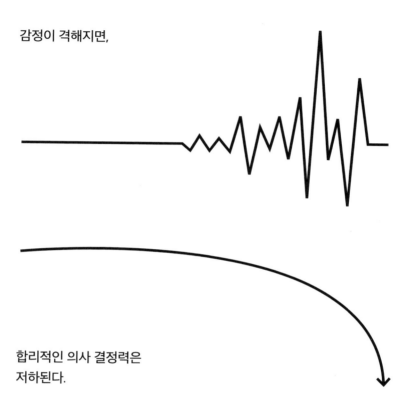

합리적인 의사 결정력은
저하된다.

'이겨야겠다'는 마음이 들거나,
복수를 해야겠다던가,
자존심을 지켜야 한다는
생각이 든다면,
우리의 이성적인 마음은
통제권을 상실하고 만다.
그런 비이성적인
내면의 목소리에 현혹되지 마라.

———

13장

위기와 혼돈에서
영리하게
빠져 나오는 법

2015년 8월 19일, 오전 8시경, 나는 차 안에서 드레이크(Drake)의 새 앨범 「If You're Reading This It's Too Late(네가 지금 이걸 읽고 있다면 이미 너무 늦은 것)」의 랩을 따라 부르며 텅 빈 도로를 달리고 있었다. 백미러에는 내 동업자 도미닉이 자기 차를 타고 내 차 뒤를 따라 달려오는 것이 보였다. 그날은 너무나 기분 좋은 날이었다. 미래가 보이지 않는 불안정함 속에서 수많은 날 동안 사무실에서 밤새워 일한 지 2년 만에 드디어 우리 사업이 성과를 내기 시작했던 것이다. 세계적인 기업들이 연달아 우리의 고객이 되었고, 역대 최고의 분기별 성과를 기록했다. 우리는 이를 축하하기 위해 팀워크 증진의 날을 기획했고, 그 시작은 맨체스터 지부의 100명이 넘는 전 직원들과 함께 교외에서 페인트볼 게임을 하는 것이었다.

신호에 걸려 잠시 정차해 있는 사이, 전화가 걸려오면서 음악

13장 · 위기와 혼돈에서 영리하게 빠져 나오는 법

이 멈췄다. 휴대폰에 뜬 발신자 이름이 '도미닉(Dom)'이었던 걸 본 나는 적잖이 당황했다. 왜냐하면 우리는 서로에게 항상 음성 메시지나 문자 메시지를 보냈었지, 전화를 거는 일은 거의 없었기 때문이다. 게다가 그는 바로 내 차 뒤에서 따라오고 있었고, 목적지까지 거의 다 온 상황이었기에 그가 지금 내게 하고자 하는 말이 뭐든 간에 조금만 기다렸다가 하면 될 터였다. 이상하게 여긴 나는 백미러를 통해 뒤따라오는 그의 차를 보았고, 짧은 순간이나마 그의 얼굴을 볼 수 있었다. 그는 마치 유령이라도 본 것 같은 표정으로 입을 떡하니 벌린 채, 그대로 얼어붙어 꼼짝 않고 핸드폰을 노려보고 있었다.

나는 그에게서 걸려온 전화를 받으며 물었다. "무슨 일인데 그래?"

"빨리 이메일 확인해 봐!" 그가 다급히 외쳤다. 나는 이메일 앱으로 들어가서 세바스티안 소벨(Sebastien Sobel)이 보낸 이메일을 확인했다. 세바스티안은 몇 달 전 우리 회사에 수백만 파운드를 투자하고 싶다며 연락을 해온 사람이었다. 그 후 여러 번의 밀라노 방문과 몇 달간의 협상, 몇 주간의 강도 높은 실사 끝에 우리의 미래를 바꿔줄 투자 계약의 최종 단계를 눈앞에 두고 있는 상황이었다.

세바스티안이 보낸 이메일에는 딸랑 이렇게 한 줄 적혀 있었다. "저한테 보내시려던 메일이 아닌 것 같네요……!"

도미닉이나 나는 그에게 메일을 보낸 기억이 없었으므로 무척
당황스러우면서도 궁금해진 나는 그가 어떤 이메일에 대해 이런
답신을 보낸 것인지 확인하기 위해 화면을 아래로 내려보았다.

그리고 이런 이메일을 보게 되었다.

2015년 8월 19일 오전 7:53, 도미닉
<-----> 작성:

리사, 당신에게 이 내용을 전달해 드려요.
이 사람은 대체 언제쯤 눈치를 챙길까요?
그냥 그날 스티브가 바빠서 시간을 못 내겠다고 하거나,
"출장" 갔다고 둘러대 주세요. 우리한테는 지금 이 투자 건보다
훨씬 중요한 일들이 많으니까요.

그것은 도미닉의 이메일 주소로 세바스티안에게 발송된 이메
일이었다. 세바스티안에 대한 험담을 담고 있는 걸로 보아 원래는

리사에게 보내려고 작성된 것인데, 무슨 이유에선지 세바스티안에게 보내진 것인 듯했다. 도미닉이 리사에게 세바스티안은 '눈치를 좀 챙겨야 한다'(우리가 실은 그와의 투자 유치 계약을 별로 원하지 않는다는 걸 암시하는 듯했다)면서, 내 소재에 대해 세바스티안에게 거짓말을 해달라고 부탁하는 내용이었다.

"아니, 대체 이딴 건 왜 보낸 거야?" 차 스피커폰에 대고 내가 버럭 소리쳤다.

"내가 안 보냈어……. 맹세코 안 보냈다고. 나 진짜 아니야!" 도미닉이 소리 높여 항변했다.

잠시 정적이 흘렀다. 물론 도미닉이 그럴 사람이 아니란 걸 안다. 그를 7년 동안 알고 지냈고, 4년이나 같이 살았다. 그는 내가 아는 사람 중 가장 착하고 예의 바른 사람이며, 그런 식의 말은 죽었다 깨어나도 절대로 하지 않을 사람이다. 그리고 그는 절대로 내게 거짓말하지 않는다. 그렇기에 자기가 한 일이 아니라는 그의 말을 나는 단 0.001초도 의심하지 않았다. 누군가 그의 이메일 계정에 접속해서 이런 일을 벌인 것이 분명했다. 다시 보니, 그 이메일이 전송된 시각은 오전 7시 53분으로 나와 있었다. 그날 우리는 오전 7시에 일어나 정확히 8시에 집을 나섰다. 7시 53분이면 우리가 같이 아침을 먹으며 그날의 일정에 대해 이야기를 나누고 있었을 시점이었기 때문에, 도미닉이 그 시간에 이 이메일을 보냈을 리 만무하다.

"당장 차 세우고 이메일 비밀번호 바꿔!" 이렇게 이른 다음, 나는 전화를 끊었다. 그러자 아까 통화 때문에 중단되었던 드레이크의 「If You're Reading This It's Too Late」가 다시 스피커를 통해 흘러나왔다. 그제야 나는 그 노래의 제목에 담긴 아이러니를 깨닫게 되었다.

하지만 나에게 더 이상 노래 가사를 음미할 여유는 없었다. 일순간 주변이 뿌옇게 보이기 시작했고, 정신이 멍해지면서 나의 몸은 마치 자동 조종 모드로 전환된 것 같았다. 그런 다음 이제부터 처리해야 할 일들의 목록을 마음속에서 하나하나 채워가는 동안, 묘하게 마음이 차분해지고 산만했던 정신이 하나로 집중되는 것이 느껴졌다. 일단 도미닉의 이메일 계정부터 보호하고, 우리 서버의 다른 이메일 계정들의 보안에는 문제가 없었는지 확인한 후, 회사 관련 계정의 비밀번호를 전부 새로 바꾸고, 우리 이메일 서버 전체에 이중 인증 체계가 적용되어 있는지 거듭 확인해야 한다. 그리고 서버 호스트에게 연락해서 이 이메일은 어디서 보내진 것인지 알아낸 다음, 이런 일이 다시 발생하지 않게 하려면 어떤 조치를 취해야 하는지 사이버 보안 업체와 상의하는 것이다. 그러고는 곧바로 세바스티안에게 연락해서 지금의 상황을 솔직히 설명하고, 우리 서버에서 증거를 찾은 다음에 그에게 다시 연락해서 그걸 공유한 뒤, 내 변호사에게 연락을 취해 법적인 조언을 구하면 될 것이다.

어쨌거나 일단은 페인트볼장으로 가서 내가 자주 애용하는 '다 잘 돼가고 있음' 가면을 뒤집어쓴 뒤, 한껏 들떠 있을 직원들에게 나 빼고 먼저 시작하라고 말하는 게 좋을 것 같았다. 그리고 슬쩍 다시 차로 돌아온 다음, 도미닉의 누명을 벗기기 위해 대체 누가 이런 짓을 벌였는지에 대한 조사를 시작해야 한다.

그렇게 서둘러 페인트볼장으로 향해 가던 그때, 또다시 드레이크의 목소리가 뚝 끊겼다. 도미닉이 다시 전화를 걸어온 것이다. 나는 전화를 받자마자 그가 무슨 말을 하기도 전에 냅다 외쳤다. "내가 다 해결할게." 잠시 예상치 못한 정적이 흐른 후, 도미닉이 기어들어 가는 목소리로 입을 뗐다. "그게 다가 아냐."

그 즉시 나는 농장 옆 길가에 차를 세웠다. 그리고 휴대폰의 이메일 앱을 다시 열고 눈을 부라리며 메일을 하나하나 확인하던 나는, 한 달 전 우리와 수백만 파운드 단위의 계약을 체결해서 우리의 최대 고객사가 된 세계적인 규모의 영화 제작사로부터 이런 이메일이 온 것을 발견했다.

"홍보 건은 없었던 일로 하죠."

그 이메일 아래쪽을 확인해 보니, 그들 역시 도미닉의 이메일 주소로부터 오전 6시 32분에 자신들을 험담하는 내용의 이메일을 받은 것이 보였다.

그 메일 또한 마찬가지로, 내용상으로는 도미닉이 원래는 리사에게 보내려고 작성한 것이지만 실수로 고객사에게 보내진 것처럼 되어 있었다.

이 끔찍한 상황이 불러일으킬 후폭풍의 무게가 나를 짓눌러 오기 시작했다. 당시 시간은 오전 8시로, 대부분이 일어나지 않았거나, 최소한 이메일을 체크할 시간은 아니었다. 그런데도 벌써 이런 식의 답장을 두 개나 받았다면, 대체 얼마나 많은 고객사에 이렇게 구체적으로 딱 들어맞는 악의적인 내용의 이메일이 보내진 것인지 상상하니 소름이 끼쳤다. 이메일의 내용이 아주 정확하고 구체적인 것을 보면, 해커가 매우 공들여 일을 꾸몄다는 걸 알 수 있었다. 해커는 도미닉의 받은 메일함에서 고객들과 주고받은 메일들을 죄다 읽고, 빠져나갈 수 없을 만큼 모든 정황에 딱 들어맞는 개인적이고도 파괴적인 내용을 담은 이메일을 작성한 것이다.

페인트볼장 주차장으로 들어서자 한껏 들뜬 동료들이 밝은 미소로 나를 맞아주었다. 그날 있을 행사에 대한 그들의 기대와 열의가 마치 손에 잡힐 듯 생생하게 느껴졌다. 사람들에게서 멀리 떨어진 곳에 차를 세우자, 리사가 나를 보며 반갑게 손을 흔들더니 내 쪽으로 성큼성큼 걸어오기 시작했다. 나는 오른손을 흔들어 그녀에게 형식적인 답례를 하면서, 동시에 왼손으로는 몰래 차 문을 잠갔다. 그녀가 차 쪽으로 가까이 다가오자, 나는 그녀에게 지금 잠깐 혼자 있을 시간이 필요하니 잠시 후에 그쪽으로 가겠다는 식의 제스처를 취했다.

그리고 다시 폰을 집어 들고 받은 메일함을 새로고침한 순간,

　　　　　13장 · 위기와 혼돈에서 영리하게 빠져 나오는 법

나는 모골이 송연해지는 공포를 느꼈다. 우리 회사의 가장 큰 두 고객사로부터 분노로 가득 찬 이메일이 와 있었던 것이다. 그들 역시 오전 5시 반에서 6시 반 사이에 도미닉의 이메일 계정으로부터 불미스러운 뒷얘기가 담긴 이메일을 받았는데, 앞의 경우와 마찬가지로 리사에게 보내려던 것이 실수로 그쪽으로 보내진 척하면서 믿을 수 없을 만큼 구체적인 개인적 모욕을 담고 있었다. 그들의 답변 역시 다른 고객사와 크게 다를 바 없었다. 무척 불쾌하다는 말과 함께 우리와의 계약을 즉시 취소하겠다는 답변이었다.

나는 고개를 들어 저 앞에 모여 있는 한껏 신난 표정의 사람들을 한 번 보고, 다시 대혼란이 펼쳐진 내 메일함으로 시선을 옮겼다. 그리고 이제 뭘 해야 할지 알 것 같았다.

나는 차분한 표정으로 차에서 내린 다음, 나를 기다리고 있는 사람들을 향해 걸어가면서 모두에게 할 말이 있으니 잠시 목소리를 낮춰달라는 제스처를 취했다.

"여러분, 지금 회사 이메일 서버에 보안 관련 문제가 생겨서요. 안타깝지만 우리 모두 사무실로 돌아가서 이 문제를 해결해야 할 것 같습니다. 지금 바로 차를 타고 함께 사무실로 가주시면 고맙겠어요. 구체적인 얘기는 가서 나누죠."

사람들이 내가 방금 한 말을 받아들이는 동안, 좀 전까지 흥분과 즐거움으로 가득했던 주차장에는 싸늘한 정적만이 가득했다. 처음에 사람들은 날 빤히 보기도 하고, 서로 시선을 교환하며 잠시 어리둥절해하다가 곧 사태의 심각성을 깨닫고 차량 쪽으로 서둘러 발걸음을 옮겼다. 그들은 내가 오늘 같은 날에 별 대단하지도 않은 일로 그런 말을 할 사람이 아니라는 걸 알기 때문에 그 자리에서 아무것도 묻지 않고 내 말대로 따라주었다.

나는 제일 먼저 사무실에 도착해서 도미닉과 함께 우리 사무실 한가운데에 있는 유리벽으로 된 큰 회의실에 비상 대책팀을 세웠다. 그리고 우리 회사의 서버를 보호하고 피해 규모를 파악하기 위해 즉시 취해야 할 조치들을 체크리스트로 만들어 하나씩 해결해 나가기 시작했다. 얼마 후 팀원들이 회의실에 다시 모였을 때, 나는 팀원들에게 정확히 어떤 일이 발생했고, 우리가 알고 있는 바는 무엇이고, 또 이를 바로잡기 위해 무슨 일을 하던 중이었는지 상세히 공유했다.

내가 도미닉에게 늘 말해왔던 게 하나 있다. 바로 내가 팀의 리더로서 팀원들에게 민감한 소식을 전달해야 할 경우에 팀원들은 내가 하는 말의 내용만을 듣는 게 아니라 그 말을 전달하는 방식도 듣게 된다는 것이다. 다행히도 나는 어려운 소식을 별로 어렵지 않은 것처럼 들리게끔 말하는 재주가 있었다. 그래서 그날 역시 감정적이지 않고 차분하게, 자신감 있고 확고한 태도로 팀원들에게 상황을 전달했다. 몇 년이 지난 뒤 당시 이 일을 함께 해결해 나갔던 팀원들이 말하길, 그들도 뭔가 큰 문제가 생겼다는 걸 알고는 있었지만 내가 이를 전달한 방식 덕분에 별로 걱정이 되지는 않았다고 했다.

그리고 그 일이 벌어지고 단 몇 시간 만에 중요 고객사로부터 충격과 분노에 찬 이메일과 전화가 20건이 넘게 쏟아져 들어왔다.

해커가 보낸 악의적인 이메일에는 각 고객사들과 이전에 진행한 프로젝트와 향후에 진행할 프로젝트가 구체적으로 언급되어 있었던 데다가 개인적인 모욕까지 담고 있었기에, 그 피해는 어마어마했다. 안타깝게도 우리와 오랫동안 함께해 온 소중한 고객사들의 대부분은 도미닉의 이메일이 해킹당했다는 사실을 믿지 않았다. 거대 기업, 대규모 엔터테인먼트 회사, 주요 영화사 모두 너나 할 것 없이 우리와 함께 진행하기로 한 일들을 취소하겠다고 하면서 나를 '겁쟁이' 혹은 '거짓말쟁이'라고 했다.

나는 일부러 사무실 어느 곳에서나 다 들여다볼 수 있는 사방이 유리로 된 큰 회의실 안에 자리를 잡았다. 그때까지도 직원들은 페인트볼 복장을 한 채로 책상 주변에 둘러서서 추가적인 지시를 기다리고 있었다. 다들 어떻게 된 일인지 각자가 추측한 것들을 수군거리며 걱정할 것이 분명했으므로, 내가 차분한 모습을 보여준다면 그들의 불안을 조금이나마 잠재워줄 수 있을 거란 생각에 의도적으로 그곳에 자리를 잡은 것이다.

고객사들의 이메일, 전화, 프로젝트 취소 요청이 연이어 쏟아져 들어오고, 너무나도 힘들게 얻어낸 파트너십이 하나둘씩 해체되어 가는 동안, 회의실은 점점 더 벙커처럼 느껴졌다. 고작 스물

두 살의 나이에 힘들어 이루어낸 모든 게 한순간에 무너져 내릴지도 모르는 위기를 맞은 나는, 살면서 미리 대비하려야 할 수도 없는 예상치 못한 대혼란을 어떻게든 헤쳐 나가려 고군분투하고 있었다.

그 일로 인해 우리 팀은 기존 고객의 대부분을 잃게 되었고, 투자자 역시 언제든 발을 빼도 이상하지 않을 상황이 되었다. 이 위기에서 살아남을 재정적 여유도 없었다. 우리를 향한 공격이 그걸로 끝난 것인지 아닌지조차도 알 수 없었지만 누가 됐든 이 일을 꾸민 사람은 우리가 입은 엄청난 피해에 환호할 것이 분명했다.

하지만 솔직히 말해서 내가 안됐다는 생각이 들지도, 화가 나거나 걱정이 되지도 않았다. 예상치 못한 혼란과 나쁜 소식은 살면서 빈번히 겪어왔기 때문이었다. 더군다나 이런 상황은 급속도로 성장하고 있는 회사의 CEO로서 언젠가 한 번은 마주해야 할 일이라고 생각했다. 나쁜 일이 일어나는 것을 막을 수는 없다. 그저 나쁜 일이 일어났을 때 잘 대처할 수 있는 메커니즘을 갖춰나가야 할 뿐이다. 생각은 그렇게 했지만, 솔직히 살면서 그날만큼 미칠 것처럼 힘든 날은 겪어본 적이 없었다. 나는 이런 상황에 스스로를 미리 '대비'시키지는 못했지만, 나의 타고난 자질과 살면서 발전시킨 능력, 여러 경험을 통해 혼란스러운 상황에 맞닥뜨렸을 때 언제나 논리, 이성, 합리적 사고에 자연스럽게 의지하는 사람이 되어 있었다.

　13장 · 위기와 혼돈에서 영리하게 빠져 나오는 법

삶에 닥쳐오는 모든 혼돈을
다 막을 수는 없다.

하지만 어떠한 혼돈 속에서도
평온함을 유지하는 법은
터득할 수 있다.

———

그 순간 내 자아의 일부는 곧바로 모든 감정을 배제하고, 엄청난 집중력으로 당면한 문제를 해결하는 데 집착하는 상태가 된다. 해결해야 하는 문제 외에 그 어떤 것도 중요하지 않게 되고, 이성적인 사람들과 이성적인 해결책을 도모하는 것 외에는 아무 관심도 없는 상태가 된다.

나는 무의식적으로, 혹은 거의 본능적으로 분노나 자기 연민, 또는 여타의 부정적 감정들은 문제를 해결하는 데 있어서 그저 방해 요소로 작용할 뿐이라는 걸 알고 있는 것 같다. 그런 감정들은 내 편이 아니고, 오히려 명확한 사고를 저해할 뿐이다. 그래서 나는, 특히 이런 일적인 상황에서는, 그 감정들이 내 조종석을 차지하지 못하게 한다. 그날과 같은 대혼란의 순간에서, 감정이 고조되면 지능은 일시적으로 저하된다. 확실히 나는 잘 알지도 못하는 사람으로부터 내가 잠깐 사귀었던 여자에 대한 메시지를 받고 자존감과 자존심이 공격당할 때보다 내 회사가 공격을 받았을 때 훨씬 더 효과적으로 반응했다.

날 선 이메일과 전화, 메시지들의 융단 폭격이 쉽게 끝날 것 같지 않다는 판단이 선 나는, 더 이상 팀원들을 기다리게 해서는 안 된다고 생각했다. 그래서 또 한 번의 전체 발표를 통해 현재까지 함께 수습해 낸 상황과, 내가 이제부터 고객사의 마음을 되돌리고 서버를 보호하기 위해 내려야 할 조치에 대해 희망적으로 이야기해 주었고, 다들 그만 퇴근하고 집으로 돌아가서 남은 일을 마저 처리하라고 했다. 그리고 임원진들을 따로 불러 사태의 심각성을 공유해 주면서, 나를 돕고 우리 팀을 보호할 수 있는 조치를 모두에게, 또 개별적으로 지시했다.

도미닉과 나는 다음 날 이른 아침까지 그 벙커에 앉아 있었다. 그리고 그 악의적인 이메일들이 전날인 8월 19일 오전 5시에서 8시 사이에 다른 도시에서 안드로이드 폰을 통해 보내진 것이었다는 증거를 모을 수 있었다. 또한 총 서른일곱 개의 악의적인 이메일이 발송된 것으로 확인되었고, 해커가 우리가 문제를 해결하는 걸 더 어렵게 만들기 위해 우리 서버에서 그 메일들에 대한 기록을 지우려고 했던 사실도 밝혀냈다.

나는 우리가 지금까지 알아낸 사실과 사건을 시간 순서대로 정리한 것과 공격의 대상이 된 주요 고객사들의 이름을 상세히 정리한 것을 문서화한 다음, 그 문서를 악의적인 이메일을 받은 서른일곱 군데의 고객사에 보내며 진심 어린 사과를 전했다. 우리 잘못으로 일어난 일은 아니었지만 CEO로서 깊은 책임을 통감했기 때문이다.

내게 있어 이런 사후 조치들은 이와 같은 사태가 일어나는 것을 막기 위해 내가 미리 해두었어야 하는 일만큼이나 중요한 것이었다. 나는 이런 일이 발생하기 전에 미리 이메일 보안에 대해 충분히 진지하게 신경 썼어야 했고, 중요한 커뮤니케이션 경로를 보호할 수 있는 시스템을 갖추었어야 했으며, 광범위한 데이터 보안

대응하되
반응하지 마라.

————

13장 · 위기와 혼돈에서 영리하게 빠져 나오는 법

문제에 대한 전문가들의 충고를 미리 구했어야 했던 것이다.

그날 우리는 기존 고객의 약 80퍼센트를 잃었다. 우리를 믿고 남아 준 20퍼센트의 고객들은 우리를 개인적으로 잘 알고, 우리가 어떤 사람들인지 그리고 도미닉이 본래 어떤 사람인지를 잘 아는 사람들이었다. 또한 우리와의 계약을 취소한 고객들의 일부는 우리가 설명한 상황을 믿지 못했던 것이 아니라, 고객사 쪽 법무부서에서 우리의 보안 시스템이 너무 취약하며 이는 향후 데이터 보안에 구멍이 뚫릴 위험이 있다고 판단하여 그런 결정을 내린 것이었다.

그날 이후 우리 팀은 매우 어려운 시기를 보냈다. 어느 나이 어린 직원이 자기가 열심히 노력해서 유치한 고객사들이 전부 계약을 취소겠다고 통보해 온 데다가, 그중 한곳으로부터는 자신을 잔뜩 비꼬는 듯한 모욕까지 하는 바람에 복도에서 울고 있던 게 기억난다. 마치 어느 날 갑자기 우리 모두가 출발선으로 되돌려 보내진 느낌이었다. 그 사건으로 인해 우리 회사의 사업적 기세는 확 기울어버렸고, 그에 따라 직원들의 사기도 꺾이고 말았다. 그 상태로는 직원들에게 다음 달 월급을 주는 것조차 어려운 상황이었다.

어떤 이유에서인지는 알 수 없었지만 나는 당시 상황의 압박감을 굳이 인지하려 하지 않았고, (심지어 도미닉에게마저) 내 감정을 드러내지 않았으며, 단 1초도 이미 벌어진 일에 대해 곱씹는 데 쓰지 않았다. 대체 이 일을 저지른 사람이 누구인지에 대한 추측이 난무하는 그 어떠한 대화도 단호하게 차단했다.

나는 이 일의 배후를 밝히는 것은 거의 불가능하다는 걸 알았기 때문에 그 부분에 대해서는 크게 신경 쓰지 않았다. 그리고 우리 팀원들 역시 앞으로 나아가는 것 외의 다른 일에 단 1초라도 그들의 노력을 허비하는 것을 원하지 않았다.

자연스럽게 내가 가장 신경 쓴 부분은 우리 팀의 낙관적인 태도와 자신감을 다시 되찾아 주는 것이었다. 나는 여러 날에 걸쳐 팀 전체를 대상으로, 또 팀원 개개인과의 대화를 통해 팀을 결집시키고 기운을 북돋아 주려 노력했고, 우리가 이 고비를 넘기면 전보다 훨씬 더 강해질 수 있을 거라고 진심으로 믿고 있다는 점을 알려주었다. 동시에 보이지 않는 곳에서는 우리가 작업해 온 투자 계약 건을 성사시키기 위해 고군분투했고, 직원들을 정리하고 해야 하는 상황을 피하기 위해 당분간 도미닉과 나는 월급을 받지 않기로 결정했다.

나는 사업을 해본 경험을 통해 혼란스러운 순간에 직면한 사람들은 두 가지 유형으로 나뉜다는 것을 알게 되었다. 방에 불이 난 상황을 예로 들면, 우선 그 즉시 일어서서 불을 가리키고는 끊임없이 "불이야! 세상에, 불이 났어요! 불이다, 불!"이라고 외치면서 주변 사람들을 불안하게 만드는 유형이 있다. 이런 사람은 곧 같이 불타게 될 가능성이 크다고 볼 수 있다. 반면 굳이 불이 났다는 걸 지적할 필요를 느끼지 못하는 유형의 사람이 있다. 왜냐하면 다른 사람들도 불이 난 걸 볼 수 있고, 냄새도 맡을 수 있으며, 걱정 따

혼란스러운 순간에서
당신의 아군은 낙관적인 태도,
적극성, 집중하는 마음이다.

감정, 절망, 부정적인 태도는
당신의 적이 될 뿐이다.

———

원 아무 도움도 되지 않는데다, 불이 났다는 사실을 계속해서 곱씹느라 시간을 허비하는 것은 방에서 탈출하기 위한 계획을 세우는 데 쓸 귀중한 시간을 낭비하는 것에 불과하다는 걸 알기 때문이다. 이런 유형의 사람들은 자신과 다른 사람들이 방을 빠져나가는 데 정신을 집중하도록 만들기 때문에, 앞서 말한 유형의 사람들보다 생존 확률이 현저하게 더 높다. 나는 자연스럽게 항상 후자 쪽 유형의 사람이었으며, 후자의 특성을 보이는 사람들만을 고위 경영직으로 승진시킨다.

우리가 살면서 마주하는 혼돈의 대부분은 실제로는 그 당시 자신이 느끼는 것보다 덜 심각하기 마련이다. 혼돈이 우리 삶에 나타난 순간부터 잠잠해지는 때까지 우리가 통제할 수 있는 것은 우리의 태도, 감정, 행위뿐이다. 일어난 일은 이미 벌어진 일이다. 어차피 그 일은 우리가 통제할 수 있는 영역이 아니므로, 굳이 통제하려 애쓰지 마라. 우리가 할 수 있는 일이라곤 그 상황에서 어떤 식으로 대응할지, 그리고 어떤 마음가짐으로 임할 것인지를 선택하는 것뿐이다. 과거를 통제하려 하거나 미래에 대한 걱정으로 불안에 떨며 시간을 허비하는 것은 사태를 더 심각하게 만들고, 그것을 극복할 기회를 없애기만 할 뿐이다. 여러분은 삶이 지금껏 여러분 앞에 던져준 모든 혼란의 순간에서 살아남았으며, 지금도 이렇게 살아남아 있다는 사실을 떠올려보라. 그러면 여러분은 이번 고비에서도 충분히 살아남을 수 있는 사람이라는 걸 깨닫게 될 것이다.

낙관적인 태도, 적극성, 집중하는 마음은 당신의 아군이다. 반면, 감정과 절망, 비관적인 태도는 당신의 적이 될 뿐이다. 문제를 더 키우고 싶다면 계속 그 문제를 곱씹기만 하고, 문제를 말려 없애고 싶다면 행동을 취하라.

그 이후 몇 주 동안 우리 팀은 놀라운 단결력을 보여주었다. 낙관적인 태도를 유지했고, 열의에 가득했으며, 놀라울 정도로 적극적이었다. 사무실은 에너지로 흘러넘쳤다. 사건이 있은 후 며칠 동안 나는 아무도 모르게 사무실의 음악 플레이리스트를 전부 밝고 활기를 불어넣어 주는 노래로만 채워두었다. 나와 도미닉은 매일같이 팀원들에게 간식을 대접했으며, 아주 작은 성과에도 큰 격려와 축하를 전했다. 그렇게 영업 실적이 조금씩 나아짐에 따라 회사의 상황도 회복세를 이어갔고, 결국 그 사태 때문에 회사가 망하지는 않겠다는 것은 확실해졌다. 그 후 몇 달의 시간이 흘렀고, 해킹 이후 우리가 복구해 낸 영업 실적을 기반으로 우리는 향후 몇 년간 회사의 미래를 보장해 줄 수백만 파운드 단위의 투자 계약까지도 따낼 수 있었다.

조망하는 시각에서 봤을 때, 당시 우리가 적절하게 대응하지 않았더라면 사업이 끝장나리라는 건 너무나도 자명했다. 낙관적인 태도, 적극성, 집중하는 마음의 세 가지 요소가 없었더라면 나는 지금 이 자리에 있을 수 없을 것이다. 또한 여러분이 내가 쓴 책을 읽게 될 일도, 전 세계 700명 이상의 직원을 둔 2억 달러의 가치를 지닌 소셜미디어 거대 기업인 소셜체인이 지금까지 존재할 수도 없었을 것이다.

그 위기의 순간은 우리에게 확실히 터닝포인트가 되어주었다. 살면서 나쁜 일을 겪지 않기 위해 우리가 할 수 있는 일은 거의 없지만, 다만 그 순간 우리가 어떻게 반응하느냐에 따라 나쁜 일이 우리와 우리의 미래, 우리가 사랑하는 사람들에게 미칠 영향이 달라진다는 것을 다시 한번 확인할 수 있었던 기회였다. 즉, 우리 모두는 우리에게 일어난 일의 부산물이 아니라, 그 일에 대해 우리가 선택한 대처 방법의 부산물이다.

13장 · 위기와 혼돈에서 영리하게 빠져 나오는 법

우리는 우리에게 일어난 일의
부산물이 아니라,
그 일에 대해 우리가 선택한
대처 방법의 부산물이다.

———

우선순위의 법칙

14장

과소평가되는
불변의 법칙,
꾸준함

최근 나는 인스타그램 팔로워 수 100만 명을 달성한 기념으로, 팔로워들의 성원에 감사한다는 내용의 오글거리는 글을 작성해 올렸다. 걱정 마시라. 숫자 '1' 모양의 헬륨 풍선에다가 샴페인 잔을 곁들인 허세 가득한 사진 같은 걸 찍어 올리지는 않았고, 그냥 간단히 인스타그램 스토리를 통해 우리 팀에게 감사를 전했을 뿐이다.

그 글을 올린 후, 다른 크리에이터와 내 팔로워들로부터 어떻게 하면 자기의 인스타그램 채널을 키울 수 있는지 묻는 수백 개의 DM(Direct Message)을 받았다. 사람들에게 뭔가를 어떻게 이루어냈냐는 질문을 받을 때마다 나의 뇌는, 아마 다른 사람들의 뇌도 그러하겠지만, 어떤 손쉬운 비법이나 지름길 같은 게 있었는지 찾아내기 위해 분주해진다.

사람들은 쉬운 것에 이끌린다. 쉬운 것은 어렵고 복잡한 것보다 훨씬 잘 팔리기 때문이다. 내게 강연자가 되기 위한 세 가지 팁을 알려달라던 남자를 기억하는가? 영업과 마케팅 분야에서 어떤 '쉬운 것'이 더 높은 수익을 창출해 낼 것이라는 인식을 만들어낸다면, 아마도 그것은 불티나게 팔릴 것이다. 왜냐하면 우리는 모두 작은 투자를 통해 큰 수익을 얻기를 바라기 때문이다.

이것이 바로 대부분의 낚시성 광고들이 '7분 만에 식스팩 복근 만들기'나 '30일 안에 수백만 구독자 달성하기' 같은 헤드라인을 달고 있는 이유이다. 이 헤드라인들의 끝부분에는 큰 수익이, 시작 부분에는 비교적 '쉬운' 투자 방법이 제시되어 있다.

만일 내가 성공에 대한 아주 솔직한 낚시성 광고 헤드라인을 작성해야 한다면 아마도 '지금부터 열심히 하기 시작해서 10년 안에 성공하는 간단한 방법'이라고 쓸 것 같다. '간단한'이라는 단어를 쓴 이유는 나의 모든 성공은 지나고 나서 보니 아주 간단한 것들로 이룬 것이었기 때문이다. 하지만 '간단한'이라는 그 말이 성공에 이르는 길이 진짜, 정말 미친 듯이 힘들었다는 사실을 무색하게 해서는 안 될 것이다.

나는 '성공의 비법'이라는 게 정말로 있는 건지는 잘 모르겠다. 하지만 내가 이루어낸 모든 중요한 성공에는 공통적으로 명백하고 단순한 기저 요인이 있었다는 것은 안다. 지금 내가 내 인생 최고의 위치에 있는 이유, 내게 수백만의 팔로워가 있고 계좌에는 수백만 달러가 있는 이유, 그리고 스물한 살에 세계적인 사업체를 일

자기계발서

오래도록 한결같을 것

오래도록 한결같을 것

오래도록 한결같을 것

오래도록 한결같을 것

"오래도록 한결같을 것"은
모든 자기계발서의
제목이 되어야 한다.

굴 수 있었던 이유, 그래서 이렇게 여러분에게 내가 쓴 책을 구매하게끔 만든 그 이유. 그것은 바로 시간이 지나도 한결같았던 나의 꾸준함이다.

시간이 지나도 변하지 않는 꾸준함의 힘은 아주 대단한 것임에도 불구하고 사람들 사이에서 늘 과소평가되고 있다.

그 힘이 대단한 이유는 그것이 내가 만난 모든 '성공한' 사람들이 공통적으로 가지고 있는 요인이기 때문이고, 그것이 과소평가되고 있는 이유는 우리가 눈으로 볼 수 있는 것이 아니기 때문일 것이다.

세계 8대 불가사의

세상에서 가장 유명한 투자자는 워런 버핏(Warren Buffett)이라는 사람이다. 그는 52년간 투자 회사 버크셔 해서웨이(Berkshire Hathaway)의 CEO를 역임하며 그의 투자자들의 돈으로 약 200만 퍼센트의 수익률을 일궈냈다. 그 말은 즉, 당신이 1965년에 버크셔 해서웨이에 1만 달러를 투자했다면 그 돈은 오늘날 8,800만의 가치를 가지게 되었을 거라는 뜻이다.

사람들이 그에게 성공적인 투자를 뒷받침하는 가장 강력한 요인이 무엇이냐 묻는 질문에, 그는 잠시의 주저함도 없이 '복리'라고 답했다.

그는 이것을 성공의 요인으로 60년간 갈고닦아 억만장자가 되었다.

여러분도 복리의 힘에 대해 들어본 적이 있을 것이다. 아마도 한두 번 들은 게 아닐 것이다. 그런데 이번이라고 다를 이유가 있을까? 솔직히 말해서 없다. 이번에는 한번 진지하게 생각해 보라고 내가 여러분을 설득한다면 또 모를까. 만약 내가 여러분을 설득하는 데 성공한다면, 앞으로 여러분의 삶은 완전히 바뀌게 될 것이다. 큰 것이 걸려 있는 만큼, 여러분을 한번 설득해 보려 한다.

재정적 개념에서의 복리란, 간단히 말해 투자를 통해 번 돈을 회수하지 않고 그대로 둔 뒤, 기존의 이자에 이자가 계속 붙도록 효율적으로 관리해서 더 많은 돈을 버는 것이다. 얼핏 들으면 별거 아닌 것처럼 들려서 실질적으로 큰 차이를 만들어내지 못할 거라 생각할 수도 있지만, 시간이 지나도 한결같은 꾸준함처럼 이것 역시 모든 것을 180도 바꾸어 버릴 수 있는 보이지 않는 힘이다.

복리는 너무나도 강력하지만 쉽게 간과되고 있는 개념이다. 알베르트 아인슈타인(Albert Einstein)은 이를 일컬어 '세계 8대 불가사의' 중 하나라고 말한 바 있다. 그는 "복리를 이해하는 자는 돈을 벌 것이고, 복리를 이해하지 못하는 자는 손해를 볼 것이다"라는 말을 남긴 것으로도 알려져 있다. 여러분이 복리를 이해하지 못했다면, 자기도 모르는 사이 손해를 보며 살고 있는 것이다.

복리의 힘

복리의 위력은 말로만 접했을 때는 쉽게 이해되지 않기 때문에, 표를 통해 여러분에게 보여주고자 한다.

	파블로		스티브	
	투자금	총액	투자금	총액
Year 1	$20,000	23,000.00	$20,000	$20,000
Year 2	15% Interest	26,450.00	$40,000	$40,000
Year 3	15% Interest	29,900.00	$60,000	$60,000
Year 4	15% Interest	34,385.00	$80,000	$80,000
Year 5	15% Interest	39,542.75	$100,000	$100,000
Year 6	15% Interest	45,474.16	$120,000	$120,000
Year 7	15% Interest	52,295.29	$140,000	$140,000
Year 8	15% Interest	60,139.58	$160,000	$160,000
Year 9	15% Interest	69,160.52	$180,000	$180,000
Year 10	15% Interest	79,534.59	$200,000	$200,000
Year 11	15% Interest	91,464.78	$220,000	$220,000
Year 12	15% Interest	105,184.50	$240,000	$240,000
Year 13	15% Interest	120,962.18	$260,000	$260,000
Year 14	15% Interest	139,106.50	$280,000	$280,000
Year 15	15% Interest	159,972.48	$300,000	$300,000
Year 16	15% Interest	183,968.35	$320,000	$320,000
Year 17	15% Interest	211,563.60	$340,000	$340,000
Year 18	15% Interest	243,298.14	$360,000	$360,000
Year 19	15% Interest	279,792.86	$380,000	$380,000
Year 20	15% Interest	321,761.79	$400,000	$400,000
Year 21	15% Interest	370,026.06	$420,000	$420,000
Year 22	15% Interest	425,529.97	$440,000	$440,000
Year 23	15% Interest	489,359.47	$460,000	$460,000
Year 24	15% Interest	562,763.39	$480,000	$480,000
Year 25	15% Interest	647,177.90	$500,000	$500,000
Year 26	15% Interest	744,254.58	$520,000	$520,000
Year 27	15% Interest	855,892.77	$540,000	$540,000
Year 28	15% Interest	984,276.68	$560,000	$560,000
Year 29	15% Interest	1.131.918.19	$580,000	$580,000
Year 30	15% Interest	1,301,705.91	$600,000	$600,000

이 표에서 투자자는 나와 내 강아지 파블로, 이렇게 둘이다. 나와 파블로는 30년 동안 누가 더 큰 부를 축적하게 될지에 대한 시합을 벌이고 있다. 파블로는 그의 돈을 1년에 15퍼센트의 이자를 주는 투자 계좌에 저축해서 복리를 통한 재산 증식에 집중하기로 한다. 반면, 복리의 위력을 믿지 않는 나는 매년 동일하게 2만 달러를 내 저금통에 저축하기로 결정한다.

파블로가 실질적으로 저축한 금액은 단 2만 달러일 뿐이지만, 30년 후 그는 백만장자가 되었다. 그리고 나는 그가 저축한 금액의 30배가 넘는 돈(총 6만 달러)을 저금통에 넣었지만 30년 후 백만장자가 되지 못했다. 파블로의 초기 투자금에 대해 해마다 누적된

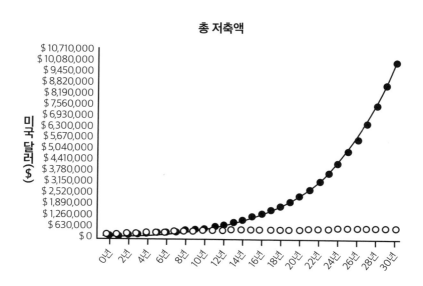

총 저축액

이자는, 내가 저축한 돈에는 없는 어떤 보이지 않는 추진력을 그에게 달아준 것이다.

시간의 힘

이 당황스러운 시합 결과에 열받은 내가 시간을 되돌려 파블로에게 재경기를 요청했고, 파블로는 흔쾌히 이에 응해주었다고 치자. 이번에는 파블로가 그의 15퍼센트 이자율의 복리 계좌에 1년차부터 10년차까지 매년 2만 달러씩 투자할 예정이라고 내게 귀띔해 준다. 이 말을 들은 나는 그를 반드시 이기겠다는 마음으로, 이번에는 그보다 두 배 더 많은 돈을 그와 동일한 복리 계좌에 저축하기로 결심한다. 다만, 그 돈은 10년차부터 시작해서 30년차까지 투자하기로 했다. 그 결과는 다음과 같이 나타났다.

결과는 충격적이었다. 내가 해마다 2만 달러씩 파블로보다 10년이나 더 투자했음에도 불구하고, 30년 후 파블로의 총자산은 여전히 나보다 500만 달러나 더 많았다! 바로 거기에 '누진되는 노력'과 '꾸준함'을 동시에 관통하는 핵심 요인이 있다. 바로 시간이다. 경력, 재정 상황, 사업, 건강에 대한 목표를 이루고자 할 때 더 일찍 시작할수록, 즉 더 일찍부터 투자하고, 배우고, 경험을 쌓아서 이 보이지 않는 추진력을 얻을수록 훨씬 더 유리하다. 시간은 그 무엇보다 중요하다. 최대한 일찍 시작하고 꾸준히 일관성 있게

	파블로		스티브	
	투자금	총액	투자금	총액
Year 1	$20,000	23,000.00		
Year 2	$20,000	49,450.00		
Year 3	$20,000	79,867.50		
Year 4	$20,000	114,847.63		
Year 5	$20,000	155,074.77		
Year 6	$20,000	201,335.98		
Year 7	$20,000	254,536.38		
Year 8	$20,000	315,716.84		
Year 9	$20,000	386,074.36		
Year 10	$20,000	466,985.52	$20,000	23,000.00
Year 11		537,033.35	$20,000	49,450.00
Year 12		617,588.35	$20,000	79,876.50
Year 13		710,226.60	$20,000	114,847.63
Year 14		816,760.59	$20,000	155,074.77
Year 15		939,274.68	$20,000	201,335.98
Year 16		1,080,165.88	$20,000	254,536.38
Year 17		1,242,190.77	$20,000	315,716.84
Year 18		1,428,519.38	$20,000	386,074.36
Year 19		1,642,797.29	$20,000	466,985.52
Year 20		1,889,216.88	$20,000	560,033.35
Year 21		2,172,599.41	$20,000	667,038.35
Year 22		2,498,489.32	$20,000	790,094.10
Year 23		2,873,262.72	$20,000	931,608.22
Year 24		3,304,252.13	$20,000	1,094,349.45
Year 25		3,799,889.95	$20,000	1,281,501.87
Year 26		4,369,873.44	$20,000	1,496,727.15
Year 27		5,025,354.46	$20,000	1,744,236.22
Year 28		5,779,157.63	$20,000	2,028,871.65
Year 29		6,646,031.28	$20,000	2,356,202.40
Year 30		7,642,935.97	$20,000	2,732,632.76

유지해 나간다면 복리와 누진되어 쌓이는 노력, 그로 인한 성공을 계속해서 이어갈 수 있다. 즉, 시간이란 보이진 않지만 확실한 보상을 얻을 수 있는 마법의 열쇠인 것이다.

『원 씽(The One Thing)』의 저자인 게리 켈러(Gary Keller)와 제이 파파산(Jay Papasan)은 우리가 누진되어 증가하는 추진력에 집중한다면 앞서 나온 재산 증식에 대한 예시와 같이 눈에 보이지 않지만 놀라운 결과가 우리 인생 전반에 걸쳐 펼쳐지게 될 거라고 설명한다. 그들은 "내가 단 하나의 일에만 집중했을 때는 큰 성공을 거둘 수 있었다. 하지만 집중이 여기저기 분산되어 있었을 때는 성공 여부도 들쑥날쑥했다. 성공은 순차적인 것이지, 동시에 이루어지는 것이 아니다"라고 말했다. "성공은 순차적인 것이다"라는 말은 그야말로 매일매일의 결심과 약간의 노력이 결국은 성공을 이루는 데 중요한 역할을 한다는 점을 시사하는 부분이다.

내가 100만 팔로워를 달성한 것은 순차적인 성공, 시간이 지나도 한결같은 꾸준함, 그리고 팔로워가 100명뿐이었던 시절부터 허투루 올린 것 하나 없이 모두 의미 있는 게시물로 채운 노력의 완벽한 예가 될 것이다. 결과적으로 나의 성장은 1일차부터 쌓아 올려지고 있었다. 내가 올린 첫 번째 게시물로 인해 팔로워가 100명에서 101명으로 늘어나게 됐고, 그 101명의 팔로워가 있었기에 102명의 팔로워가 채워질 수 있었으며, 그렇게 의미 있는 하나하나가 모이고 모여 팔로워 수는 계속 쭉쭉 늘어나게 됐다.

성공

5%의 지능

95%의 꾸준함

그것은 5년의 시간 동안 일련의 노력, 성장, 배움, 진전을 꾸준히 쌓아서 얻어낸 점진적인 추진력이었다.

놀랍게도, 나는 첫 800개의 게시물을 통해 1만 명의 팔로워를 얻을 수 있었다. 그리고 그다음 800개의 게시물을 통해 100만 명의 팔로워가 또 추가됐다. 이 증가율을 그래프로 표현한다면, 파블로가 15퍼센트 복리 계좌에 투자해서 자산을 불렸을 때와 똑같은 기하급수적인 성장세를 볼 수 있을 것이다.

꾸준함 역시 이와 같은 방식으로 누적된다. 그저 진행이 되고 있는 도중에는 눈에 잘 보이지 않을 뿐이고, 갑작스럽게 발생하는 것보다는 더디게 일어나는 것일 뿐이다.

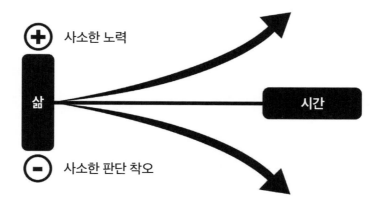

14장 · 과소평가되는 불변의 법칙, 꾸준함

보이지 않는 홍보

이 세계의 8번째 불가사의는 단순히 우리의 계좌 잔고를 늘리고 줄이는 데만 관여하는 것이 아니라 신체적 건강, 정신적 건강, 평판, 인간관계와 같은 우리 인생의 전반에 걸친 모든 면의 궤도를 천천히, 사실상 보이지 않게 옮기는 것이다. 나는 소셜체인의 CEO로 회사를 이끌어오는 동안 이를 너무나도 확실히 알 수 있었다. 팀원들의 사소하고 별것 아닌 것처럼 보이는 결정이 쌓이고 쌓여 그들의 평판과 신뢰도, 승진 가능성을 점점 높이는 경우도 보았고, 반대로 그런 사소하고 별것 아닌 결정이 계속 누적되어 정반대의 결과를 가져오는 경우도 보았다.

우리의 평판이라는 것은 다른 사람들의 마음속에 남아 있는 일련의 설득력 있는 이야기들이다. '다른 사람들'은 그 이야기를 가지고 우리에 대한 중요한 결정을 내린다. 즉, 우리를 어떻게 대할지, 우리와 어떻게 상호작용할지를 그 이야기들을 바탕으로 선택하고 결정하는 것이다. 하지만 그렇다고 해서 우리는 오로지 다른 사람들이 마음속으로 우리에 대해 가지고 있는 인식을 높이는 것만을 목표로 살아서는 안 되며, 그렇게 할 수도 없다. 그것은 불행으로 가는 지름길이자, 평판이라는 맥락에서도 그리 중요한 것이 아니다. 평판에 있어서는 우리의 근본적인 인성, 진실됨, 믿음직함, 도덕성, 다른 이들을 대하는 태도, 자기 말에 책임지려는 마음가짐이 더 중요하기 때문이다.

하루는 내가 뉴욕 사무실에 있을 때, 런던 사무실의 팀원으로부터 디자인 팀의 스테퍼니가 손가락이 베인 동료를 위해 누가 시키지도 않았는데 가게로 뛰어가서 반창고를 사 왔다는 내용의 문자를 받은 적이 있다. 스테퍼니는 내가 런던에서 5500마일이나 떨어져 있는 먼 곳에서 자신에 관한 일을 알게 되었다는 걸 꿈에도 생각하지 못했을 것이다. 하지만 그 대수롭지 않아 보이는 일은 그녀의 평판에 대해 내 마음에 쓰인 첫 번째 이야기가 되었고, 몇 달 후 그녀의 승진 여부를 의논할 때까지도 마음의 가장 앞쪽에 남아 있었다.

나는 700명 이상의 직원이 몸담고 있는 회사의 CEO라는 직책 덕에 회사의 전반적인 상황을 조망할 수 있는 특권을 얻었고, 그로 인해 회사 사람들의 이런 사소한 행동들이 각자에게 긍정적인 방향으로, 또는 부정적인 방향으로 쌓여가는 것을 목격했다. '타고난 재능'을 바탕으로 영업에서 뛰어난 성과를 보인 직원들이 일부 악의 없는 행동으로 자기 평판을 깎아먹는 바람에 그 성과만큼 빠르게 승진하지 못하는 경우도 있었다. 결국 그들의 승진을 결정지은 것은 긍정적인 큰일 몇 건이 아니라, 별로 중요하지 않은 듯 보이는 사소한 부정적인 이야기들이었다.

몇 년 동안 이사진들과 함께 팀원들의 승진에 대해 의논하다 보니 이런 측면이 너무나도 명확하게 보이게 됐고, 나는 그것을 '보이지 않는 홍보'라고 이름 붙이기에 이르렀다. 새로운 팀원이

합류해서 그들과 같이 이야기를 나눌 기회가 생길 때마다 나는 이 회사와 그들의 인생 전반에서 성공을 가름하게 될, 너무나도 중요하지만 뭐라고 딱 집어 말할 수 없는 이 힘에 대해 말해주곤 했다. 이 보이지 않는 홍보는 말 그대로 절대 눈에 보이는 것이 아닐뿐더러, 본인이 이것을 긍정적으로 더해가고 있는지 부정적으로 더해가고 있는지조차 알 수 없지만, 그들의 발전과 관련하여 가장 중요한 순간에 반드시 드러나게 될 것이라고 말해주었다.

여러분과 나 그리고 이 책을 읽는 모든 이들 각각의 보이지 않는 홍보 요소는 지금 이 순간에도 좋은 쪽으로든, 안 좋은 쪽으로든 누적되고 있다. 다시 말해, 우리의 평판은 우리가 하는 모든 행동과 결정에 기반해 쌓여가고 있다. 우리에 관한 이야기들은 반드시 정확하거나 진실이 아닐 때도 있지만, 보이지 않는 홍보의 측면에서는 그 이야기가 사실인지 아닌지는 중요하지 않으며, 오로지 사람들에게 인식된 이야기만이 사실인 것으로 받아들여진다. 매 순간, 우리가 하거나 하지 않는 모든 일들을 통해 우리는 우리의 평판에 긍정적 혹은 부정적인 홍보 요소를 더해가고 있다. 10년이 됐든, 평생이 됐든, 이 보이지 않는 홍보 요소는 여러분의 인생이 움직이는 궤도와 방향에 그 어떤 힘보다도 더 큰 영향을 미칠 것이다. 그 이유는 우리가 인생에서 마주할 모든 장애물이나 나아갈 길을 다른 사람들이 지키고 있기 때문이다. 여러분이 한 나라의 지도자가 되거나, 세계에서 가장 뛰어난 판매원이나 세계적인 자선

사업가, 또는 세계적인 회사의 CEO가 되는 길을 가로막는 단 한 가지 요소는 바로 사람이다.

작은 일에도 예민하게 신경 쓰라. 당신의 진실성, 신뢰성, 도덕, 타인을 대하는 태도, 약속을 지키는 책임감을 강박에 가까울 정도로 소중히 여기라. 보이지 않는 홍보 요소를 목숨처럼 지키라. 평판에 당신이 인생이 걸려 있다.

10년 만에 깨들은 치과 선생님의 충고

열네 살 때, 나는 담당 치과 의사 선생님에게 내가 이를 자주 닦지 않는데도 불구하고 치아 상태가 너무 완벽하다며 자랑한 적이 있다. 고작 열네 살밖에 안 됐던 나는 치아 충전이 뭔지, 충치나 치과 질환이 뭔지도 모르고 그런 '치아부심'을 가지게 됐던 것이다. 물론 이 말을 했던 걸 나중에 후회했지만 말이다.

내가 데니스 선생님이라 부르던 치과 의사는 그런 내게 절대 잊지 못할 말을 해주었다.

그는 이렇게 말했다. "스티븐, 네가 오늘 이를 안 닦아도 네 치아는 괜찮을 거야. 내일도 안 닦아도 네 치아는 멀쩡하겠지. 하지만 앞으로 5년 동안 매일같이 이를 안 닦는다면, 5년 뒤 내가 너의 썩은 이들을 뽑고 드릴로 갈아 대는 동안 넌 여기 앉아서 비명을 지르고 있을걸." 그 말에 나는 불안한 마음을 감추고 애써 웃으며 그곳을 나온 뒤, 다시는 그 치과에 가지 않았다.

내가 데니스 선생님의 말을 진정으로 이해하고 받아들이기까지 그로부터 10년이라는 시간이 걸렸다. 그가 내게 해준 말, 결국 이 '보이지 않는 추진력'은 우리에게 좋지 않은 방향으로도 작용할 수 있다는 것이었다. 특히 자기는 예외라고 믿는 오만한 사람에게는 더더욱 말이다.

같은 맥락에서 오늘 우리가 집중해서 열심히 일한 것은 오늘 당장 좋은 결과로 나타나지 않는다. 내일 집중해서 열심히 일한 것도 내일 바로 좋은 결과로 나타나지 않는다. 하지만 10년이라는 세월 동안의 노력은 산을 뚫어버릴 정도로 강력한, 보이지 않는 추진력을 만들어낼 것이다. 말 그대로다. 세계 7대 불가사의 중 하나인 그랜드 캐니언(Grand Canyon)의 경외심을 자아내는 2,000미터 깊이 역시 다름 아닌 오랜 시간 동안 끊임없이 쏟아진 물 때문에 생겨난 것이지 않은가.

어떤 산에 수십 억 갤런의 물을 10일간 쏟아붓는다 해도 그 물은 지속적인 영향을 미치지 못한다. 하지만 소량의 물을 수백만 년 동안 산에 쏟아붓는다면 그 꾸준함과 시간은 산의 형태를 영원히 바꾸어놓게 될 것이다.

이와 유사하게, 사람들은 성공의 비결이 짧은 기간 동안 에너지를 집중적으로 쏟아붓는 데 있다고 믿는 경향이 있다(예를 들어, 7일 다이어트나 빨리 부자가 되는 법을 내세운 사기, 2주 명상 프로그램 등). 이것은 산에 수백만 갤런의 물을 한꺼번에 쏟아부으면서 그랜드 캐니언이 생겨나길 바라는 것과 같다. 『아주 작은 습관의 힘(Atomic Habits)』의 저자 제임스 클리어(James Clear)도 여러 번 언급했듯, 성공의 비결은 꾸준함에 있다. 그는 "많은 사람들에게 더 필요한 것은 집중적으로 에너지를 쏟아붓는 것이 아닌 꾸준함이다. 단기간의 폭발적인 노력은 좋은 이야깃거리가 되지만, 꾸준함은 우리를 앞으로 나아가게 한다"라고 말한다. 단기 집중 다이어트를 하는 대신, 한 해 동안 꾸준히 유지할 수 있는 작은 식단의 변화를 만들어라. 단기 고수익을 내세운 사기에 걸려드는 대신, 사업 관련 양서를 매일 몇 장씩 읽어보라. 돈 내고 단기 명상 프로그램에 참여하는 대신, 매일 10분씩 명상하라. 그것이 바로 인생을 근본적으로 바꾸는 방법이다.

사람들이 결국 성공으로 이어지는 작은 일들을 하지 않는 이유는 처음에는 그 작은 일들이 곧바로 성공을 맛보여 주지 않기 때문이다. 사실 작은 결심을 내린 그 당시에는 그것이 우리에게 큰 도움이 되거나 큰 대가를 치르게 하지 않기 때문에 별로 가치 있다고 생각되지 않는다.

나는 여러분이 작은 결심을 가치 있게 여기지 않는다고 해도 충분히 이해한다. 별다른 가시적인 효과가 나타나지 않는 일을 계속하는 건 정신 나간 짓처럼 보이기 때문이다. 이와 관련해 알베르트 아인슈타인이 말한 것으로 잘못 알려져 있는 유명한 말이 있다.

성공은 오랜 시간 보이지 않게
긍정적 혹은 부정적으로 쌓인
꾸준함의 결실이다.

―――

"똑같은 일을 계속 반복하면서 다른 결과가 나오기를 바라는 것은 미친 짓이다"라는 말이다. 그럼 이 말대로라면, 보디빌더를 꿈꾸며 매일같이 쇠 아령을 들어 올리는 사람들은 다 미친 것인가?

우리가 신체적 혹은 정신적 건강, 경력, 재력, 사업, 인간관계를 위해 작지만 올바른 결심을 한다면 그 결과는 오늘 당장 볼 수 있는 것이 아니다. 성공은 오랜 시간에 걸쳐 보이지 않게 긍정적 혹은 부정적으로 쌓인 꾸준함의 결실이기 때문이다.

길게는 몇 년이 지나도록 성공이 가까워지는 것이 보이지 않더라도 그에 대한 믿음을 가지고 꾸준히 노력할 만큼 그것을 간절히 원해야 하고, 그 모든 과정을 즐길 수 있어야 한다. 그리하여 마침내 성공이 찾아왔을 때 세상은 당신이 이룬 결실을 인정해 주고, 당신을 칭송하며, 당신의 이름을 포브스 선정 명사 목록에 올리고, 당신에 대한 책을 구매할 것이며, 인스타그램에서 당신을 팔로우할 것이다. 그리고 당신을 그런 위치에 있게끔 만들어준 작지만 올바른 결심들은 먼 옛날의 이야기가 되겠지만 그때도 여전히 오늘 당신이 내린 작은 결심의 결과는 당신 눈에 보이지 않을 것이다.

스크랜턴 대학교에서 실시한 조사에 따르면 사람들의 약 92퍼센트가 계획한 목표를 실제로 달성한 적이 없다고 한다. 만일 모든 사람들이 시간이 지나면서 쌓여가는 꾸준함의 힘을 진정으로 믿었다면 아마도 정반대의 결과가 나왔을 것이다. 안타깝게도 우리의 작은 결심은 지나치게 과소평가되고 있으며 큰 결심은 늘 그렇듯 과대평가되고 있다.

위대함은 하나의 인종, 하나의 선택, 영웅적인 하나의 행동, 결정적인 한 순간, 또는 올림픽 세계 신기록과 같이 하나의 큰 결심으로 이루어지는 것이라는 그릇된 믿음을 심어주는 이야기가 있다. 그것은 내가 태어나서 20년 동안 믿고 있었던 이야기이기도 하다. 하지만 나 자신의 성공을 이루어가면서 그 생각이 얼마나 쓸모없고 그릇된 것이며, 사람들을 잘못된 길로 이끄는 것인지를 깨닫게 되었다. 나의 성공은 하나의 위대한 행동의 결과가 아니라 10년간 반복되어 쌓인 수많은 작고 올바른 행동들의 결과였다. 위대함은 큰 결심 하나로 이룰 수 있는 것이 아니다. 그것은 분명 좋은 행동의 끊임없는 반복을 통해 만들어지는 것이다.

위대함은 큰 결심 하나로
이루어지는 것이 아니다.

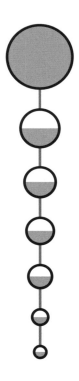

그것은 좋은 행동의 반복에서 온다.

14장 · 과소평가되는 불변의 법칙, 꾸준함

15장

원하는 대로
인생을 살지 못하는
진짜 원인

ㄱ

내 비서인 소피는 단순한 비서 이상의 존재다. 그녀는 나의 절친한 친구이자, 믿을 수 있는 동반자다. 우리가 나누는 대화의 소재는 아주 다양하다. 소피는 나에게 자기 사생활이나 가족 얘기, 문젯거리, 연애(또는 연애를 못 할 때의 외로움)에 대해 가리지 않고 다 이야기한다. 다만, 그녀와 대화할 때 금지어가 딱 하나 있다. 바로 헬스장이다.

좀 너무한 처사처럼 들릴지 모르겠지만, 혹시나 여러분이 나를 나쁜 놈이라고 생각할 수도 있으니, 내가 왜 그랬는지 설명하도록 하겠다. 지난 4년간 소피는 매주, 어떨 땐 일주일에 몇 번씩이나 나에게 자기 건강이 나빠진 것 같다면서, 이제 헬스장도 다니고, 몸에 죄책감이 들게 하는 음식은 먹지 않겠다고 말해 왔다. 그러면서 자신이 왜 그런 결심을 했는지, 언제부터 시작할 건지, 목표를

15장 · 원하는 대로 인생을 살지 못하는 진짜 원인

지키기 위해 어떤 준비를 할 것인지도 매번 말하곤 했다. 지금까지 그 뻔한 다짐을 수백 번 말해왔음에도 불구하고, 소피는 아직까지 그 계획을 단 한 번도 제대로 실천한 적이 없다.

처음에는 나도 그런 소피를 어느 정도는 이해하면서, 그렇게까지 크게 신경 쓰지 않았다. 하지만 소피가 월요일 아침마다 지난주에는 왜 그 다짐을 실천하지 '못 하게' 됐는지에 대한 이유를 늘어놓으며 또 똑같은 다짐을 반복하는 걸 일 년간 겪고 나니까, 어쩌면 내가 나서서 도와줘야 하는 건 아닌가 하는 생각이 들었다. 소피가 이 다짐을 일주일에 한 번 이상 반복하는 건 그만큼 그녀에게 중요하다는 뜻일 테니까. 그래서 나는 좋은 친구로서 개인 트레이너와 운동할 수 있는 회원권을 소피가 원하는 만큼 끊어주겠다고 했다.

유감스럽게도 그 작전 역시 먹히지 않았다. 소피는 개인 트레이닝 예약을 잡지 않았고, 당연히 헬스장에도 안 갔다. 그런 월요일의 선언이 열 번 더 반복된 후 단 한 번도 계획대로 실천하지 않는 소피에게 학을 떼게 된 나는, 그냥 아예 직접 나서서 소피를 위한 개인 트레이너를 고용하고, 퇴근 후 소피와 함께 사무실 옆에 있는 헬스장에서 같이 운동을 해야겠다고 결심했다. 소피는 그런 나의 계획을 듣고 너무 좋은 기회인 것 같다며 이번만큼은 꼭 헬스장에 갈 거라고 나와 모든 사람들에게 공공연히 선언했지만 결과적으로 나는 헬스장에 가기 싫다고 생난리를 치는 그녀를 말 그

대로 끌고 가야만 했다. 같이 운동하기로 한 첫날, 소피는 헬스장 입구 밖에 서서 돈을 줄 테니 제발 집에 가게 해달라며 나를 매수하려 했다. 이 시트콤 같은 상황은 3일 연속으로 이어졌다. 그리고 네 번째 날, 나는 업무 관련 회의 때문에 런던에 더 머물러야 했으므로, 소피에게 나 없이 알아서 헬스장에 가서 트레이너를 만나라고 일러두었다.

그 결과가 어떻게 되었을지는, 여러분도 아마 짐작이 갈 것이다……. 그날 소피는 헬스장에 가지 않았고, 그렇게 소피 인생의 헬스장 경력은 끝이 났다. 하지만 유감스럽게도 소피가 헬스장을 다시 다니겠다고 나와 주변 직원들 앞에서 선언하는 일은 이후에도 월요일 아침마다 계속되었다.

그렇다고 소피가 특별한 경우에 해당하는 것은 아니다. 우리 주변에서도 이런 친구들을 쉽게 볼 수 있고, 우리 역시 가끔은 이럴 때가 있다. 앞에서도 언급했듯, 92퍼센트의 사람들이 실제로 목표를 달성한 적이 없다는 연구 결과도 있으니 말이다. 내가 소피에게 4년 동안 대체 왜 계획을 실천하지 못했는지 물어보면, 그녀는 '오늘은 너무 피곤하니까, 다음 주에 가야겠어'라던가, 피곤하다는 걸 증명하기라도 하려는 듯 면전에 대고 하품을 하며 '너무 힘들어서 못 가겠어'와 같은 대답을 하기도 하고, 그 주에 스케줄이 너무 빡빡해서 그날만큼은 가고 싶은 '의지'가 없다고 인정할 때도 있었다.

나는 앞 장에서 사소한 일을 제대로, 꾸준히 하는 것의 엄청난 중요성에 대해 입이 닳도록 이야기했다. 문제는 쉽게 할 수 있는 일들은 안 하기도 쉽다는 것이다. 2분간 이를 닦는 것은 쉽지만 그만큼 안 하기도 쉽다. 매주 5달러를 저축하는 것은 쉬운 일이지만 안 하고 넘어가기도 쉽다. 집에서 20분간 운동하는 것은 쉽게 할 수 있는 일이지만 안 하는 것 역시 쉽다. 사소한 일을 하는 것에 대한 보상이 바로 주어지지 않는다는 이 아주 간단한 진실은 중요하지만 사소한 모든 일들을 꾸준히 하지 않는 것을 너무나도 쉽게 방해한다.

소피처럼 우리가 장기적이고 원대한 목표를 세웠지만 헬스장에 가는 것과 같은 단기적이고 사소한 일을 하기 위한 자제력을 갖추지 못했을 때, 우리는 너무 '피곤하다'거나 '동기가 부족하다'거나 '의지'가 부족하다는 핑계를 대는 경향이 있다. 이것 역시 복잡한 문제를 단순한 이분법적 해결책으로 설명하기 위해서 우리 스스로 거짓되고, 게으르며, 지나치게 단순화된, 말이 씨가 되는, 전혀 도움 되지 않는 이분법적 상자에 냅다 뛰어 들어가 버리는 경우다.

이분법적 상자는 어떻게 해야 한다고? 피해야 한다!

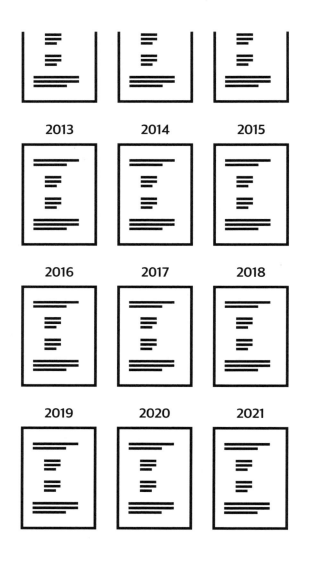

2013 2014 2015

2016 2017 2018

2019 2020 2021

우리는 오래전부터
무의식적으로 우리가 믿는 바대로
연기해 온 연기자들이다.

15장 · 원하는 대로 인생을 살지 못하는 진짜 원인

과학은 우리가 스스로를 제한하고 있다고 말한다

내가 이것을 말이 씨가 되는 일, 즉 자기실현적이라고 말한 이유는 이 주제에 대한 모든 과학적인 연구 결과가 그렇기 때문이다. 2000년대 초, 의지력 감소는 자신의 의지력이 감소되고 있다고 믿는 사람들에게만 나타나는 현상이라는 연구 결과들이 나오기 시작했다. 이 말은 자신의 의지력이 줄어들고 있다고 믿는 사람들만이 의지력 감소를 경험한다는 뜻이다. 우리는 우리가 믿는 대로의 모습이 되어간다.

베로니카 잡(Veronika Job)이라는 연구자는 이 가설을 검토하기 위해 우선 실험 참여자들 각각의 의지력에 대한 믿음을 측정했다. 설문 조사가 끝나고 베로니카와 그녀의 동료들은 자신의 의지력에는 한계가 있고 시간이 지날수록 줄어든다고 믿는 참여자들과 의지력에는 한계가 없으며 그것은 결코 줄어들거나 하지 않는다고 믿는 참여자들로 나누었다.

이후, 참여자들에게 복잡하고 어려운 글쓰기 과제가 주어졌다. 이 과제는 잠재적으로 그들의 의지력을 '감소'시키기 위해 고안된 것이었다. 그리고 글쓰기 과제에 뒤이어 참여자들에게 어려운 퍼즐을 풀어달라고 했다.

그 결과, 힘든 글쓰기 과제 이후 이어진 퍼즐 수행 작업에서 참여자들의 실력이 떨어진 것이 확인되기는 했는데, 이는 오로지 의지력에 한계가 있다고 믿는 참여자들에게만 나타난 현상이었다고 한다. 반면, 의지력에 한계가 없다고 믿는 참여자들은 힘든 글쓰기 과제 이후에도 지치거나 실력이 감소되는 모습을 보이지 않았으며, 뒤이은 퍼즐 과제도 훌륭히 수행했다고 한다.

이 연구 이후로 수많은 연구자들이 이와 비슷한 실험을 진행했는데 모두 같은 결과가 나타났다. 이제 많은 심리학자들은 자신의 의지력이 한계가 없는 자원이라고 믿는 사람들은 놀라운 수준의 자기 절제력과 의지력을 보여줄 수 있다는 것을 믿게 되었다.

그러니까, 소피. 만약 지금 이 글을 읽고 있다면 그건 네 의지력 문제가 아니야. 네가 스스로 그렇게 믿고 있는 것뿐이지.

내가 어떤 사람인지는 스스로가 정하는 것

꼬리표는 우리가 스스로에게 부여하는 너무나도 간단하면서도 지나치게 단순화된 설명이다. 그것들은 우리가 어떤 사람이고, 어떻게 행동해야 하는지를 암시하는 일련의 지침을 담고 있는 이분법적 상자다. 사람들은 어리석게도 스스로를 이해하기 위해, 남들에게 자신을 이해시키기 위해, 가끔은 자신을 중요한 사람처럼 보이도록 하기 위해 그런 꼬리표들을 스스로에게 달기도 한다. 부모, 여자 친구, 상사, 부유한, 가난한, 나이 든, 젊은, 멍청한, 게으른, 의욕 없는, 창의적인, 미루는, 깜빡깜빡하는, 미련한, 똑똑한, 사업가, 운동선수, 마케팅 전문가, 건축업자, 엄마, 아빠, ….

모두 그런 꼬리표들이다.

여러분은 스스로를 어떤 사람이라고 믿고 있는가? 여러분의 인생이 자기가 믿는 바대로 흘러가고 있다는 게 신기하지 않은가? 여러분도 그게 우연이라고 생각하진 않을 것이다. 그렇지 않은가?

과학적인 연구들에 따르면, 우리는 어떤 꼬리표가 붙은 상자 안에 일단 한번 들어가면 자연스럽게 그 꼬리표에 적힌 대로 행동하기 시작한다고 한다. 더 이상 그 꼬리표에 대한 고정 관념에 맞설 생각조차 하지 않게 되면서 그 꼬리표가 아닌 다른 것이 되기가 점점 더 힘들어진다고 한다. 따라서 여러분이 자처해 들어간 그 상자, 그리고 거기에 붙은 꼬리표는 여러분을 어떤 사람으로 만들기도, 또는 어떤 사람이 되지 못하게 만들기도 하는 것이다. 어떤 쪽이든 여러분을 제한할 것이라는 점에서는 같다.

나는 지난 10년 동안 부단히 노력해서 세계에서 가장 성공한 소셜미디어 마케팅 회사를 일구어냈지만, 스스로를 'CEO'나, '마케팅 전문가', 또는 '소셜미디어 전문가'라고 생각하지 않으려 노력한다. 물론 그렇게 하고 싶은 마음이야 굴뚝같지만 말이다. 왜냐하면 나는 그저 한때 어떤 하나의 목표에 내 능력을 모조리 쏟아붓고 매일같이 그 목표에 대해 조금씩 더 배워나간 평범한 한 사람일 뿐이니까. 나는 꼬리표라는 것이 얼마나 스스로를 가두는 것인지 알기에, 아무리 그것이 편하다 할지라도 절대 내게 그런 꼬리표들을 달지 않을 것이다.

어떤 목표를 세우고 그와 관련하여 성공적인 결과를 얻었다고 해서 내가 그 목표 자체가 되는 것은 아니다. 나는 그저 내가 가치 있다고 생각하는 목표에 내 능력과 경험, 관점을 적용시킨 사람일 뿐이다. 내 직업은 내가 아니며 내가 이전에 이룬 것들, 혼인 여부, 미래에 대한 포부, 기사에 실린 내용, 혹은 연설가로서의 경력 역시 내가 아니다.

올해 들어 나는 연극 작품을 하나 제작하여 직접 음향 편집과 감독을 맡았는데 티켓 판매를 시작한 지 3분 만에 900장이 팔렸다. 그리고 현재 가장 심각한 문제로 대두되고 있는 정신 건강에 대한 새로운 해결법을 마련하고 있으며, 구시대적이고 현실과 동떨어져 있는 무너진 대학 교육 시스템에 손을 대기 시작했고, 동시에 인기 순위 1위에 오른 내 팟캐스트의 세 번째 시리즈를 제작하고 있으며, 시간 관리 앱도 개발 중인 데다가, 또…… 그렇지, 이 책도 쓰고 있는 중이다. 아, 그리고 앞에 나왔던 자산 관리의 귀재, 우리 프렌치 불도그 강아지 파블로의 아빠로도 살아가고 있다.

사회학에 '낙인 이론'이라는 용어가 있다. 이 이론은 사람들은 다른 사람들이 자신에게 붙인 꼬리표대로 자신을 규정하고 그에 맞게 행동하게 되며, 결국 자신에게 부여된 낙인대로 된다는 이론이다. 누군가를 법 밖에 난 일탈자로 낙인찍는 행위가 실제로 그 사람을 범법적 일탈자로 만드는 결과를 초래할 수 있다는 것이 증명되었기 때문에, 이 이론은 종종 범죄 사회학과도 연관되어 설명

된다. 이 말은 즉, 모든 사람들이 여러분을 범법자라고 부르며 그렇게 대우하기 시작하면, 그 사실 하나만으로도 여러분은 범법자처럼 행동할 확률이 높아진다는 뜻이다.

나에게 도움되는 꼬리표를 붙이는 방법

우리가 스스로에게 부여하거나 남들이 부여한 대로 받아들여 버린 그 완고한 꼬리표와 그 꼬리표를 붙이게 한 비이성적인 믿음만큼 우리의 잠재력과 미래 그리고 우리 자신에게 긍정적 또는 부정적 영향을 크게 미치는 것은 없다고 해도 과언이 아닐 것이다.

우리가 가지고 있는 부정적인 꼬리표를 떼고, 그 자리를 보다 건설적이고 건강한 꼬리표로 대체하기 위해서는 신빙성 있는 새로운 근거가 아주 많이 필요하다. 좋은 소식은, 그게 가능하다는 것이다. 나는 열여덟 살 때 맨체스터의 힙합 공연장에서 스물여섯 살의 어떤 남자를 만난 적이 있다. 그는 작은 키에 목소리는 기어들어 갈 듯 작았으며, 자신감 없는 모습으로 머리부터 발끝까지 볼썽사나운 하얀 트레이닝복을 입고 있었다.

그날 처음 알게 된 그의 이름은 애슐리로, 당시 직업도 없이 구직자 수당을 받으며 어머니 집에 얹혀살면서 하루 종일 비디오 게임이나 하던 사람이었다. 힙합 공연이 끝난 후 몇 주가 지났을 무렵, 내가 회사를 경영하고 있다는 걸 알아낸 애슐리는 자신에게 일

자리를 줄 수 있냐는 페이스북 메시지를 나에게 보내왔다. 당시 나는 너무나 바빴고, 이런저런 메시지들에 파묻혀 지내다 보니 자연스럽게 그의 연락을 무시하게 됐다. 내 무시를 자신의 요청에 대한 답으로 받아들일 생각이 없던 그는 굴하지 않고 내게 또 메시지를 보냈다.

당시 애슐리는 별다른 자격도 갖추지 못한 데다 이렇다 할 업무 경험도 없었지만, 안타깝게도 나 역시 그러했기 때문에 나는 딱히 면접이랄 것도 없이 그를 마케팅 디렉터로 고용하게 됐다.

그 이후 애슐리는 현재 업계에서 가장 영향력 있는 기업으로 성장한 소셜체인의 창업 멤버로서 6년간 내 옆에서 일했다. 그리고 내가 코스타리카의 정글에서 이 글을 쓰고 있는 지금, 서른셋이 된 애슐리는 자기가 따로 세운 회사의 CEO가 되었고, 그 회사는 업계에서 아주 잘나가고 있다. 6년 전 내가 만났던 그 키 작고 기어들어 가는 목소리를 가진 소심해 보이는 남자는 이제 키가 한 30센티미터는 더 커진 듯 보이고 사람들 사이에서 당당하게 목소리를 내며 한때는 그가 집이라고 부르던 모든 꼬리표 붙은 상자들을 모조리 태워버린 그런 사람이 되었다.

그때 나는 애슐리의 주변 환경에 대해 전혀 몰랐기에 당시 그가 달고 있는 꼬리표대로 그를 판단하지 않았다. 그 역시 용기를 내어 내게 일자리를 달라고 끊임없이 연락하는 과정에서 자신의 처지와 엮여 있던 꼬리표들을 넘어섰던 것 같다. 애슐리는 자신이

　15장・원하는 대로 인생을 살지 못하는 진짜 원인

처한 환경대로 사는 유혹을 떨쳐낼 수 있었기에 새로운 기회를 만들어낼 수 있었고, 이를 통해 새로운 꼬리표를 다는 데 필요한 자신에 대한 믿음과 근거들을 하나하나 갖춰나갔다. 결국 애슐리는 자기 힘으로 전보다 훨씬 나은 환경을 구축해 낸 것이었다.

자신에 대한 믿음은 심각하게 잘못 이해되고 있는 개념이다. 어떤 이상한 이유 때문인지는 모르겠지만, 자신에 대한 믿음이 부족한 사람들이 가장 흔히 듣게 되는 조언은…… '그냥 너 자신을 믿어라'인 듯하다. 이 말은 마치, 이 말을 하는 것만으로도 우리 마음속에 뿌리 깊게 자리 잡은 자신에 대한 믿음과 자신의 능력에 대한 믿음이 바뀌기라도 할 것처럼 사용되고 있다. 그리고 우리의 믿음 체계가 지점토처럼 말랑하기라도 한 것처럼 동기 부여에 심취한 인스타그램 계정들과 포스터, 헬스장 벽, 자기계발서에 여기저기 도배되어 있다.

우리가 가지고 있는 자기 스스로에 대한 믿음은 수년간의 마음 상태, 어린 시절의 경험, 오랜 시간 소비해 온 미디어의 고정관념, 친구들과 가족, 심지어 생판 남에게 수백, 혹은 수천 시간 동안 들어왔던 피드백이 낳은 부산물이다. 안타깝게도 그걸 뿌리째 들어내려면 고작 인스타그램의 그럴싸한 글귀나 친구로부터의 진심 어린 격려 몇 마디 가지고는 어림도 없을 것이다.

하지만 그 믿음이 얼마나 끈질기고 고집 센 것인지를 이해하는 것이야말로 변화를 만들어내기 위한 첫 번째 단계다.

그 이유는, 우리는 우리가 믿는 것을 결정할 수 없기 때문이다. 우리가 어떤 것을 정말 믿고 싶다고 해도, 심지어 우리 인생에 있어 중요한 모든 것들이 우리가 그 믿음을 받아들이느냐 아니냐에 달려 있다고 해도 그것은 불가능하다. 우리의 믿음이란 우리가 가진 주관적인 근거와 그 근거에 대한 우리의 해석이 낳은 부산물이기 때문이다.

만약 그것을 뿌리째 뽑아내고 싶다면 고작 몇 마디 말로는 어림도 없을 것이고, 기존의 믿음을 뒤흔들고 반박해서 확실히 틀렸다는 걸 입증할 만한 새로운 근거를 마주해야 한다.

이제는 내 친구가 된 애슐리가 바로 이러한 경우의 아주 적절한 예다. 우리 두 사람은 우리 회사를 세계적인 기업으로 키워나가기 위한 정신없고 험난한 여정을 함께하며 자신의 진정한 능력을 깨닫게 되었다. 그 경험은 우리의 지평을 넓혀주었고, 자신에 대한 믿음을 키워준 계기가 되었다. 자신에게 어떤 능력이 있는지 일단 한번 알게 되면 알기 전으로는 되돌아갈 수 없다. 우리의 긍정적인 믿음 역시 엄청나게 완고하기 때문이다.

만약 내가 6년 전 애슐리를 처음 만났을 때로 되돌아가서 그에게 '형은 앞으로 성공한 회사의 설립자이자 CEO가 충분히 되고도 남을 사람이야'라고 말했다면 그 말은 곧 우산 위에 내려앉은 빗방울처럼 속절없이 스쳐 가버리고 말았을 것이다. 누군가에게 '그냥 너 자신을 믿어'라고 말하는 것처럼.

15장 · 원하는 대로 인생을 살지 못하는 진짜 원인

정말로 원하는 게 아니라, 원하기를 바랄 뿐

잠시 내 비서 소피 이야기로 다시 돌아가자면, 그녀가 원하는 것을 하지 못하는 이유는 그녀가 믿고 있는 '제한된 의지력이라는 잘못된 생각'이나 그녀가 스스로에게 부여한 꼬리표 때문만이 아니라, 무의식적으로 그녀를 나약하게 만드는 심리적 장애물들 때문이기도 하다.

나는 저명한 저자인 니르 이얄(Nir Eyal)과 함께 이 주제에 대해 더 자세한 이야기를 나눌 수 있었다. 그는 최근의 연구와 저서 『초집중(Indistractable)』을 통해 우리는 왜 가끔 우리가 하고 싶다고 한 일들을 하지 못하는가를 밝히고자 하는 사람이다. 니르는 내게 이렇게 말했다.

사람들은 우리가 쾌락과 안위에 기반하여 결정을 내린다고 생각하지만, 이는 완전히 잘못된 생각이다. 우리가 내리는 결정은 불편을 피하고자 하는 본능적인 욕구에 기인한다. 신체적 불편에 대한 우리의 신체 내부적 반응이 심리적 불편에 대해서도 똑같이 적용되기 때문에, 공포나 지루함, 외로움 같은 불편한 감정을 느낄 때 우리는 머릿속에서 이런 감정들을 없애버리고 피하기 위해 미루기, 변명하기, 회피하기와 같은 다양한 방법에 의지한다. 우리가 어떤 불편으로부터 벗어나려 하는지, 그 불편의 원인은 무엇인지에 대해 근본적으로 이해하지 못한다면, 목표를 세워두고도 자꾸 집중이 흐트러지는 걸 막지 못할 것이다.

소피는 자기가 헬스장에서 뭘 하고 있는지를 모르겠고, 운동할 때 남들에게 어떻게 보일지가 자꾸 신경이 쓰이고, 또 땀에 절어 힘들어하는 자기 모습을 누가 볼까 싶어 걱정된다는 말을 계속해서 쏟아냈다. 어쩔 수 없이 나와 개인 트레이너와 함께 운동을 하던 그 3일 동안 소피는 대부분의 시간을 어깨너머로 눈치를 보며 자기가 너무 '허약하고', '몸 상태가 안 좋다'면서 사과하는 데 보냈다. 그때 나는 니르의 말이 옳다는 걸 깨달았다. 소피는 진심으로 헬스장에 열심히 다니고, 헬스장을 다니며 건강해지고 싶지만, 헬스장에 가는 것과 관련하여 그녀의 내면에 극복하기 어려운 심리적 불편을 자아내는 뿌리 깊은 문제들이 존재했다. 그리고 이 문제들은 그녀의 자존감과 자신감에 관련되어 있었다.

애슐리와 자신에 대한 믿음 그리고 우리가 가진 꼬리표를 다시 붙이기 위해 필요한 노력에 대한 이야기를 기억하는가? 하지만 그런 것들 때문에 소피에게 헬스장에 가라고 말만 하는 건 아무 도움이 되지 않는다. 그녀가 자기에 대한 믿음과 자존감을 스스로 제한하는 문제는 너무나도 완고하고 인이 박여 있어서, 격려의 말 몇 마디 가지고는 극복해 내기 어렵기 때문이다. 소피는 말도 안 되는 변명과 함께 자신이 다짐한 것을 다음 주에 실행하겠다고 말한 뒤, 결국엔 그 다음 주로 미루고, 또 그 다음 주로 미루는 지킬 리 만무한

약속을 늘어놓으면서 자기에게 심리적 불편을 불러일으키는 시나리오를 전략적으로 회피하며 모면하고 있다.

일반적으로 우리가 하는 선택이 우리가 진짜 원하는 바를 보여준다는 면에서 소피는 사실 헬스장에 가고 싶지 않은 것이라고 봐야 한다. 헬스장은 소피의 무의식 속에서 심리적 불편을 자아내는 근본적인 원인이 되는 장소다. 하지만 한편으로 소피는 자기가 헬스장에 가고 싶어 하기를 바란다. 바로 여기에서 소피가 말로 표현하는 자신의 의도와 결과적인 행동 사이의 간극이 발생한다. 안타깝게도 의도란 행동으로 실천하지 않으면 아무것도 아니며, 행동역시 의도로 뒷받침되지 않는다면 아무런 의미도 갖지 못한다. 우리의 의도와 행동이 일치할 때 비로소 우리는 나아갈 수 있다. 따라서 소피는 진짜로 헬스장에 가고 싶어 해야 하는 것이다.

이 헬스장에 가지 못하는 문제는 많은 사람들이 가지고 있는 문제인데, 이는 주로 훨씬 더 깊고 해결되지 않은 자존감에 대한 문제에 영향을 받은 경우가 많다. 우리 모두는 우리가 하는 행동 때문에 근본적인 원인을 보지 못한 채 살아간다. 하지만 이 행동이야말로 우리가 되고 싶다고 말한 사람이 아닌, 실제로 우리가 어떤 사람이 되는지를 결정하는 요소다. 왜냐하면 우리는 우리가 하고 싶은 일을 하지, 하고 싶기를 바라는 일을 하지는 않기 때문이다.

나는 비즈니스 리더가 되고 싶어 하는 어떤 남자를 몇 년간 멘토링 해준 적이 있는데, 그는 중간 관리자급 자리에 앉게 될 때마

자기에 대한 깨달음 없이는
발전도 있을 수 없다.
아무리 많은 책을 읽더라도
자신을 읽어내지 못한다면,
그로부터 배울 수 있는 것은
아무것도 없다.

———

15장 · 원하는 대로 인생을 살지 못하는 진짜 원인

다 권위주의적인 독불장군이 되어 사람들에게 과도하게 지시하고, 사사건건 통제하려 하고, 자기의 위치와 자기가 이룬 것에 대해, 그리고 자기가 얼마나 우월한 사람인지에 대해 모든 사람들의 귀에 딱지가 앉도록 떠들었다. 하지만 그 사람은 나쁜 사람이 아니었다. 오히려 내가 만난 사람들 중 가장 착하고, 친절하고, 다정한 사람 중 하나였다. 그리고 같이 이야기를 해보면, 그 스스로도 자신의 그런 행동들이 별로 생산적이지 않다는 걸 알고 있었다. 그 사람도 소피처럼 말로는 앞으로 자기 행동을 바로잡고 변해보겠다고 약속했지만, 소피처럼 그 역시 그렇게 하지 못했고, 결국 바라던 직업을 잃고 말았다.

그가 가진 어떤 불안감이 그로 하여금 이런 행동을 하게 했다는 것쯤은 심리학 학위가 없더라도 이해할 수 있는 부분이다. 몇 년 전에 그와 대화를 나누던 중, 그는 자기가 절대 잊지 못한다는 어린 시절의 한 순간을 떠올렸다. 그는 안타까운 사고로 아버지를 잃고 홀어머니 밑에서 자라고 있었는데, 하루는 어머니가 어린 그가 집에 혼자 있다는 사실을 까맣게 잊고 외출을 한 것이었다. 이후, 집에 돌아온 어머니는 그를 내려다보며 "너를 완전히 잊고 있었네"라고 농담처럼 말했다고 한다. 그 일은 그에게 절대 잊히지 않는 기억이 되었으며, 그는 그날 이후로 모든 사람들에게 자기가 '충분히 가치 있는 사람'이라는 걸 증명하고 싶은 강렬한 욕망을 느껴왔다고 내게 털어놓았다. 그 후 30년이 지난 지금까지도, 그가 자신이 가치 없는 사람이라 느끼도록 만든 어머니의 그 이야기가 여전히 그의 행동에 부정적인 영향을 미치고 있는 것이다. 자신이 충분히 가치 있는 사람이 아니라고 생각하는 그의 믿음 때문에 그가 될 수 있었던 모든 것들이 되지 못하게 한 행동 패턴이 생겨났다는 사실은 그야말로 안타까운 역설이다.

동기를 부여해 주는 말과 긍정적인 의도는 우리의 심리적 고착과 상대가 되지 않는다. 아무리 좋은 동기 부여 세미나, 대담, 강연을 듣는다 해도, 그 이야기들이 우리로 하여금 궁극적으로 우리가 누구인지, 무엇을 할 수 있는지에 대한 새로운 증거를 만들어주는 행동을 실천하게 하지 않는 이상, 우리는 곧 기존의 심리적 상태로 되돌아가 버리고 말 것이다.

우리는 마음속 깊이 뿌리박힌 문제들로 인한 부작용을 표면적 수준의 해답을 통해 정당화하는 데 너무나 많은 시간과 에너지를 허비한다. 그게 바로 내가 우리의 정신 건강과 미래를 위해 할 수 있는 가장 가치 있는 일 중의 하나가 일기 쓰기라고 믿는 이유이다. 그냥 생각만 하는 것으로는 지금 우리가 왜 이 행동을 하고 있는지를 이해하기가 너무나 어렵기 때문이다.

우리를 움직이게 하는 힘은 본능적이고, 깊으며, 무의식적이다. 하지만 내 인생을 바꿔준 가장 가치 있는 깨달음과 발견 들은 모두 일기를 쓰는 과정에서 일기와 대화를 나누며 객관적인 시선으로 내 행동을 비판적으로 분석하고, 깊은 자아 성찰을 하면서 얻은

15장 · 원하는 대로 인생을 살지 못하는 진짜 원인

것들이다.

여러분 안에 내재된 그 무의식적인 힘은 세상에서 가장 좋은 조언, 여러분의 '이성적인 파일럿', 새로운 정보, 이 책, 친한 친구들의 말을 전부 압도해 버리고 말 것이다. 여러분이 아무리 많은 책을 읽더라도, 자신을 읽어내지 못한다면 그로부터 배울 수 있는 것은 아무것도 없다.

심리 상담이나 자신을 객관적으로 되돌아볼 수 있게 해주는 존재들은 우리에 대한 더욱 귀중한 통찰을 얻는 데 도움을 준다. 만약 여러분이 그 둘 중 어느 것도 하고 있지 않고 그냥 '흘러가는 대로' 내버려 두고 있다면, 여러분을 가장 많이 제한하고 있는 그 믿음을 진정으로 극복하기란 너무나 어려운 일이 될 것이다.

아주 오래전부터 우리는 무의식적으로 스스로에 대해 가져온 믿음대로 연기하는 연기자들이다. 이 세상에 여러분의 발목을 잡는 단 하나의 힘이 있다면 그건 아마도 다른 사람들이나 직장 상사, 정치인들, 심지어는 여러분의 환경도 아닌, 바로 여러분 자신과 스스로에 대해 믿고 있는 이야기들일 것이다.

내가 첫사랑에게 도망친 이유

열다섯 살 때, 나는 첫사랑을 했다. 너무나도 예뻤던 우리 학교 여신 재스민이었다. 재스민에 대한 나의 마음은 거의 4년 가까이 이어졌다. 그야말로 이성을 잃고 완전히 푹 빠져버린 청소년기의 첫사랑이었다. 그 당시 재스민은 내 마음을 완전히 지배했고, 나의 모든 결정의 이유였으며, 당시 내 MP3 플레이어의 플레이리스트에 올라 있는 곡들은 다 그녀 때문에 골랐던 것들이었다.

그런데 상황이 조금 복잡했다. 재스민은 다른 학교에 다니던 남자애와 오랫동안 사귀고 있었던 것이다. 당연히 나는 그 남자애를 끔찍하게 싫어했고, 그 애도 날 끔찍하게 싫어했다. 우리는 파티나 동네에서 서로 마주치게 되는 상황에서 여러 번 몸싸움을 벌일 뻔했다. 이미 남자친구가 있었음에도 불구하고 나는 재스민에 대한 내 지칠 줄 모르는 사랑을 그만두고 싶지 않았고, 끈질기게 그녀를 쫓아다녔다. 그렇게 열여섯 살이 되었을 때, 나에게 드디어 희망이 찾아왔다. 재스민이 그 남자애가 완전히 멍청이라는 걸 알아차리고, 마침내 나를 좋아하게 된 것이다. 우리는 가끔 숨어서 남몰래 입을 맞췄고, 학교 안에서는 손을 잡고 다녔으며, 졸업 무도회 때는 그녀가 내 파트너가 되었다!

졸업 무도회를 마치고 일주일이 지났을 무렵, 마침내 나는 지난 4년간 꿈꿔온 바로 그 순간을 맞게 되었다. 어느 날 우리는 방과 후 교문 뒤에서 따로 만났다. 서로의 손을 잡고 마주 서 있던 그때, 재스민은 내 눈을 보며 이렇게 말했다. "나, 조랑 헤어질 거야. 그러고 나면 이제 우리 사귈 수 있어⋯⋯."

그 순간, 예상치 못한 공포심과 후회가 나를 덮쳐왔다. 패닉에

　15장・원하는 대로 인생을 살지 못하는 진짜 원인

빠진 내 마음이 '아, 절대 안 돼!'라고 외치는 것이 들려왔다.

나는 이렇게 답했다. "그러면 안 될 것 같아, 재스민."

그리고 이어서 말했다. "조랑 헤어지지 마."

나는 빨리 주제를 다른 데로 돌려버리고, 재스민에게 키스하고 는 그대로 자리를 떠버렸다.

지금 생각해 보면 완전히 미친 짓이었지만, 당시에는 결코 그 렇게 생각하지 않았다. 나는 그저 느낀 대로 행동했고, 내가 했던 행동과 그 행동의 이유를 제대로 의식하지 못했다. 그때의 나는 보 이지 않는 곳에서 우리 모두를 움직이게 하는 그 강력한 무의식적 인 힘에 대해 모르고 있었고, 나 자신을 이해하기 너무나 어려웠던 것이다.

한 여자애를 몇 년 동안이나 계속 좋아했으면서 마침내 그 애 가 나와 사귀자고 한 그 순간 완전히 겁에 질려 그녀를 밀어내 버 렸다. 또한 내가 그렇게 행동한 경우가 재스민이 처음이자 마지막 이었다면 참 좋았겠지만, 안타깝게도 그렇지 않았다. 그 이상한 패 턴은 내가 스물셋이 될 때까지 계속 이어졌다. 내가 일기에 적어둔 스물다섯 살이 되기 전에 이루고 싶은 목표에 '장기 연애를 할 것' 이 들어있는 것도 바로 그 때문이다.

소피와 헬스장의 관계처럼 나 또한 재스민의 남자친구가 되고 자 하는 의도를 가지고 있었지만 마침내 그 의도를 달성할 수 있 는 기회가 왔을 때 무의식의 어떤 압도적인 힘에 가로막혀 버렸다.

그리고 내가 그 힘을 이해하고, 직면하고, 극복하기까지는 10년이라는 시간이 걸렸다.

1장에서 우리 엄마는 화려하고 정열적인 아프리카인이라고 이야기한 바 있는데, 이는 아주 절제한 표현이라고 하는 게 맞을 것 같다. 내가 어렸을 때, 엄마는 크게 소리치며 집 안을 뒤엎는 데 일가견이 있는 분이었다. 엄마가 수동적인 영국인 아빠에게 소리 지르는 것은 나에겐 아주 평범한 일상이었다. 하루는 아빠가 가장 좋아하던 TV쇼를 보고 있었는데, 그 앞을 엄마가 가로막고 서서 온 동네가 쩌렁쩌렁 울릴 정도로 크게 소리를 질러 댄 적이 있었다. 그 소리가 얼마나 컸던지, 한바탕 소동이 끝나고 나니 내 고막이 웅웅거리는 게 느껴졌다. 또 어느 날은 엄마가 집 안에서 칼을 들고 아빠를 쫓아다녀서 아빠가 경찰을 부른 일도 있었고, 엄마가 아빠 때문에 불행해졌다며 길 한복판에 서서 고래고래 소리를 질렀던 적도 있었다. 결국 그날 엄마는 난동을 피운 죄로 구치소에 갇히고 말았다.

엄마의 난동은 보통 몇 시간 동안 이어졌다. 나는 엄마가 아니었다면 사람이 대여섯 시간이나 쉬지 않고 악을 쓰며 소리를 지르는 게 가능하다는 걸 믿지 못했을 것이다. 그런 엄마를 여러 번 말리고 달래보려 했지만, 단 한 번도 성공한 적이 없다. 내가 그래도 꽤 어린 나이였을 때, 아빠는 나를 안방으로 부르더니 엄마와 서로 사랑하지 않는다는 얘기를 했고, 몇 년 후에는 나와 식탁에 마주보고 앉아서 두 분이 이혼할 거라고 말했다. 결국 두 분은 이혼하지 않았지만 그 모든 혼란과 불안, 스트레스는 내게 지울 수 없는 상처를 남겼고, 거의 10년 가까이 나로 하여금 그걸 극복하려고 발버둥 치게 만들었다. 어린 시절의 경험은 평생 나에게 크나큰 영향을 미친다. 특히 부모와 같은 중요한 사랑은 우리의 믿음 체계에 막대한 영향을 끼친다는 것이 심리학자들의 공통적인 견해이다.

내 부모님의 서로에 대한 관계는 그들도 모르는 사이에 내가 사랑, 연애, 친밀함의 의미에 대해 배우는 처음이자 가장 중요한 모델이 된다. 즉, 내 부모님은 자기들도 모르는 사이에 관계란 부정적인 것이라고 나에게 가르쳐준 것이다. 연애는 내가 앞으로 나아가지 못하게 발목을 붙잡고, 지쳐 나가떨어지게 함으로써 결국 나를 불행하게 만들 거라고 말이다. 나는 부모님을 통해서 사랑이란 벗어날 수 없는 징역을 사는 것이나 다름없는 것이라고 배우게 되었으며, 내가 누군가와 관계를 맺게 된다면 나 역시 불행과 스트레스에서 벗어날 수 없게 될 거라고 무의식적으로 마음속 아주 깊이 믿게 되고 말았다.

이는 재스민이 마침내 내게 기회를 줬을 때 나를 집어삼켰던 두려움과 불안, 공포의 감정의 근원이 무엇인지 설명해 준다. 니르 이얄이 말했듯이 우리는 "우리가 어떤 심리적 불편으로부터 도망치려 하는지에 대해 근본적으로 이해하지 않고서는" 목표를 절대 달성할 수 없을 것이다. 내가 영영 이것을 깨닫지 못하고 또한 내 행동을 이해하지 못했다면, 완전한 연인 관계에서 오는 애정의 그 무엇과도 비교할 수 없는 충만함을 절대로 경험하지 못했을 것이다.

자기계발 전문가들은 종종 성장이란 새로운 것을 배움으로써 이루어지는 것이라고 설교한다. 하지만 사실 성장은 배움과 동시에 잊는 것을 통해 이루어진다. 이런 책을 읽는 것은 배움을 얻는 좋은 방법이다. 그리고 자신을 읽는 것은 이미 배운 것을 배우지 않은 상태로 되돌리는 좋은 방법이다. 우리가 그 둘을 다 할 수 있다면 앞으로 나아갈 수 있다. 하지만 둘 중 하나만 한다면 앞으로 나아갈 수 없다.

나는 스물세 살이 되어서야 이 무의식적인 마음 상태를 이해하고, 직면하고, 거의 극복할 수 있게 됐다. 그리고 그해에 나는 다시 사랑을 찾았으며, 처음으로 긴 연애를 했다. 여러분은 내가 '거의 극복했다'고 쓴 것을 눈치챘을 거다. 사실, 유년기에 확립된 마음 상태는 너무나 강하고, 집요하며, 쉽게 바뀌지 않는다. 이를 온전히 극복하려면 각고의 노력이 필요하다.

예를 들어, 아직까지도 나는 연인과 의견 대립이 있을 때마다 감정이 격해지는 걸 그냥 두고 보지 않는다. 절대로 그렇게 되도록 가만 두지 않는다. 대화로 풀어가거나 서로를 존중하며 논쟁하는 것은 언제든 환영이지만, 대화가 격해지거나 적대적, 공격적이 되는 순간 나는 더 이상의 대화를 거부하거나 짐을 싸 들고 나와버린다. 이런 태도는 이상적인 남자친구의 조건처럼 보일 수도 있겠

책을 읽는 것은 배움을 얻는 좋은 방법이다.
자신을 읽는 것은 이미 배운 것을
배우지 않은 상태로 되돌리는 좋은 방법이다.

그 두 가지를 다 한다면 앞으로 나아갈 수 있다.
둘 중 하나만 한다면 같은 자리만 맴돌게 될 것이다.

지만, 내 전 여자친구들의 생각은 그렇지 않은 것 같다. 남자친구에게 화가 나서 소리를 치고 있는데 남자친구가 입을 꾹 다물어버리거나 자리를 떠나버린다면, 너무나 짜증스러운 기분이 든다고 그들은 내게 말해주었다.

내 경우에는 연인 관계에 대해 내가 가졌던 잘못된 믿음을 낱낱이 풀어헤치고, 그 믿음이 내게 어떤 영향을 미쳤는지를 감정적인 측면에서 자각하고, 영향력이 그 추한 고개를 들 때가 언제인지를 알아차리는 것만으로도 그것이 내게 미치는 힘을 줄일 수 있었다. 그리고 그 덕분에 행복한 연인 관계를 맺는 것이 가능했다.

내가 더 좋은 연인으로서 더 큰 성공을 거두며 더 충만하게 사는 걸 저해하는 나에 대한, 또 세상에 대한 그릇된 믿음은 이것 말고도 수도 없이 많다. 여러분의 경우도 마찬가지일 것이다. 여러분 각자의 인생에서 그런 믿음이 무엇인지는 내가 말해줄 수 없지만, 여러분의 의도가 여러분의 행동과 그로 인한 결과와 부합하지 않는다면 그 부분을 한번 자세히 들여다보는 것도 좋다.

내가 파산할 뻔한 이유

내가 유년기에 겪었던 고통과 난처함, 수치심의 대부분은 내가 10세 때부터 18세가 될 때까지 우리 가족이 비교적 가난했다는 사실과 직접적으로 연결되어 있다. 그때의 나는 낡아빠진 밴을 타고

모두가 책을 사지만
그 책을 읽는 사람은 거의 없다.
모두가 성장을 원하지만
성장을 받아들이는
사람은 거의 없다.
모두가 더 행복해지길 원하지만
변화하는 사람은 거의 없다.

의도란 행동으로 실천하지 않으면
아무것도 아니며, 의도 없는 행동
역시 아무것도 아니다.

의도와 행동이 일치할 때 비로소
우리는 앞으로 나아갈 수 있다.

———

학교에 오고, 쓰러질 것 같은 집에 살면서 다른 애들에게는 다 있는 '것들'을 못 가진다는 걸 너무나도 부끄러워하던 나이였다.

나는 엄마와 아빠가 돈 때문에 싸우는 걸 보는 게 싫었다. 그리고 왜 우리는 크리스마스와 생일 때 아무런 선물도 못 받는지 이해할 수 없었다.

이런 기억들은 내게 상처로 남아 무의식적인 불안으로 자리 잡았다. 그건 아마도 내 형제들과 내가 백만장자가 되겠다고 맹세하게 된 이유이자, 내 인생의 대부분을 내가 가진 부를 남들에게 과시하는 데 신경 쓰며 살아온 이유일 것이다.

내가 처음으로 큰돈을 벌기 시작한 스물한 살 때, 한 해 동안 나이트클럽에서 돔 페리뇽 샴페인을 사는 데만 5만 파운드를 썼으며, 루이비통 제품을 사는 데 셀 수 없이 많은 돈을 날렸다. 또한 열여덟 살 때 일기에 적었던 레인지로버 스포츠도 샀으며, 호화스럽고 아름답기 그지없는 침실이 여섯 개나 딸린 대저택에서 살기 시작했다.

이 얼마나 멍청하고 자신감 없는 관심종자 같은 짓인가.

헬스장 가는 걸 피해 다니던 내 비서 소피나, 재스민에게 유별나게 집착하던 열다섯 살의 나에게는 이 모든 행동을 뒤에서 무의식적으로 조종하는 자각하지 못한 힘이 있었다. 사람은 긍정적 강화를 바라는 존재들이고, 부를 과시하는 행동은 나를 기분 좋게 만들어주었기에, 점점 더 자주 그런 행동을 하게 되었다. 나는 그런 행동을 잠시나마 멈추고 왜 나는 남들에게 있어 보이려고 내가 필요하지도 않은 물건들에 큰돈을 쓰며 기분을 내는지 스스로에게 물어보려 하지 않았다. 그 행동이 초래할 위험에 대해 전혀 내다보지 못했으며, 솔직히 말해서 알았더라도 멈추지는 못했을 것 같다.

사람들은 돈이 좋은 사람도 나쁘게 만들어버릴 수 있다고 믿는 경향이 있다. 하지만 이것은 사실이 아니다. 돈은 우리를 타락시키는 것이 아니라, 그저 뒤에서 여러분의 인생을 조종하는 무의식적인 힘에게 그것의 영향력을 발휘할 자원이 되어주는 것뿐이다. 그리고 그것은 여러분이 과거에 무슨 일을 겪었는지, 그리고 그로 인해 여러분이 어떤 믿음을 가지게 되었는지에 따라 위험한 것이 될 수도 있다.

앞에서 말했듯이, 우리는 우리가 삶의 통제권을 쥐고 살아간다고 생각하고 싶어 하지만, 사실 그렇지 않을 때가 많다. 우리는 과거에 들었던 좋거나 나쁜 말들과 이야기, 그리고 과거의 경험에 의해 크게 좌우되며 살아간다. 그리고 대부분의 경우 그런 행동을 하는 이유를 알지 못한 채, 그냥 그렇게 하고 있는 것이다. 하지만 자세히 들여다보면, 어렸을 때 우리가 인정받지 못했던 어떤 부분이 우리가 성인이 되어서 인정받으려 노력하는 부분이 되는 경우가 많다.

내가 나의 무책임한 소비 습관을 부추겼던 돈, 지위, 자존감에 대한 도움 되지 않는 이야기의 실체를 밝혀내고, 인정하고, 의식적으로 대면하기까지는 3년이라는 시간이 걸렸다. 이제 나는 연애에 있어서 내가 느꼈던 공포와 같은 불안한 마음들을 자각했기 때문에, 어느 정도는 그 불안한 마음을 다스릴 수 있게 되었다. 남들에게 내가 행복한 사람이라거나 중요한 사람이라는 걸 보여주기 위해 아등바등 애쓰며 살다 보면 불행해질 뿐이다. 결국 인정이라는 건 내 안에서 일어나는 일이다. 즉, 나만이 나를 인정할 수 있다.

자신이 진정으로 최고의
인생을 살고 있다는 것을
보여주는 가장 확실한 지표는
자기가 최고의 인생을 살고
있다는 걸 남들에게 보여주고
싶다는 욕망이
얼마나 없느냐이다.

당신의 최고의 인생은 타인의
인정을 필요로 하지 않는다.

———

16장

성공한 사람과
실패한 사람의
결정적 차이

"(……) 그쪽에서 아직도 내 대금을 지불 안 했다니까. 나 진짜 열 받아 미치겠어"라며 회사의 콘텐츠 책임자인 애덤이 분노를 터트리며 가방을 바닥에 내팽개치더니 잔뜩 심통 난 얼굴로 의자에 털썩 주저앉았다. 그날은 달의 마지막 날이었는데 뉴욕에 있는 그의 고객 하나가 세 달 연속으로 대금을 제때 지불하지 않았던 것이다. 애덤은 그날 하루 종일 퉁명스럽고 불쾌하고 우울한 태도로 누군가 그에게 무슨 일 있느냐고 물을 때마다 "고객이 제때 대금을 지불하지 않아서 열 받아 미치겠다"라는 말만 고장 난 레코드처럼 반복했다.

이 문장 구조, 즉 'X가 Y 때문에 날 Z하게 만들었다'는 우리에게 아주 익숙한 구조다. 우리 모두 이와 비슷한 말을 하고, 듣고, 이해한다. 그러나 우리가 이 문장 구조를 사용할 때마다 우리는 스스로에게 거짓말을 함과 동시에 큰 해를 끼친다는 걸 이해하는 것이 중요하다. 왜냐하면 이런 문장은 우리가 우리의 감정에 대해 가지는 모든 책임을 약화시키면서, 우리의 감정을 통제하는 열쇠를 미덥지 않은 외부의 힘에게 홀랑 넘겨버리는 구조를 취하고 있기 때문이다.

애덤이 하루 종일 반복적으로 그 대금 문제에 대해 징징대며 불평하는 걸 듣고 있던 나는, 마침내 보고 있던 노트북을 덮고 애덤에게 같이 이야기 좀 하자고 했다.

"대체 무슨 일 때문에 그래요?" 내가 묻자, 애덤은 다음과 같이 설명했다. 이 뉴욕에 있는 고객이 매번 제때 대금을 지불하지 않아서 이번 휴가를 위해 계획한 여러 가지 예약의 기회가 날아갔고, 그 문제로 여자 친구가 화를 낼 것은 불 보듯 뻔한데, 특히 요즘 여자 친구와 사이가 썩 좋지 않아서 상황은 더 나빠질 것이고, 그러면 그들 사이는 아주 위태로워질 것이며, 혹시라도 그러다 결국 헤어지게 되면 따로 나와 살 곳을 찾는 게 너무나 골치 아플 텐데, 최악의 경우 다시 부모님 집으로 들어가야 될 수도 있고, 그럼 또 …….

"그만!" 내가 애덤의 말을 끊었다. "그 대금 인보이스 좀 보여주세요."

애덤은 뉴욕의 고객에게 보낸 마지막 세 건의 대금 인보이스를 노트북에 띄워 보여주었다. 빠르게 그것들을 훑어보다 보니 몇 군

데 걱정스러운 부분이 눈에 띄었다. 그가 보여준 세 건의 인보이스 어디에도 대금 지불 마감일이 명시되어 있지 않았으며(그의 말에 의하면, 당연히 그쪽에서 지불 마감일을 알고 있을 거라 생각했다고 한다), 회사 로고도 없고, 너무 보기 안 좋은 양식을 쓴 데다가, 애매모호한 용어들로 작성되어 있어서 한마디로 아마추어가 작성한 것처럼 보였던 것이다. 나는 애덤 옆에 나란히 앉아서 5분간 그의 인보이스 양식을 다시 만들었다. 정확한 대금 지불 마감일을 확실하게 써넣었고, 양식 전체를 좀 더 프로페셔널하게 보이도록 수정했으며, 대금 지불이 지연될 경우의 추가적인 연체료를 명시했다. 나는 "앞으로는 이 양식을 쓰세요"라고 말한 후, 다시 내 노트북으로 집중을 돌렸다.

그 일이 있은 후 세 달이 지난 어느 날, 애덤은 나에게 이런 이메일을 보냈다. "스티븐, 인보이스 관련해서 날 도와줘서 다시 한 번 고마워요. 당신이 양식을 고쳐준 뒤로는 그 고객이 단 한 번도 대금 지불을 미루지 않았지 뭐예요. 하! 완전 대박이죠."

이 이야기가 주는 교훈은 무엇인가? 한마디로 책임이다. 내가 점점 나이가 들어갈수록, 그리고 사업과 일의 영역에 점점 더 깊이 들어갈수록 '가장 행복하고 섹시한 백만장자들', 즉 가장 충만한 인생을 살고 있고 연애에서나 일에서나 성공한 사람들과 가장 불행하고 연애에서도 가망이 없으며 가난한 사람들과의 사이에는 핵심적인 차이가 있다. 그것은 바로 전자의 사람들은 자기 인생에 책임을 질 줄 아는 능력과 의지를 가지고 있다는 점이다. 사람들은 자신의 인생에 벌어진 좋은 일을 책임지는 데 있어서는 다들 전문가다. 백만장자가 되셨네요? '네, 저는 자수성가했어요!' 대단한 책을 쓰셨다고요? '네, 다 제가 생각해 낸 거예요!' 내기에서 이기셨군요? '네, 이길 줄 알았거든요!' 하지만 반대로 자신의 삶에 불행과 실패, 고난이 찾아왔을 때, 많은 사람들이 그에 대해 책임을 지려 하지 않는다. 집세를 벌지 못하고, 직장에서 잘리고, 살이 찌고, 운전면허 시험에서 떨어지고, 연인에게 차인 것에 책임을 지고 싶어 하는 사람이 어디 있겠는가? 아무도 없다.

만약 애덤이 'X가 나를 화나게 만들었어'라고 생각한다면, 앞으로 그는 더 자주 화가 나게 될 것이고, 화난 상태가 더 오랫동안 유지될 것이다. 반면, 그가 그 문장을 'X 때문에 내가 나 스스로를 화나게 했어'라고 재구성하는 법을 배운다면, 앞으로는 화가 덜 자주 나게 될 것이고 화가 사그라드는 시간도 더 빨라질 것이다.

우리의 감정적인 반응은 우리의 잘못이자 우리의 책임이다. 그걸 깨닫는다면 우리의 감정을 통제할 수 있는 힘을 가지게 된다. 하지만 만약 그 힘이 없다면 테러리스트들에게 납치된 비행기의 상황처럼 우리의 감정은 다른 누군가 혹은 다른 무언가에 의해 통제당할 것이다. 자신의 감정적인 반응에 대한 통제력을 가진다는 것은 명확하게 생각하고, 반응하고, 이성적으로 행동할 수 있다는 뜻이고, 이성적인 사고는 결국 성공적인 결과로 이어질 가능성이 훨씬 높다.

화가 났을 때 'X가 나를 화나게 했
어'라고 말한다면 앞으로
더 자주 화가 나게 될 것이다.

'X 때문에 내가 나 스스로를
화나게 했어'라고 말한다면
앞으로는 화가 덜 자주 나게
될 것이다.

자신의 감정적인 반응은 자기
잘못이자 자기 책임이다.
그걸 깨달은 사람은 자신의 감정을
통제할 수 있는 힘을 가지게 된다.

———

우선순위의 법칙

자신의 잘못과 실패, 나약함, 미숙함, 어리숙함을 인정하는 것은 우리의 다치기 쉬운 자신감이나 여리디여린 자존감이 매번 견뎌내지는 못하는 방식으로 스스로에게 불편한 거울을 비추는 것과 같다. 니르 이얄의 말대로 우리가 심리적 불편을 피하면서 살아가고 있는 것이 맞다면 우리가 책임을 받아들이는 것을 자동반사적으로 거부하는 것은 어쩌면 우리의 자아상이 상처를 입지 않도록 하려는 방어기제일지도 모른다.

여러분이 인생에서 일어나는 일들에 대한 통제권과 책임을 가지고 있다고 믿는다면, 여러분은 심리학 용어로 '내적 통제 소재'를 가지고 있는 것이다. 반면, 여러분이 인생에서 일어나는 일들을 통제할 수 없고, 그에 대한 책임 역시 외부의 변수에 있다고 생각하는 사람이라면, '외적 통제 소재'를 가지고 있는 것이다. 이 통제 소재는 우리 삶에서 일어난 사건에 대해 우리가 어떻게 반응하는지에 관한 것뿐만이 아니라, 어떤 것을 행동으로 옮기게 하는 동기가 가장 필요할 순간에 그 동기에도 영향을 미친다. 만약 여러분이 자기 운명의 열쇠를 쥐고 있다고 믿는다면 어떤 상황을 바꾸어야 할 때 그렇게 하기 위해 필요한 일을 실제로 할 가능성이 높다. 반면에 어떤 일의 결과란 그저 우리의 통제권 밖에서 정해지는 것이라고 믿는다면 변화를 가져오기 위해 노력하거나 개선하기 위해 상황을 객관적으로 바라볼 가능성이 더 낮다. 애덤이 그랬던 것처럼 말이다.

과학은 내적 통제 소재 또는 외적 통제 소재를 가진 사람들에 대해 다음과 같은 중요한 이야기를 전해준다.

내적 통제 소재를 가진 사람들	외적 통제 소재를 가진 사람들
• 자신의 행동에 대한 책임을 질 가능성이 높다. • 다른 사람들의 의견에 영향을 덜 받는 편이다. • 자신에게 맞는 속도로 일할 때 능률이 더 좋다. • 자기 효능감이 대체로 높다. • 자기가 원하는 것을 얻기 위해 열심히 노력하는 편이다. • 어려운 일에 직면했을 때 자신감 있게 대처한다. • 신체적으로 더 건강한 쪽에 속한다. • 더 행복하고 더 독립적인 것으로 알려져 있다. • 직장에서 더 큰 성공을 거두는 경우가 많다.	• 자신의 처지에 대해 외적인 요소를 탓한다. • 성공을 하면 운이 좋았다거나, 그럴 운명이었다고 생각한다. • 노력을 통해 자신의 환경을 바꿀 수 있다는 것을 믿지 않는다. • 어려운 상황에 직면했을 때 흔히 가망이 없다거나 무기력하다고 느낀다. • 학습된 무력감을 경험하기 쉽다.

중요한 것은 통제 소재는 양 끝이 서로 연결된 하나의 연속체, 즉 스펙트럼이라는 점이다. 100퍼센트 외적이거나 내적인 통제 소재를 가지고 있는 사람은 없으며 대부분의 사람들은 그 양 극단

사이의 어딘가에 놓여 있다.

연구에 의하면, 아마도 사회적 조건화의 결과이겠지만, 남성이 여성보다 더 높은 내적 통제 소재를 가지고 있으며, 나이가 들어갈수록 통제 소재가 점점 더 내적인 것으로 바뀌는 경향이 있다고 한다.

그날, 확실히 애덤은 아주 외적인 통제 소재를 가지고 있었다. 애덤이 자기에게 일어난 일에 대해 불평하면서 외적인 대상을 탓하는 동안 그는 자진해서 무기력한 피해자가 되었다. 이전에도 일어났던 그 문제에 대한 해답은 구글 검색을 한 번만 해보거나, 지척에 있는 동료들로부터 조언을 구했다면 바로 찾을 수 있었을 거다. 하지만 애덤이 상황을 통제하려 노력하는 것을 포기하고 최악의 경우를 상상하는 일로 도피했기 때문에 해결책이 그를 피해 갔다.

한때는 소셜체인에서 700명 직원들을 거느렸던 나는, 그때 깨달은 것을 바탕으로 가장 빠르게 발전한 사람들과 직업적으로 침체되어 있던 사람들의 '통제 소재'에 관한 아주 명백한 패턴을 발견할 수 있었다. 강한 내적 통제 소재를 지닌 사람들은 일에 있어서 더 성공적이었고, 역경에도 더 잘 대처하였으며, 결과적으로 훌륭한 관리자나 감독관이 되는 쪽으로 나아갔다. 반면, 자기가 잘한 일에 대해서만 책임을 지고, 종종 외부 요인을 탓하며, 어떤 대상을 제물로 삼아 책임을 전가하고, 문제나 실패에 대해 변명을 늘어놓는 사람들은 직업적으로 성공하지 못한 동시에 자기감정으로부터 잘 회복하지 못했다. 이런 사람들은 관리자급의 위치까지 나아가지 못하는 경우가 많았다.

내가 700명의 직원을 거느리는 위치까지 올라갈 수 있었던 가장 중요한 이유는 절대 타협하지 않는 내적 통제 소재와 내 삶에 대한 책임감 덕분이었다. 대학을 중퇴한 열여덟 살의 나는 총소리가 밥 먹듯이 들려오던 어느 동네의 판자로 덧댄 허름한 집에 살고 있었고, 부모님으로부터 의절당한 채 무일푼에, 직업도 없고, 대학 학위도 없는 상태였다. 내가 쥐고 있었던 건 오직 내 삶에 대한 책임감, 그것 하나뿐이었다. 나는 내가 그런 처지가 된 건 전부 나 때문이고, 내가 선택한 결과라는 걸 알고 있었다. 나를 그 위치에 있게 한 건 정부도, 불운도, 내 부모님도 아니었다. 오로지 내가 그렇게 한 것이었다. 그리고 나를 이 위치에 있게 한 것이 나라는 걸 알고 있었기 때문에 나에게는 나를 또 다른 위치, 예를 들면 지금의 내가 있는 위치로도 옮겨놓을 수 있는 힘과 통제력이 있다는 것 또한 알고 있었다. 내 인생에서 가장 힘들고 절박했던 순간에 나는 나 아닌 그 누구의 탓도 하지 않았다. 그리고 만약 그때의 내가 나의 상황에 대한 책임을 외적인 요인으로 돌렸다면, 절대로 그 처지를 벗어나지 못했을 거라고 생각한다. 내가 나의 환경을 통제 가능한 것으로 보지 않았다면, 대체 뭐 하러 그렇게 통제하려고 애를 썼겠는가? 미치지 않고서야 말이다.

어떤 사람들은 나의 이 말을 끔찍하게 싫어할 것이다. 책임의

피해의 99%는 우리의 머릿속에서,
우리와 우리의 생각이
만들어낸 것이다.

피해의 1%만이 현실에서
실제로 일어난 일과
그 결과에 의해 야기된 것이다.

대부분 문제 자체는 문제가
되지 않는다.
그 문제에 대해 스스로가
어떻게 생각하느냐가
문제가 될 뿐이다.

———

거울을 스스로에게 돌리는 것이 불편해서 그럴 것이다. 안타깝게도 자신의 환경에 대한 스스로의 책임은 선택적으로만 논의되며, 정치적인 것처럼 되어버렸다. 내가 선택적으로만 논의된다고 한 이유는, 일부 사람들의 행동은 그들의 환경에 직접적인 책임이 있다는 데에는 모두가 동의하지만(예를 들면 감옥에서 형을 사는 사람들), 병적으로 비만인 사람이나 직장에서 잘린 사람, 또는 파산한 사람에 대해서는 같은 기준의 개인적 책임을 감히 적용하기가 어렵기 때문이다.

물론 이 예시들의 상황은 조금씩 다 다르지만, 그렇다고 해서 그들이 처한 환경에 대해 스스로 책임을 지지 않아도 된다는 뜻은 아니다. 자기 삶에 책임을 지는 사람들은 긍정적인 변화를 겪게 될 확률이 훨씬 높지만, 자신의 책임을 덜어버리는 사람들은 그렇지 못할 가능성이 높다.

이분법적 사고는 문제를 해결하지 못한다

나는 항상 정치에 대해 얘기하는 것을 피해왔다. 특히 CEO 자리에 있을 때는 더 그랬다. 내 위치와 회사 사람들의 정치적 다양성을 고려했을 때, 얘기해 봤자 좋을 게 하나 없는 주제라고 생각했기 때문이다. 좌파 성향의 직원들은 언제나 가장 공개적으로 목소리를 높이는 사람들이었고, 우파 성향의 직원들은 똑같이 열정적이었지만 공공연히 소리를 높이는 건 덜했다. 하지만 이건 책이지 사람들이 280자로 자신의 견해를 내세우면서 줄지어 '비방 릴레이(whataboutry)'를 이어가는 것을 통해 도덕적 우월성을 과시하는 소셜미디어가 아니기 때문에 아마도, 어쩌면 어느 한 범주로 분류될 수 없는 나의 일반적인 견해를 여기에서는 일부 조심스럽게 공유할 수 있지 않을까 싶다.

나는 좌편향적 시각을 가진 진보주의자로 성장했다. 내 정치적 견해의 대부분으로 미루어 보면, 나는 '좌파'에 속한다고 말할 수 있을 것이다. 하지만 다른 무엇보다도 지난 5년간 나의 정치 성향을 중도적인 방향으로 이끈 요인 한 가지는 대다수의 좌편향적 사람들이 가진 편협하고 책임을 회피하는 이야기에 집착하는 경향이었다. 그 이야기인즉, 은연중에 모든 부자들은 그 부를 소유할 자격이 없으며, 사악하고, 이기적이며, 그저 운이 좋았을 뿐이라고 믿는다는 이야기. 또 열심히 노력해 봤자 아무런 소용이 없으며, 우리의 환경은 전적으로 정부 정책이나 운에 의한 결과이고, 극좌 성향의 내 친구가 트위터에 썼듯이 보수-우파 당이 정권을 잡으면 "우리는 다 망한다"는 그런 이야기다.

나는 이런 이야기들이 너무나도 이분법적이고, 외적 통제 소재를 내세워 개인의 책임을 회피하는 데 여념이 없기 때문에 거부감이 든다. 우리 사회가 구성원 모두에게 안전망과 부자증세, 보편적 보건 의료를 제공한다고 믿는 나로서는 자기 삶에 대해 스스로 져

　　　　　　　16장 · 성공한 사람과 실패한 사람의 결정적 차이

야 하는 책임을 외부로 돌리거나 남의 성공을 비난하고, 성공하지 못한 사람들의 피해 의식을 부추기는 그런 이야기들에 동의할 수가 없다. 용납이 안 된다. 만약 내가 불합리하게 남을 탓하는 일에 심취하고 자신의 책임을 회피하는 그런 사람이 된다면 나는 이만큼 행복해질 수 없고, 사랑을 하는 게 더 어려워질 것이며, 직업적 성공은 지금보다 더 이루기 어려워질 것이다. 과학적인 연구 결과가 그렇게 말해주고 있다.

그렇다면 나는 뭔가? 나는 어떤 정치적 성향에 속한 사람인가? 나는 어떤 상자에 들어맞는 사람인가? 다시 한 번 말하지만, 나는 아마 그 어떤 곳에도 속하지 않을 것이고, 또 말하지만, 그래도 괜찮다. 나는 그냥 한 사람이지, 어떤 꼬리표가 아니기 때문이다. 그리고 나는 그게 좋다고 생각한다. 왜냐하면 우리가 세상의 문제들을 이분법적으로 보면 볼수록(경찰 대 사람, 시민 백인, 좌파 대 우파, 남자 대 여자, 빈곤층 대 부유층), 문제를 해결하는 데 더 방해만 될 뿐이기 때문이다.

살면서 가장 힘들고 절박했던 순간
그 누구의 탓도 하지 않았다.

내가 쥐고 있었던 건
오직 내 삶에 대한 책임감
그것 하나뿐이었다.

———

16장 · 성공한 사람과 실패한 사람의 결정적 차이

당신처럼 게으른 내가 성공할 수 있었던 이유

여러분이 '성공한 사람들의 습관'에 대한 온라인 기사들 중 하나를 읽은 뒤에 내가 지난 5년간 어떻게 살아왔는지를 알게 된다면 내가 이 나이에 이 정도의 성공을 거뒀다는 점이 상당히 놀랍게 느껴질 수 있다.

나는 성공한 사람들의 습관에 관한 여러 지면을 통해 나 역시 가끔 접하게 되는 그런 초인적인 로봇이 아니다. 매일 새벽 4시에 일어나서 채소 주스를 갈아 마시고, 명상을 하고, 신문을 읽고, 하루도 빠지지 않고 한 시간씩 아침 조깅을 하는 그런 초인적인 기업가들 말이다. 나는 그런 글들이 장려하는 완벽함에 대한 이야기가 너무도 순진하고, 솔직하지 못하며, 아무런 도움이 안 된다고 생각한다.

이 자리를 빌려 잠시 솔직해져 보겠다. 나는 결코 규칙적으로 생활하는 사람이 아니다. 아침에 일찍 일어나는 것도 싫고, 매일같이 명상을 하지도 않는다. 이른 시간에 꼭 참석해야 하는 회의가 있는 게 아니라면, 알람도 따로 맞추지 않고 그냥 눈이 떠질 때 일어난다. 건강식을 먹을 때도 있지만 가끔은 몸에 안 좋은 음식들을 먹을 때도 있다. 어떨 때는 규칙적으로 절제된 생활을 잘 해나가다가도 또 어떨 때는 그렇지 못하고 늘어질 때도 있다. 내 수면 패턴은 스케줄에 맞춰서 그때그때 달라지지, 수면 패턴에 맞춰서 스케줄을 짜지 않는다. 나는 할 일을 자주 미루고, 쉽게 집중이 흐트러지는 편이고, 너무나 많은 시간을 인터넷에 푹 빠져 보낸다. 그 '성공한' 사람들도 나처럼 솔직하게 말할 용기가 있다면 아마 그들의 99% 가 이와 비슷하게 살고 있을 것이라고 생각한다. 내가 이렇게 솔직히 인정함으로써 여러분이 나에게 조금이나마 실망했다면 여러분이 나에 대해 가졌던 이미지가 애당초 사실과 달랐다는 뜻이다.

나의 성공이 내가 끊임없이 의욕적으로 살아온 결과라고 생각한 사람들은 '어떻게 항상 동기 부여된 상태를 유지하나?'와 같은 질문을 종종 한다. 그에 대한 내 답은 여러분도 이미 짐작했겠지만 '그렇지 않다'이다. 항상 동기 부여가 되어 있는 사람은 없다. 나 역시 내가 해야 하는 수많은 일들에 대해 별로 '의욕적이지' 않으니까.

동기란 대체로 그것을 특정한 방식으로 묘사한다거나, 클릭 수를 늘리기 위해서 지나치게 단순화한다거나, 사람들로부터 존경심을 자아내기 위해 그 뜻을 왜곡시키고자 하는 의도가 있는 사람들에 의해 잘못 설명되고 있는 개념이다. 지금부터 동기의 실체에 대해 내가 아는 모든 것을 이야기해 보도록 하겠다.

당신의 목표, 당신의 행복, 당신의 후회

내적인 동기는 우리 안에서 시작되지만 외적인 동기는 바깥에서 유발된다. 우리가 내적인 동기를 가지고 있을 때는 그 행위 자체가 즐겁고, 그로부터 개인적인 만족을 얻기 때문에 적극적으로 참여한다. 반면, 외적인 동기를 가지고 있을 때는 돈이나 타인으로부터의 인정과 같은 외적인 보상을 얻거나 직업을 잃는 것과 같은 문제를 피하기 위해 무언가를 하게 된다.

소셜미디어, 부모들, 전통적인 매체, 광고, 대중문화, 그리고 그밖의 다른 형태의 외적인 사회적 조건들은 세상에는 우리가 되어야 할 '올바른' 어떤 것이 존재한다는 걸 믿게 만들었다. 여러분의 엄마와 아빠는 그것을 아마 변호사나 의사라고 했을 것이고, 소셜미디어는 그것을 인플루언서나 잘나가는 기업가, 유튜버, 혹은 자선사업가라고 할 것이다. 또 전통적인 매체는 아마도 운동선수나 배우라고 할 것이며, 광고는 모델, 대중문화는 래퍼나 셀러브리티가 되는 게 좋다고 할 것이다.

이런 외적인 '올바른' 정답 외에, 내적인 '올바른' 정답도 있다.

그것은 바로 여러분이 진짜로 되고 싶은 것(들), 여러분이 유독 뛰어나게 잘하는 관심사(들), 여러분이 진정으로 되고 싶은 사람, 절대 일로 받아들이지 않을 '일', 어른이 되어서도 변하지 않는 어린 시절의 꿈, 너무나도 추구하고 싶은 경력(들), 또는 진심으로 살고 싶은 인생과 같은 것들이다. 어쩌면 여러분은 코스타리카의 산맥을 그리거나, 자신만의 요리책을 쓰거나, 조종사가 되거나, 실리콘밸리에서 자동차를 만들거나, 인도에서 동물들을 돌보거나, 앨범을 내거나, 춤을 추거나, 역사를 공부하고 싶었던 건 아닌가?

외부의 사회적 조건들이 우리에게 미친 영향은 지난 20년간 점차 진화되고 강화되어 왔다. 인터넷과 소셜미디어, 그리고 그것을 좌우하는 알고리즘의 출현은 우리가 세상을 보는 방식과 빈도, 그리고 얼마나 정확하게 세상을 보는지를 바꾸어 놓았고, 소셜미디어의 수치들(좋아요 수, 댓글, 팔로워)은 외부 세상이 우리에게 요구하는 역할을 우리가 얼마나 잘 수행했는지를 결정하는 지표가 되었다. 전에 없이 많은 사람들이 기업가, 인플루언서, 프로 게이머, 백만장자, 강연자, 자기계발 전문가, 패션모델이 되고 싶어 한다. 이는 인터넷이 그런 직업들이야말로 '올바르고', 타당하며, 가장 존경받을 만한 것들인 동시에 가장 성취감이 높은 직업이라고 말하고 있기 때문이다.

따라서 우리 대부분은 외적인 '올바른' 정답들과 내적인 '올바른' 정답들 사이에서 갈등하고 있으며, 너무 자주 뭐가 뭔지 헷갈려 한다. 만약 '행복하고 섹시한 백만장자'가 되어야 한다는 외부의 압력이 강하고 본인 역시 타인의 인정을 받으려는 마음이 크다면 자신의 내적인 욕구는 주목받고 추구되거나 달성될 가능성이 거의 없다. 그렇게 되면 결국 우리는 자기가 실제로 원하지 않는, 진정으로 성취감을 느끼게 해주지 못할 그 무언가를 진심으로 원한다고 믿으며 살아야 할 것이다. 그리고 그 외적 목표를 달성하고 난 뒤에야 그게 얼마나 공허한 것인지 깨닫게 될 것이다. 내가 그랬던 것처럼.

마찬가지로 의사가 되라는 부모님의 강요가 하늘이 두 쪽 나도 흔들리지 않을 정도로 강력한 데다 그들을 만족시키고 싶다는 본인의 바람 역시 크다면 발레 무용가가 되고 싶다는 자신의 내적 욕구는 끝내 고개를 들지 못할 것이다. 이후 그저 의사가 되고 싶다고 믿으면서 영혼 없이 목표를 이루기 위해 살다가 중년의 위기가 찾아오면, 그제야 이미 알고 있었던 마음속 깊은 곳에 숨어 있던 의사가 아닌 무용수가 됐어야 했다는, 내적 욕구를 다시금 깨닫고 후회하게 될 것이다.

여러분은 자신의 목표와 야망 뒤에 담긴 논리와 가치, 근거를 자기 인생이 걸린 것처럼 낱낱이 살펴봐야 할 것이다. 왜냐하면 거기에는 정말로 여러분의 인생이 걸려 있기 때문이다. 사실 대부분의 사람들은 자신의 내적 목표와 외적 목표의 차이를 알지 못한다. 나는 당신의 목표가 무엇이냐는 질문에 대해, '세상을 바꾸는 것'

당신이 후회하게 될 것들:

1) 자신의 가능성을 남들의 의견 뒤에 갇혀 있게 내버려둔 것
2) 현재를 살기보다는 과거에 얽매여 산 것
3) 진정으로 나를 위하지 않는 사람들과 시간을 보낸 것
4) 가족에게 소홀했던 것
5) 위험을 감수하고 도전하지 않은 것

———

이라고 답하는 혈기 넘치는 젊은 사람들을 많이 봤다. 그 답변은 표면적으로는 존경할 만한 것이지만, 그것이 그들의 진정한 내적 목표가 아닌 것만은 확실하다. 세상을 바꾸는 것은 단지 자신의 내적 목표를 달성했을 때 부수적으로 따라올 수 있는 하나의 결과에 불과하다.

그들이 실제로 원하는 것은 '세상을 바꾸고' 싶은 게 아니라 그를 통해 얻을 수 있다고 믿는 타인으로부터의 존경과 사회적 지위, 그리고 드높여진 자존감이다. 만일 그들이 정말로 세상을 바꾸고 싶다면 보상이 아닌 목표에 집중했을 것이다. 예를 들자면 "전기 자동차 업계에서 일하고 싶다"거나 "암 치료법에 대해 연구하고 싶다" 혹은 "항공 우주 기술 분야에서 일하고 싶다"라고 했어야 한다. 그 진실되고 구체적인 목표야말로 세상을 바꾼 기업가, 발명가, 자선 사업가 들이 결과적으로 세계적인 존경을 받을 수 있도록 만들어준 모든 업적의 시작점이다.

앞에서도 이야기했지만, 지금의 세대는 너무나 빨리 그들이 가진 외적인 존경(그들이 인스타그램에서 팔로우한 '성공한' 사람들에 대한 존경)과 자신의 내적 목표, 자신의 삶, 자신의 미래를 구분하지 못하고 하나로 합쳐버린다. 하지만 이는 성공한 사람이 되기 위해 필요한 동기와 자신의 개인적인 목표를 좇는 데서 오는 행복 모두를 잃게 만드는 크나큰 실수다.

우리의 내적 욕구가 이기지 못하면, 우리도 지게 된다.

17장 · 당신처럼 게으른 내가 성공할 수 있었던 이유

과학적 연구 결과는 이를 더할 나위 없이 분명하게 보여준다. 2009년에 진행된 한 연구에서 갓 대학을 졸업한 147명의 학생들에게 그들의 인생 목표와 그들이 행복한지 혹은 불행한지의 여부에 대해 물은 적이 있다. 그들이 답한 내적 목표에는 친밀한 관계, 지역 사회에 대한 기여, 개인적 성장, 직업적 야망 등이 있었고, 외적 목표에는 돈, 명예, 매력적인 대중적 이미지 등이 포함됐다.

연구 결과는 너무나도 명백했다. 자신의 내적 목표를 인지하고 있는 학생들은 높은 행복도를 보인 반면 외적 목표만을 달성한 학생들은 행복과 관련한 측면에서 별다른 개선점을 보이지 못했다. 이를 통해 연구자들은 외적인 목표를 추구하는 사람들은 그 목표를 이루고 난 이후 순간적인 만족감을 느낄 가능성이 있으나 그것은 결코 오래 유지되지는 않는다는 이론을 세우게 되었다.

따라서 자신이 진짜로 원하는 바가 무엇인지, 진정한 내가 누구인지를 아는 것과 바깥세상이 되라고 하는 나의 모습과 내가 진정으로 되고 싶은 나의 모습 사이의 차이를 아는 것은 말로 다 표현할 수 없을 정도로 중요하다.

더 이상의 치료가 무의미해서 집으로 보내진, 죽음을 코앞에 둔 환자들을 돌봐온 호주 출신의 간호사 브로니 웨어(Bronnie Ware)에 대해 들어본 적이 있을 것이다. 그녀는 그 환자들이 숨을 거두기 약 3주에서 12주 전부터 그들이 지난날을 회상하고, 후회하고, 가끔은 두려워하면서 보내는 시간을 곁에서 함께했다. 그녀가 그 환자들에게 지난 인생에서 후회되는 부분이나 다른 결정을 내렸더라면 하고 바라는 부분이 있냐고 물었을 때, 환자들로부터 비슷한 이야기를 반복적으로 들을 수 있었다고 한다. 그녀의 책 『죽기전 가장 후회되는 다섯 가지(The Top Five Regrets of the Dying)』에 의하면, 그녀가 돌본 환자들이 공통적으로 가장 흔하게 이야기했던 후회는 "남들이 기대하는 대로 살지 않고, 나다운 삶을 살 용기가 있었다면 좋았을 텐데"였다고 한다. 이는 죽음을 앞둔 사람이 떠올릴 수 있는 그 모든 후회들 중에서 진정으로 마음속 깊이 원하는 삶이 아닌 외적인 동기를 좇는 삶을 산 것이 가장 큰 후회로 남았다는 것을 알 수 있는 부분이다.

그 부분을 읽었을 때, 나는 마치 벽돌로 머리를 세게 얻어맞은 것 같은 기분이 들었다. 생의 마지막에 가까워진 한 인간이 자신의 인생을 되돌아보는 과정에서 얻은 명료함이 바로 거기에 담겨 있었다. 아직은 그 시기가 나에게도, 바라건대 여러분에게도 오지 않았지만, 브로니가 돌보았던 환자들이 가장 흔하게 표현했던 후회가 그것이라면, 우리는 반드시 귀 기울여 들어야 한다. 후회란 사람의 마음을 좀먹는 끔찍한 것으로, 종종 돌이킬 수 없는 실수를 의미한다. 그러니 꼭 후회할 일을 만들지 않길 바란다. 부디 자신의 의지대로, 자신이 원하는 것을 꿋꿋하게 좇으며 살기 바란다. 이건 당신의 인생이고, 당신이 져야 할 후회로 남을 것이기 때문에 당신의 결정대로 살아야 한다.

17장 · 당신처럼 게으른 내가 성공할 수 있었던 이유

번아웃과 무기력을 이겨내기 위해서는

여러분이 진정한 자신이 아닌 다른 사람이 되려고 하거나 다른 사람의 삶을 살려고 한다면 그렇게 해야만 하는 동기를 찾느라 힘들어질 것이다. 그럼 여러분은 머지않아 우리 사회가 '번아웃'이라고 부르는 불쾌한 무언가를 마주하게 될 가능성이 높다.

번아웃이란 과연 무엇이고, 무엇이 그것을 야기하는가에 대해 많은 논의가 이루어져 왔다. 나는 번아웃을 야기하는 주된 요인 중 하나는 외적인 목표를 이루기 위해 쉼 없이 달리는 것이라 생각한다. 즉, 어떤 사람이 단지 급여가 높다는 이유만으로 별로 좋아하지도 않는 일을 몇 년에 걸쳐 장시간 해왔다면 그 사람은 번아웃으로 가는 지름길에 서 있는 것이나 다름없다.

이렇게 말할 수 있는 이유가 있다. 내가 진심으로 좋아하는 일을 했을 때는 얼마나 오랫동안 그 일을 하는지와 상관없이 번아웃을 경험해 본 적이 단 한 번도 없기 때문이다. 사람들은 자기가 제일 좋아하는 축구팀의 경기를 보거나, 즐거움을 위해 예술 작품을 만들거나, 좋아하는 게임을 하면서 번아웃을 겪지 않는다. 하지만 외적인 보상을 위해 외적인 목표들을 오랫동안 추구하면 번아웃은 결코 피할 수 없는 것이 되고 만다.

나는 열한 살 때부터 열여덟 살 때까지, 여러분의 대다수와 마찬가지로 세상에서 가장 지루한 곳인 고등 교육 체계에 속해 있었다. 그 말은 곧, 호기심 많고 현실적이며 에너지 넘치던 아이인 내

"사람들은 25살에 죽지만
75살이 되어야 묻힌다."

벤저민 프랭클린

17장 · 당신처럼 게으른 내가 성공할 수 있었던 이유

가 하루에 일곱 시간씩 8년 동안 하얗고 작은 상자 안에 갇혀서 쥐꼬리만 한 급여에 일만 잔뜩 맡은 선생님이 자신에게 관심을 집중시키려 애쓰는 걸 억지로 듣다가 수업종이 치고 나서야 겨우 풀려나는 생활을 했다는 뜻이다. 사람들은 왜 내 출석률이 30%밖에 되지 않았고, 결국 학교에서 퇴학까지 당하게 됐는지 궁금해한다. 그에 대한 답은 '학교가 고통스러울 정도로 지루했기 때문'이다. 그당시 내게는 학교에 가거나 숙제를 해 갈 그 어떤 내적 동기도 없었다.

이후 그 아이는 18세부터 25세까지 7년 동안 그야말로 쉼 없이 매일같이 출근해 모든 과제를 빠짐없이 해내면서 지난 10년간 마케팅 업계에서 가장 인상적인 회사를 키워냈다. 이는 자칫 어려서는 내가 게을렀다가 나이가 들면서 점점 정신을 차리게 된 것처럼 보일지도 모르겠지만 그건 결코 아니다. 나는 태생적으로 게으른 사람이 아니었던 것이다. 나 역시 여러분처럼 내적 욕구로 인한 동기가 부여되지 않는 일을 오랫동안 하는 데 관심이 없었을 뿐이다. 내적 소망과 맞아떨어지는 일을 할 때 나는 세상에서 가장 열심히 일하는 사람이 된다. 그러고 나면 내가 14장에서 강조했던 그 중요하기 그지없는 꾸준함을 이룰 수 있게 되고, 셀 수 없이 오랜 시간 협곡을 깎아 내린 강물처럼 경탄을 자아내는 결과를 만들어낸다. 기억조차 희미하지만 D, C, D, E, B 따위로 가득했던 내 학교 성적과는 다르게 말이다.

너라는 사람은 썩 괜찮은 사람

실은 그 누구도 실제로 섹시하고 유명한 백만장자가 되고 싶어 하지 않는다. 그 산더미같이 많은 물건들도, 스포츠카도, 으리으리한 저택도 원하지 않는다. 본질적으로 우리는 그저 그것들이 우리에게 가져다줄 것이라 믿는 무언가를 원할 뿐이고, 그것들이 느끼게 해줄 것이라 생각하는 어떤 느낌을 원할 뿐이다. 가장 근본적인 수준에서 말하자면 우리는 그저 행복하기를 원한다. 다만 어떠한 물건이나 지위, 그리고 타인의 인정이 우리를 행복하게 해줄 것이라고 잘못 생각하고 있는 것일 뿐이다. 그렇지만 궁극적으로 우리를 행복하게 만들어줄 열쇠를 쥐고 있는 것은 우정, 성취감, 우리의 참된 열정과 같은 내적인 것들이다.

그 내적인 요소들은 성공으로 가는 열쇠 또한 쥐고 있는 듯 보인다. 우리가 내적으로 발현된 목표를 이루기 위해 노력한다면 번아웃을 막는 동시에 그 목표를 향해 한 발짝씩 꾸준히 나아갈 수 있게 하는 동기를 갖추게 될 것이다. 결국 위대한 자신이 되는 유일한 방법은 인생을 자기답게, 자기 스스로를 위해 사는 것이다.

인생은, 내가 나 아닌 다른 사람이 되려 한다면 그 어떤 사람도 되지 못할 가능성이 높다는 것을 가르쳐주었다. 결국 우리가 유일하게 될 수 있는 위대한 사람은 우리 자신의 가장 위대한 버전일 뿐이며, 그 사람은 꽤 괜찮은 사람이다.

당신이 다른 사람이 되려
한다면 결국 그 어떤 사람도
되지 못할 것이다.
당신이 유일하게 될 수 있는
위대한 사람은 당신 자신의
가장 위대한 버전일 뿐이며,
그 사람은 꽤 괜찮은 사람이다.

____

누가 돈을 주기 시작하면 더 힘들어진다

외적인 보상이 우리의 내적 목표에 끼치는 영향에 대해 아는 것은 매우 중요하다. 처음에는 내적인 동기로 시작되었던 어떤 목표의 동기 부여 요소가 어느 순간부터 돈이 되어버린다면 그 동기는 위험에 처하고, 따라서 그 목표를 이루게 될 확률도 줄어든다. 다시 간단하게 설명하자면, 여러분이 좋아하는 일을 하는데 누군가 여러분에게 돈을 주기 시작한다면 그 좋아하는 일을 하는 동기의 일부를 잃게 될 것이라는 말이다.

1970년대, 심리학자들은 자기 주도적인(또는 내적인) 동기와 외부의 영향력(외적 동기) 사이의 관계에 대해 연구했다. 이 연구를 통해 부각된 심리학 용어가 있는데, 바로 '약화 효과(undermining effect)'다. 이는 사람들이 자신의 내적 동기에 의해 좋아하는 어떤 활동을 하고 있는데 어느 순간 이 일에 보상을 제공하면 이 활동에 대한 기존의 동기가 약화된다는 내용을 담고 있다.

한 실험에서 참가자들을 임의적으로 두 개의 그룹으로 나눈 뒤 그들로 하여금 원래부터 그들이 좋아하던 흥미로운 과제를 수행하도록 했는데, 여기서 한 그룹의 참가자들에게만 그 과제를 잘 수행했을 때 보상으로 돈을 지급하겠다고 했다. 이후, 똑같은 실험에서 참가자들에게 아무런 보상도 약속하지 않고 또다시 과제 하나를 고르라고 했다. 그러자 앞에서 보상을 받았던 그룹의 사람들은 더 이상 보상을 받지 못하게 되자 전에 했던 과제를 또다시 선택하는 비율이 줄어든 반면, 이전에도 아무런 보상을 받지 않았던 그룹의 사람들은 전과 똑같은 과제를 선택하는 비율이 높았다. 즉, 돈이라는 보상이 그 활동에 대한 그들의 내적 동기를 약화시킨 것이다. 이 심리학적 현상은 이후 여러 연구자들의 수많은 실험을 통해서도 계속해서 나타났다.

여러분은 이 내용에 공감할 수 있을 것이다. 나는 확실히 공감이 간다. 나는 내가 하는 어떤 일이 내적인 성취감보다는 보상을 위한 것이 될 때 그 일을 할 동기를 잃게 되는 편이다. 강연이든, 내 브랜드든, 콘텐츠 제작이든, 그 어떤 일도 거기서 얻는 내적인 즐거움 때문이 아니라 돈 때문에 하는 일이 되어버리면 놀랍게도 그 일은 더 이상 하기 어려운 일이 된다. 내 소셜미디어 채널들이 점점 커질수록, 그리고 그것이 점점 더 좋아요 수, 팔로워 수, 돈과 같은 외적 보상에 대한 것이 되어갈수록 그 채널들을 운영할 동기는 점점 더 줄어든다.

이 '약화 효과'는 '자기결정성 이론'이라는 것을 통해 설명할 수 있다. 자기결정성이란 사람들이 자기 삶에 대한 통제력을 느끼고자 하는 욕구에 대한 것이다. 내적인 동기는 우리의 '진정한 자아'를 따라 우리의 행동을 이끌어 가는 것이고, 외적인 동기는 우리를 다른 이들의 기준에 맞춰 살아가도록 만드는 것이기 때문에 서로 정반대되는 것으로만 보일 수 있지만, 이 두 가지의 동기 유형들 간에는 자기결정성 이론이 탐구하는 또 다른 중요한 차이가 있다.

절대로 당신의 행복을
직업, 돈, 인정욕구, 인기,
지위와 바꾸지 마라.

궁극적인 목표는
행복해지는 것이다.

부, 성공, 명예, 업적은
행복이라는 목적에 기여할 때만
가치 있는 것이다.

———

17장 · 당신처럼 게으른 내가 성공할 수 있었던 이유

우리는 단 한 가지 유형의 동기에 의해서만 움직이지 않는 꽤 나 복잡한 존재들이다. 다양한 목적과 욕구, 생각 들이 우리가 원하는 것과 필요로 하는 것을 알려주기 때문에 동기를 어떤 이분법적인 개념으로 생각하기보다는 '비자기결정적'인 것(남들에 의해 하도록 강요받은 것)과 '자기결정적'인 것(스스로 하고자 선택한 것)의 스펙트럼 위에 놓인 어떤 것으로 생각하면 도움이 된다.

자기결정성은 일반적으로 개인의 목표이기는 하지만, 외부의 요인들로부터 동기를 얻는 것은 어쩔 수 없는 현상이고, 또 그것이 항상 나쁜 것만도 아니다. 내적 동기와 외적 동기 모두 우리의 행동에 지대한 영향을 주는 요소들이고, 둘 다 자기결정성 이론 모델이 규정하는 '세 가지 기본 욕구'를 충족시키는 방향으로 우리를 움직인다.

1. **자율성**: 사람들은 자기 운명의 주인은 바로 자신이며, 자신의 삶을 어느 정도 통제할 수 있다고 느끼고자 하는 욕구가 있다. 가장 중요하게는, 사람들은 자신의 행동을 통제할 수 있다고 느끼고자 하는 욕구가 있다.

2. **유능감**: 우리의 성취와 지식, 기술에 영향을 미치는 또 다른 욕구다. 사람들은 자신의 능력을 향상시키고, 자기가 중요하게 생각하는 일에서 숙련도를 높이고자 하는 욕구가 있다.

3. **관계성**: 사람들은 소속감과 자신이 다른 사람들과 연결되어

있다는 느낌을 받고자 하는 욕구가 있다. 우리는 모두 어느 정도는 다른 사람들을 필요로 한다.

자기결정성 스펙트럼

비자기결정적 ←———————————————————————→ 자기결정적

동기	무동기		외적 동기		내적 동기
조절 방식	무조절	외적 조절	내재화된 조절	동일시된 조절	통합된 조절	내적 조절
동기의 원천은 무엇인가	개인에게 있지 않음	외적	다소 외적	다소 내적	내적	내적
동기를 조절하는 것은 무엇인가	의도적이지 않음, 가치 없음, 무능함, 통제력 결여	준수, 외적 보상과 처벌	자기 통제, 자아, 개입, 내적 보상과 처벌	개인적, 중요성, 의식적 가치 부여	일치, 자각, 자신과의 통합	흥미, 즐거움, 내재적 만족

나는 어쩌다가 의욕을 상실한 인스타그램 남자친구가 되었나

내 전 여자 친구는 인스타그램 모델 같은 걸 했었다. 그러다 보니 같이 휴가를 가면 나는 그녀가 인스타그램에 올릴 사진을 위해 바위 위를 오르고, 바닥에 납작 쭈그려 앉기도 하면서 마치 스나이퍼처럼 조금의 손 떨림도 없이 완벽한 사진을 찍기 위해 노력하는

남자 친구가 되곤 했었다. 나는 그녀의 사진을 찍어주는 게 좋았다. 그건 분명 그녀에게 도움이 되는 일이었고, 원래도 사진 찍는 걸 좋아했기 때문에 그녀가 사진을 찍어달라고 할 때마다 기꺼이 그렇게 했다. 사귄 지 몇 달쯤 됐을 때 함께 갔던 자메이카 여행에서도 그녀는 내게 자신의 휴대폰을 넘겨주며 브랜드 홍보를 위해 쓸 비키니 사진을 몇 장 찍어달라고 했다.

나는 늘 그랬듯 쭈그려 앉아서 그녀의 사진을 한 100장 정도 찍은 후, 다시 그녀에게 휴대폰을 건넸다. 그런데 내가 찍은 사진들을 옆으로 휙휙 넘겨보는 그녀의 모습에서 점점 실망감이 엿보였다. 처음엔 약간 실망한 기색이었던 얼굴이 어느덧 찌푸린 인상으로 바뀌었고, 곧 쯧쯧거리는 불만의 소리로 이어졌다. 며칠 후, 그녀는 내게 또 자기 사진을 찍어달라고 했다. 나는 어쩔 수 없이 사진을 100장 넘게 찍은 후 그녀에게 휴대폰을 돌려주었다. 이번에도 그녀는 사진을 휙휙 넘겨보더니 실망스럽고 답답하다는 표정을 지었다. 그러고는 핸드폰을 나에게 다시 건네더니 짜증 가득한 목소리로 어느 위치에서 사진을 찍어야 하는지, 각각의 사진을 어떤 식으로 찍어야 하는지에 대해 구체적으로 지시하는 것이었다.

이틀 후, 똑같은 루틴이 또 반복되었다. 그녀는 내게 휴대폰을 주면서 자기 사진을 찍어달라고 했다. 하지만 그때 나는 전과는 다른 본능적인 반응을 보였다. 나는 그녀의 사진을 찍고 싶지 않았고, 업무처럼 돼버린 사진 찍어주는 일이 두려워졌다. 그래서 나는 그녀에게 휴대폰으로 타이머를 맞춰서 직접 자기 사진을 찍으면 안 되겠느냐고 물었다. 나는 그녀를 도와주고 싶지 않았던 게 아니다. 진심으로 도와주고 싶었고, 그녀를 도와주는 게 너무나 좋았다. 단지 내가 그녀를 만족시켜 주지 못하고 있고, 뭔가 제대로 해내지 못하고 있다는 느낌이 들어서 이제는 그녀의 사진을 찍어주는 일이 더 이상 기분 좋지 않은 일이 되어버렸던 것이다. 그녀의 피드백이 계속해서 부정적이었다는 이유만으로 전에는 항상 의욕 넘치게 즐기면서 하던 일이 어느샌가 두려운 과제가 되어버리고 말았다.

바로 거기에 동기에 대한 또 다른 중요한 요인이 있다. 어떤 활동을 수행할 때 유능감을 느끼게 하는 인적 교류, 보상, 의사소통, 피드백과 같은 것들이 그 활동을 하기 위한 내적 동기를 강화시켜 준다는 입증된 사실이 바로 그것이다. 어떤 업무를 수행할 때 자신의 유능감에 의문을 갖게 하는 부정적 피드백의 반복은 동기를 좌절시키는 가장 큰 요인 중 하나이다.

긍정적인 피드백과 자신이 유능하다는 느낌을 통해 동기의 강화가 이루어지지만 그것은 그 업무가 자신의 자주적이고, 독자적인, 자유로운 선택이었다고 느낄 때에만 해당되는 이야기다.

따라서 높은 수준의 내적 동기가 존재하기 위해서는 다음과 같은 두 가지의 심리적 욕구가 만족되어야 한다.

1. 유능감 : 그 활동의 결과가 자기 발전과 성공의 느낌으로 이어진다.
2. 자율성과 자유.

내 전 여자친구는 계속된 부정적인 피드백을 통해 내게 무능감을 느끼게 했고, 사소한 것 하나까지 다 통제하고 지시하면서 나에게 아주 약간의 자율성도 발휘하지 못한다고 느끼게 만들었다. 여러분도 이런 파트너와 만났다거나 끊임없이 비판하고 사사건건 지시하는 재수 없는 매니저 밑에서 일해본 경험이 있다면 충분히 공감할 수 있을 것이다. 누군가에게 동기를 부여해 주고 싶다면, 긍정적이고 건설적인 피드백을 주어야 한다. 물론 그들이 칭찬받을 만한 일을 하지도 않았는데 입에 발린 칭찬을 할 필요는 없다. 다만 당신의 비판이 개인적이거나 애매한 비판이 아닌, 건설적인 자기 발전을 향해 있다면 그걸로 충분하다.

이것은 또한 연구자들이 계속해서 돈이나 외적인 보상이 내적 동기를 약화시킨다는 것을 밝혀내게 되는 이유를 설명해 준다. 마침내 내게 수백만의 팔로워가 생겨서 상업적 이윤이 발생하자, 그 이후로는 소셜미디어 채널에 글을 올리고 싶은 마음이 줄어들게 된 이유 역시 설명이 가능하다. 이러한 외적 보상은 분명 우리의 자율성을 약화시키고, 우리의 행동은 스스로의 의지가 아닌 그 보상에 의해 좌우되기 시작한다.

앞 장에서 이미 자기 인생에 책임을 지는 것의 중요성에 대해 살펴보았지만 자율성이 동기를 고무시킨다는 사실이 다시금 그 부분을 주목하게 한다. 이는 왜 높은 수준의 개인적 책임감을 바탕으로 자신의 행동이 결과를 결정한다고 믿는 사람들이 보통 가장 의욕적인 사람들인지 그 이유를 설명해 준다. 왜냐하면 자신이 어떤 결과에 대해 아무런 통제력을 미치지 못한다고 느끼는 사람들은 심리학 이론대로라면 그 일을 할 동기가 별로 없을 가능성이 크기 때문이다. 그러니까, 그 일을 할 이유가 없지 않은가? 자신이 어떤 일을 통제할 수 없다고 느낀다면 굳이 그 일을 왜 하겠는가?

이 장에서 살펴본 모든 내용들을 바탕으로 결론을 내려보도록 하겠다. 여러분 혹은 나의 가장 의욕 넘치는 상태, 즉 높은 '자기결정성'을 가지고 있는 것으로 여겨지는 사람은 내면에서부터 진정으로 원하는 목표, 우리가 진심으로 믿는 가치와 부합하는 목표, 그리고 우리가 자유와 자율성, 스스로에 대한 책임감을 가지고 추구할 수 있는 목표를 이루기 위해 노력하는 사람이다. 그와 더불어 목표를 추구하는 과정에서 건설적이고 긍정적인 피드백을 받으며 유능감을 느낄 수 있다면 더욱 바람직하다.

예를 들어, 중요한 시험에서 떨어진 고등학생이 있다고 상상해 보라. 만일 그녀가 자기결정성이 높고 그에 따라 동기 부여도 잘 되어 있다면 자기 행동에 대해 책임감을 느끼고 스스로의 행동을 통제할 수 있다고 믿을 것이다. 따라서 그녀는 부모님에게 자기가 공부하는 데 더 시간을 썼어야 했다면서 지금부터 공부할 시간을 더 마련해서 시험을 다시 보겠다고 말할 것이다. 앞으로의 행동에 대한 그녀의 계획은 그녀의 부모님이 화를 내든, 무심하든 상관없이 동일할 것이다. 왜냐하면 그녀는 좋은 성적을 받고 싶고, 유능해지고 싶고, 아는 게 많은 사람이 되고 싶다는 내적인 욕구에 의해 스스로 동기 부여가 된 상태이고, 그렇게 되는 것이 그녀에게 있어서 본질적으로, 진정으로 중요한 것이기 때문이다.

그런데 만약 그 학생이 자기결정성이 낮은 사람이라면 그녀는 자기 삶을 스스로 통제할 수 없으며 자신은 그저 환경의 피해자라고 생각할 것이다. 자기가 감당할 수 없는 수준의 어려운 시험 문제를 냈다면서 학교를 탓할 수도 있고, 공부를 도와주지 않았다면서 선생님 탓을 하거나, 집중을 방해했다며 친구들 탓을 할지도 모른다. 그리고 만약 그녀가 성적을 신경 쓴다면 그건 자기 마음에서부터 우러나서 공부를 잘하고 싶다고 생각한 것이 아니라(내적 동기), 아마도 부모님의 인정을 받고 싶다거나 높은 성적을 받음으로써 반에서 자기 이미지를 드높이고 싶다, 혹은 선생님에게 좋은 인상을 남기고 싶다는 마음(외적 동기) 때문일 것이다. 그녀는 자신의 행동이 결과에 대한 책임이 있다고 생각하지 않기 때문에 아마 시험을 다시 보지는 않을 것이다.

마찬가지로 자기가 즐겁게 할 수 있을 것 같아서 새로운 취미를 시작하기로 한 남자는 자기결정성이 높은 사람이지만 반면에 있어 보이거나 멋있어 보인다는 이유로 새로운 취미를 시작하는 남자는 자기결정성이 낮은 사람이다. 또한 이별에 대한 원인을 자기의 모든 전 남자친구들에게 돌리는 여자는 자기결정성을 보이지 못하는 사람이고, 과거의 행복하지 않았던 관계에 자기의 책임도 일정 부분 있었음을 인정하는 여자는 자기결정성을 보이는 사람이다.

여러분은 이 예시들을 관통하는 하나의 주제를 찾아낼 수 있을 것이다. 그것은 바로 자기 행동에 대해 책임을 질 줄 알고, 자기가 믿는 가치와 목표와 부합하는 어떤 행동을 하는 사람들은 자기결정성을 갖춘 동기 부여가 된 사람들이고, 부정적인 결과의 탓을 다른 사람에게 돌리고, 끊임없이 자신을 피해자로 인식하며, 오로지 타인의 인정이나 인식을 위해서 어떤 일을 하는 사람들은 그렇지 않은 사람들이라는 것이다.

의도적으로 우리를 나 아닌 무언가, 또는 누군가가 되도록 몰아가는 권위 있는 외적인 힘의 수가 점점 늘어나고 있는 지금의 상황에서 자기가 진정으로 소중하게 생각하는 것이 무엇인지, 진정한 자신이 누구인지 아는 것은 점점 더 어려운 일이 되어가고 있다. 하지만 그에 맞서 싸우고, 그 모든 잡음들 사이에서 자기 내면의 목소리를 듣고, 그 목소리를 자기 인생에서 가장 영향력 있는 것으로 만드는 것은 우리가 반드시 해내야 하는 일이다.

여러분이 그렇게 할 수 있다면 행복을 찾을 수 있을 것이다.

그리고 거기에 책임감과 자유, 자신이 유능하다는 느낌을 더한다면 여러분의 삶을 앞으로 나아가게 하는 원동력을 찾을 수 있을 것이다.

사랑은 통제하거나
지배하려 들지 않는다.

좋은 리더는 통제하거나
지배하려 들지 않는다.

진정한 친구는 통제하거나
지배하려 들지 않는다.
그렇게 하려 드는 것은 불안이다.

——

18장

세계 최고가
아니어도 세계를
지배할 수 있다

내 친구들 가운데 세계 최고의 사진작가로 손꼽히는 사람이 있다. 그의 몸값을 보면 확실히 세계 최고가 맞는 것 같다. 만약 여러분이 사진에 관심이 있다면 그와 그의 작업에 대해 알고 있을 가능성이 매우 높다. 그는 런던 중심가에 입이 떡 벌어질 만큼 거대한 4층짜리 스튜디오를 소유하고 있으며, 퀸, 버락 오바마, 마돈나, 케이트 모스 등 이름만 대면 누구나 알 정도로 유명한 사람들의 사진을 찍었다.

하지만 그의 사진에 대한 기술적 지식이나 사업적 감각, 브랜딩에 대한 소질, 마케팅 능력이나 소셜미디어 능숙도 등 각각의 개별적인 분야로 따져본다면, 그는 그 어느 것에서도 세계 최고가 아니다. 그래도 그 모든 분야에 대해 업계에서 아마 상위 10%정도 안에는 들 것이다. 전반적으로 10점 만점에 8점이랄까.

정보에 대한 접근은
엄청난 특권이다.

돈이 물고기라면,
정보는 낚싯대다.

그 둘 중 하나가
나를 평생 먹여 살린다.

세상에서 모든 사람이 정보에
접근할 수 있지만,
그중 대부분은 여전히 정보의
진정한 가치를
이해하지 못하고 있다.

———

또 다른 내 친구 댄은 적어도 내 생각에는 사진 외의 다른 분야에서는 별로 뛰어나지 않지만 사진의 기술적인 측면에서만큼은 앞서 말한 친구보다 뛰어난 것 같다.

내가 세계 최고의 사진작가 친구를 만나기 전까지 나는 업계 최고가 되려면 당연히 그에 필요한 모든 개별적인 기술면에서 전부 세계 최고가 되어야 한다고 생각했다. 즉, 세계 최고의 사업가가 되고 싶다면 사업 관련한 주제에 대해 가장 잘 알고 있어야 한다고 생각했고, 세계 최고의 요리사가 되려면 세계 최고의 음식을 요리해야 한다고 생각했다. 하지만 그 생각은 틀렸다. 내가 틀렸다는 사실과 왜 틀렸는지에 대한 깨달음은 내 인생을 완전히 변화시켰고, 자기 개발과 경력에 대한 나의 관점 또한 바꾸어놓았다.

'기술 쌓기'의 기술

살면서 한 가지 중요 기술만 통달해서 이룰 수 있는 일은 거의 없다. 어쩌면 체스에서는 가능할지도 모른다. 세계 최고의 체스 선수가 되려면 체스에서 최고가 되면 된다. 하지만 전 세계를 통틀어 체스를 두는 사람들은 6억 명이 넘고, 최상위권 선수들에게 아주 중요한 긍정적 영향을 미친 것이 바로 유전적 요인이라는 사실을 생각한다면 체스에서 세계 최고가 되기란 거의 불가능에 가까운 일이라고 봐야 하겠다. 그렇지만 우리의 인생, 경력, 직업적 야망은 다양한 측면을 가지고 있고, 성공은 한 가지 기술만 통달하는 것에 달려 있지 않다.

2년 전, 내가 속한 업계의 100명의 리더들을 대상으로 매년 실시되는 투표에서 나는 소셜미디어 마케팅 분야에서 가장 중요한 인물로 뽑혔다. 물론 그건 대단한 찬사였지만 한편으로는 이해가 잘 가지 않았던 것이기도 했다. 나는 내가 소셜미디어 마케팅 업계의 그 어떤 개별적인 부분에서도 최고라고 생각하지 않는다. 내가 큰 회사를 세운 건 맞지만 이보다 더 거대한 회사들도 많다. 내가 소셜미디어 마케팅의 기술적인 측면에서 매우 뛰어난 것은 맞지만, 나보다 더 잘하는 사람들도 알고 있다. 또한 나는 사업적인 면에서 능력이 있긴 하지만, 마찬가지로 나보다 더 뛰어난 사람들을 알고 있다. 나는 만화 〈딜버트(Dilbert)〉의 작가인 스콧 애덤스(Scott Adams)에 의해 처음 알려진 '기술 쌓기'라는 개념에 대해 읽고 나서야 왜 내가 속한 이 업계가 나를 최고로 뽑았는지를 이해할 수 있었다.

체스의 경우, 체스라는 한 가지 기술에서 최고가 되는 것을 통해 최고의 체스 선수가 된다. 하지만 우리의 경력이란 그보다 훨씬 복잡하며 한 가지 기술을 통달하는 것으로 정의되는 경우가 거의 없고, 상호 보완적인 각각의 기술들을 전반적으로 잘하는 능력을 통해 정의된다.

나는 소셜미디어 마케팅, 사업 운영, 퍼스널 브랜딩(자신을 하나의 브랜드로 만드는 일-옮긴이), 선견지명을 갖추는 것, 글쓰기, 대중 연설, 영업 분야의 전문적인 측면에서 매우 뛰어났다. 그 개별적인 분야 중 어떤 것에서도 세계 최고는 아니었지만, 각각의 분야에서 전반적으로 상위 5~10% 사이에 들 만한 수준임에는 확실하다. 그것이 바로 기술 쌓기가 작동하는 방식이다. 실제로 그 많은 기술 중 단 하나에서 상위 1%가 되는 것보다는 여러 가지의 각기 다른 기술들에서 상위 10% 안에 드는 것, 즉 기술 '쌓기'가 더 쉽고, 더 효과적이다.

자, 이제 계산을 좀 해보자. 예를 들어 여러분의 도시에 100만 명의 사람들이 살고 있고, 여러분이 6가지 종류의 기술에서 각각 상위 10% 안에 든다면, 1,000,000 x 10% x 10% x 10% x 10% x 10% x 10% = 1 이 된다. 이는 여러분이 그 도시에서 6가지 기술을 가진 최고가 된다는 뜻이다. 만약 그 수를 10가지 기술로 늘린다면? 그러면 여러분은 그 도시에서 10가지 기술을 두루 갖춘 최고가 되는 것이다.

이는 통계적으로 봤을 때 어떤 업계에서 최고가 되려면 하나의 분야에서 최고가 될 필요는 없지만, 대신 그 업계에서 개인적인 성공을 거두기 위해 필요한 여러 가지 상호 보완적인 기술들에서 전반적으로 뛰어나야 한다는 것을 의미한다.

내가 속한 업계의 소셜미디어 CEO 가운데 나만큼 퍼스널 브랜딩의 힘과 기술을 잘 이해하고 있는 사람은 거의 없다. 그것을 이해한 사람들이 다들 사업적으로도 뛰어났던 건 아니었고, 사업적으로 뛰어났던 사람들이 모두 훌륭한 대중 연설가는 아니었으며, 훌륭한 대중 연설가들은 보통 소셜미디어 마케팅의 전문적인 측면을 이해하지 못했다. 소셜미디어 마케팅의 기술적 측면을 이해했던 CEO들은 선견지명을 갖춘 CEO가 되기보다는 직원으로서 더 빛을 발하는 경우가 많았다. 그러니까 내가 하려는 말은, 내가 속한 업계에서 최고로 손꼽히는 사람이 되기 위해서 나는 그 어떤 것에서도 최고가 될 필요가 없었다는 것이다. 그저 예닐곱 가지의 적합한, 상호 보완적인, 독특하게 드문 것들에서 뛰어나기만 하면 됐다. 이는 거의 모든 업계의 리더들에게 해당되는 이야기다.

나의 기술 쌓기 현황

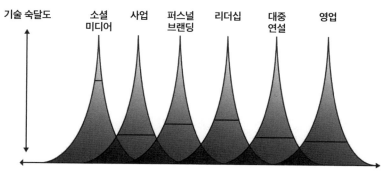

나의 기술 쌓기 현황표를 통해 알 수 있듯이, 나는 여러 분야에서 상위 5% 안에 들지만 소셜미디어 마케팅 분야의 기술적 측면에서는 상위 1%에 해당된다. 물론 구체적인 지식을 갖추는 것은 매우 가치 있는 일이지만, 나의 경우 내가 가진 구체적인 지식은 장기적인 관점에서 가장 가치가 적은 기술이다. 왜냐하면 지식은 배워서 얻기 쉬운 것이고, 다른 분야로 이동시키기 매우 어려운 데다가, 구체적인 지식이란 근본적인 기술들보다 비교적 훨씬 빨리 쇠퇴하는 특징이 있기 때문이다.

내가 가장 귀하게 여기는 기술은 영업, 대중 연설, 퍼스널 브랜딩과 같이 다른 분야로도 확장과 이동이 가능한 기술이다. 그런 핵심 기술을 갖춘다는 것은 다양한 산업에서 기본적인 이점을 가지게 될 것이라는 뜻이며, 훗날 세상이 변해서 소셜미디어 마케팅에 대해 내가 아는 모든 것들이 쓸모없는 것이 되더라도 그 기술들은 나의 강점으로 남아 있을 것이라는 뜻이다. 이는 『나발 라비칸트의 가르침(The Almanack of Naval Ravikant)』이라는 책에 간단명료하게 요약되어 있다.

"설득력 있게 말할 줄 아는 것은 디지털 마케터나 조회 수 늘리는 전문가가 되는 것보다 훨씬 중요한 일이다. 핵심은 기본적인 능력을 갖추는 것이다. 어떤 분야에 깊이 파고들기보다는 기본적인 능력들을 10점 만점에 9점이나 10점 정도의 수준으로 두루 갖추는 편이 훨씬 더 낫지만, 그래도 어떤 분야에 대해 깊이 있게 아는 것도 필요하다. 폭만 넓고 깊이는 얕게 알아서는 인생에서 원하는 것을 이루지 못하게 될 것이기 때문이다."

자신의 기술을 쌓을 때 가장 중요한 것은 상호 보완적이고 독자적인 기술을 쌓는 것이다. 스티브 잡스와 그가 세운 회사인 애플(Apple)은 이에 관한 좋은 예시다. 스티브 잡스의 기술 쌓기의 중심에는 디자인, 마음을 사로잡는 폰트, 패키징, 그리고 건축에 대한 열정이 있었다. 그는 리드 칼리지(Reed College)의 캘리그래피 수업을 들은 경험이 애플의 성공에 기여한 바를 설명하면서 이렇게 말했다.

"나는 캘리그래피를 배우기 위해서 캘리그래피 수업을 듣기로 했다. 그 수업에서 세리프(serif)와 산세리프(sans-serif) 서체의 생김새, 각기 다른 글자 조합들 사이 간격을 다양하게 하는 것, 훌륭한 서체의 특징 등에 대해 배웠다. 그것은 너무나 아름다웠고, 역사적이었으며, 과학이 담아내지 못하는 예술적인 미묘함을 담고 있었다. 나는 그것에 완전히 매료되어 버렸다. 수업에서 배운 그 어떤 내용도 내 삶에 실질적으로 적용시킬 수 있는 것은 없었다. 하지만 그로부터 10년이 지나 첫 번째 매킨토시 컴퓨터를 디자인할 무렵, 그때 배운 모든 것들이 내게 되돌아왔다. 그리고 우리는 그것들을 모두 맥(Mac), 즉 매킨토시 디자인에 쏟아부었다. 그렇게 맥은 아름다운 서체를 가진 첫 번째 컴퓨터가 되었다. 내가 대학에서 그 강의를 듣지 않았다면 맥에는 다양한 서체와 보기 좋은 비례로 배치

된 폰트들이 존재하지 않았을 것이다. 그리고 윈도우즈(Windows)는 단순히 맥을 베낀 것에 불과하기에, 그때 그 강의를 듣지 않았었더라면 지금처럼 아름다운 폰트를 지닌 개인용 컴퓨터는 존재하지 않았을 거라고 해도 과언이 아니다."

결국 스티브 잡스가 가진 이 흔치 않은 기술과 그의 경쟁자들에게는 없는 폭넓은 디자인적 지식은 애플과 그 자신을 업계를 넘어 전 세계에 걸쳐 혁명적인 변화를 불러일으킨 특출한 존재로 만들어주었다. 그는 디자인이나 캘리그래피 분야에서 세계 최고였던 것은 아니지만 사람의 마음을 사로잡는 디자인 원칙에 대한 날카로운 이해를 구축해 나갔다. 또한 자신이 가진 디자인적 기술을 사람들의 욕망에 대한 자신만의 깊은 통찰력, 전문적인 지식, 흔치 않은 전략적 마인드, 영업 기술, 컴퓨터 과학에 대한 기술, 리더십에 관한 기술, 비즈니스적 기술과 접목시킴으로써 진보적인 기술과 아름다운 디자인에 초점을 맞춘 회사를 세울 수 있었던 것이다. 그가 쌓아온 기술들이 남달랐고, 우월했고, 궁극적으로 더 가치 있었기 때문에 그가 세운 그 회사 역시 남다르고, 우월하고, 더 가치 있게 느껴질 수 있었다. 그는 자신이 쌓아온 기술들 중 어떤 것에서도 세계 최고가 아니었지만 그 기술들의 상호 보완적이고 독자적인 측면이 그의 회사를 세계 최대이자 최고의 회사로 만들었고, 그를 반박 불가능한 업계 최고로 만들어주었다.

통계적으로 어떤 업계에서
최고가 되려면 하나의 분야에서
최고가 될 필요는 없지만,
그 업계에서 개인적인 성공을
거두기 위해 필요한
여러 가지 상호 보완적인
기술들은 전반적으로
남들보다 뛰어나야 한다.

———

우선순위의 법칙

업계를 지배하는 기술을 쌓는 법

업계 최고가 되기 위한 기술 쌓기를 계획할 때는 독자적이고 상호 보완적인 기술들을 쌓는 데 집중하라. 예를 들어 여러분이 그래픽 디자인 업계에서 상위 5%에 속해 있다면 모션 디자인에서도 상위 5%에 드는 것은 별다른 가치 있는 차이점을 만들어내지 못할 것이다. 왜냐하면 대부분의 최상급 그래픽 디자이너들은 이미 그 두 분야 모두에 능통하기 때문이다. 대신 서로 호환이 되면서도 여러분을 독자적으로 가치 있게 만들어줄 다양성을 가진 기술을 쌓아야 한다.

같은 업계에서 일하는 사람들에게서 흔히 볼 수 없는 독자적이고 상호 보완적인 기술을 선택하는 것이 중요하다. 예를 들어, 컴퓨터 코딩 전문가들은 보통 훌륭한 대중 연설가나 선견지명을 갖춘 CEO, 재능 있는 영업인으로 알려져 있지 않다. 그들은 전형적으로 더 내향적이고 조용하기 때문에 훌륭한 기술 제품을 개발할 수 있는 동시에 판매에도 능통하고, 사람들을 통솔할 수 있는 능력을 가진 사람이라면 그 업계에서 이미 아주 중요하고 가치 있는 장점을 가지고 있는 것이다.

바로 여기가 사람들이 종종 경력 외의 기술을 쌓아가는 과정에서 실수를 저지르는 지점이다. 사람들은 '뜬금없다'는 이유로 캘리그래피 수업을 듣지 않고, 예술가가 되는 데 필요가 없을 것 같으니까 코딩을 배우려 하지 않으며, 심리학자가 되는 데 도움이 되지 않을 것 같기 때문에 대중 앞에서 연설할 기회를 피한다. 대신, 그 업계 사람들이 이미 가지고 있는 기술에 주목하고, 그것을 연마하는 데 집중한다. 심지어 대학은 그런 기술들을 가르치고, 그들의 업계 내 업무 경력 또한 그것을 더 강화하여, 결국에는 완전히 예측 가능하고 일반적이며 가치가 낮은 기술들만 쌓게 되는 것이다.

앞서 말했듯이, 체스에서 세계 최고가 되는 것은 거의 불가능하기 때문에 그러한 업적을 이루려는 동기를 찾기란 너무나도 어렵다. 하지만 여러분이 기술 쌓기의 개념을 이해하고 믿는다면 비교적 짧은 시간 안에 여러분의 인생과 경력을 실제로 바꾸는 것이 가능하다. 어떤 것에 대해 아무것도 모르는 상태에서 그것을 배우기 위해 하루에 몇 시간만 집중해서 계획적으로 매일 실천한다면 몇 달 후에는 상당한 수준으로 발전해 있을 것이다. 그것이야말로 대중 앞에서 연설하는 법을 배우고, 능숙하게 협상하고, 새로운 언어를 배우고, 업무 환경에서 사람들을 더 잘 관리하고, 유용한 새로운 기술을 배우고, 코딩이나 그림, 디자인, 춤, 악기 연주를 배우거나 자신만의 부업을 시작할 때 필요한 모든 것이다.

앞으로는 기술과 인터넷을 중심으로 펼쳐지게 될 미래를 대비하는 데 도움이 될 만한 새로운 기술을 찾는 것이 현명하다. 그러한 기술들은 우리의 소득을 증가시키고, 새로움 없이는 정체되기 십상인 경력에 다양성을 더해줄 것이다.

내 경우, 나를 다른 기업인들과 가장 차별화되게 만들어준 기술은 나의 소셜미디어 관련 기술과 대중에게 연설하는 기술, 그리고 영업적인 기술이다. 이것들은 다른 소셜미디어 마케팅 CEO들이 가지지 못한 기술로, 적어도 이 업계와 이 나라에서 나만큼 자신의 소셜미디어 구독자층을 구축했거나 혹은 이만큼 구축하는 법을 아는 기업인은 없다고 생각한다. 나는 200만 명 이상의 팔로워와 사람들 앞에서 유창하게 말하고 설득하는 능력을 통해 무엇보다도 내 목소리를 낼 수 있는 사람이 되었다. 여러분이 주로 권위, 영업력, 사회적 검증, 여론의 힘 같은 것들에 의해 움직이는 업계에서 가장 크고 설득력 있는 목소리와 높은 수준의 전문 지식을 가지고 있다면 순식간에 최고의 자리에 오르게 될 것이다. 내가 속한 업계는 그러한 기술들의 집합을 가치 있는 것으로 여기기 때문에 나 혹은 나와 비슷한 기술들을 가진 내 친구 게리 바이너척(Gary Vaynerchuk) 같은 사람들이 각자의 나라에서 소셜미디어 마케팅 업계의 최고의 자리에 오를 수 있었던 것이다.

남들에게 없는 상호 보완적이고 가치 있는 기술들을 쌓기 위해서는, 반드시 다음의 질문들에 대한 답을 잘 알고 있어야 한다.

1. 현재 어떤 기술들을 가지고 있는가?
2. 자신이 속한 업계에서 사람들이 대개 가지고 있는 기술은 무엇인가?
3. 대부분의 사람들이 그 기술을 가지고 있다면, 그 업계에서

남들보다 가치 있는 우위를 점하기 위해서는 어떤 새로운 기술을 배우는 게 좋겠는가?

옛말에 '나이 든 개에게 새로운 재주를 가르칠 수는 없다'는 말도 있듯이 우리는 타고나기를 편안함과 익숙함을 추구하는 존재들이다. 하지만 여러분이 편안함을 느끼는 영역을 벗어나서 여러분 같은 사람이 보통 탐험하지 않을 법한 영역으로 기꺼이 나아갈 의향이 있다면 여러분 역시 자신의 인생을 바꾸고, 업계 최고가 되고, 어쩌면 세상을 바꿀 수 있게 만들어줄 기술들을 쌓아나갈 수 있을 것이다. 모든 면에서 최고가 되지 않아도 어떤 것에서는 최고가 될 수 있다.

19장

짧은 인생인데
좀 행복하고
섹시하게 살지 뭐

ㄱ

　내가 운 좋게 여든 살까지 살 수 있다면, 일로 따지면 약 2만 9200일, 시간으로 따지면 70만 시간을 사는 것이 된다. 한 사람이 평생 평균 33년가량을 잠으로 보낸다는 것을 고려한다면 그 70만 시간 중에서 내가 깨어서 활동하는 시간은 약 50만 시간인 셈이다. 내가 가진 전부인 그 50만 시간(운이 좋을 경우)은 빅뱅이나 신, 또는 여러분이 믿는 무언가가 여러분과 나에게 똑같이 부여해 준 것이다. 이 50만 시간은 그 무엇으로도 대체될 수 없는 절대적인 것이다. 내가 그 시간의 일부를 몸과 마음의 건강을 관리하는 데 쓴다면 그보다 조금 더 오래 살지도 모르지만 이미 써버린 시간은 절대로 되돌아오지 않는다. 우리는 더 많은 돈을 벌기 위해 더 열심히, 더 오래 일하며 살 수 있다. 더 많은 물건을 사기 위해 마트에 갈 수도 있다. 새로 나온 최고급의 기기들을 살 수도 있다. 하지만 무슨 수를 쓰든 간에 우리 삶에 허락된 시간은 계속해서 줄어들고 있다.

우리는 모두 인생이라는 룰렛 테이블 앞에 선 도박꾼들이다. 이 게임의 유일한 규칙은 매시간마다 칩을 하나씩 베팅해야 하며 한번 낸 칩은 절대로 다시 가져갈 수 없다는 것이다. 따라서 우리에게 주어진 50만 개의 칩을 어떻게 베팅하는지가 우리 인생의 성공, 행복, 안전, 유산, 지적 성장, 정신적 건강을 결정짓는 가장 큰 요인이 될 것이다. 이 50만 개의 칩은 우리가 본래부터 가지고 태어난 것이며 우리의 지위, 자존심, 물질적 부와 같이 외적으로 중요해 보이는 모든 것들은 이 50만 개의 칩을 베팅한 결과로 얻어진 것들이다. 단, 게임이 끝나면 그 어떤 것도 가지고 갈 수 없다.

인간은 무한의 개념을 이해하지 못하는 존재

나를 포함한 그 누구도 이 이야기의 핵심을 제대로 이해하지는 못한 것 같으니, 다시 한번 확실히 짚고 넘어가야 할 것 같다. 시간이야말로 우리가 가진 전부고, 그 시간은 한정되어 있다는 걸 유념하면서 살고 있는 사람은 없는 것 같다. 인간이란 끝이 없는 어떤 것, 즉 무한의 개념을 이해하지 못하는 존재라고들 한다. 하지만 어쩌면 우리는 유한이라는 개념과 더불어, 때가 되면 우리가 죽게 된다는 사실 또한 이해하지 못하는 존재들일지도 모른다.

어떤 사람들은 이 장을 읽는 동안 불편함을 느낄지도 모르겠다. 우리는 최선을 다해 죽음이라는 현실을 부정하는 문화에서 살고 있다. 빅토리아 시대에 성(性)이 금기시된 주제였던 것처럼 우리 문화에서 죽음은 아직까지 금기시된 주제로 남아 있다. 우리는 보통 죽음은 내가 아닌 남에게 찾아오는 것이라고 생각하는 경향이 있으며, 우리도 언젠가는 죽게 될 거라는 사실을 받아들일 감정적인 용기가 없는 듯 보인다. 이에 관해 영화감독 우디 앨런(Woody Allen)은 이렇게 말했다. "나는 죽음이 두려운 게 아니다. 그저 죽음이 찾아왔을 때 내가 그 자리에 없기를 바랄 뿐이다."

대다수의 사람이 살아가는 모습과 그들이 가진 50만 개의 칩을 할당하는 방식을 보다 보면 그들이 시간의 유한성과 어느 시점에는 더 이상 베팅할 칩이 남아 있지 않게 된다는 사실을 의식적으로 받아들이지 않았다는 것이 확실해 보인다.

지금 당신에게도 한정된 개수의 칩이 남아 있다. 어쩌면 단 한 개만 남았을지도 모른다. 당신이 서른 살이라면 평균적으로 보았을 때 아마도 30만 개가량의 칩이 남아 있을 것이다. 만약 내가 여러분 앞에 30만 시간만큼의 모래알이 담긴 모래시계를 가져다 놓는다면, 그리고 그 모래시계가 여러분이 어딜 가든지 계속 따라다닌다면, 그것은 여러분이 내리는 결정과 시간을 쓰는 대상, 삶을 살아가는 방식을 근본적으로 바꾸어놓을 것이다.

"우리는 더 많은 돈을 벌기 위해
더 열심히, 더 오래 일하며 살 수
있다.
더 많은 물건을 사기 위해
마트에 갈 수도 있다.
새로 나온 최고급의 기기들을
살 수도 있다.
하지만 무슨 수를 쓰든 간에
우리 삶에 허락된 시간은
계속해서 줄어들고 있다."

– 톰 스티븐슨(Tom Stevenson)

———

모래시계와 희생

너무나도 소중하고 그 어떤 것으로도 대체될 수 없는 여러분의 시간이 모래시계의 목을 통해 쏟아져 내려가는 것을 두 눈으로 직접 보게 된다면 어떤 기분일까? 그런 상황에서도 소셜미디어 타임라인에 뜬 누군지도 모르는 사람들의 셀카를 생각 없이 스크롤하거나, 하찮은 가십거리에 몰두하거나, 유튜브 쇼츠들을 하염없이 넘겨보면서 시간을 허비할 수 있을까? 정말 자신의 귀하디귀한 시간을 고작 다른 사람들의 마음에 들려고 애쓰거나, 사소한 문제에 신경 쓰거나, 내 인생이 남들 눈에 어떻게 보일지 고민하거나, 나와 아무 상관없는 사람들과의 무가치한 논쟁을 이기는 데 집착하면서 보낼 것인가? 정말로 소중한 여러분의 칩을 원한과 악감정, 시기 질투를 품고 사람들을 매몰차게 몰아세우며 사는 데 허비하고 싶은가? 당연히 아니라고 생각했을 거다. 그랬기를 바란다.

앞서 브로니 웨어가 죽음을 앞둔 환자들과 나눈 대화에 관한 이야기는 임종을 앞둔 사람들이 자신의 지난 인생에서 했어야 하는 일과 하지 말았어야 하는 일에 대해 놀라울 정도로 명쾌하고 정확한 판단력을 보여준다는 사실을 드러내주었다. 그들은 인생의 끝을 눈앞에 두고 있었기 때문에 자신의 지난 인생을 되돌아보며 그때 중요하지 않았던 것이 무엇이고, 더 중요하게 생각했어야 하는 것이 무엇인지에 대해 확실하게 말할 수 있었다. 전에는 결코 보이지 않았던 삶의 끝이 이제 눈앞에 생생하게 보이게 되자, 갑자기 인생의 모든 결정, 모든 시간, 모든 것들이 맥락에 맞아떨어지며 명확하게 이해되기 시작했던 것이다.

만약 여러분이 자기 인생의 모래시계를 볼 수 있다면 이론적으로는 여러분의 삶의 끝도 볼 수 있게 될 것이다. 그러면 여러분의 시간은 유한하다는 사실과 여러분이 내린 모든 선택의 되돌릴 수 없는 대가를 눈으로 직접 확인할 수 있을 것이다. 대부분이 그러하듯, 시간을 무한한 것으로 생각하며 사는 세계에서는 좋지 못한 결정과 허무하게 낭비한 시간, 이루지 못한 소망에 대해 별로 큰 대가를 치르지 않아도 되는 것처럼 느껴진다. 그래서 잘못된 결정은 나중에라도 바로잡을 수 있으며, 언젠가는 그 꿈에 도전할 수 있을 것이고, 다시 한 번 해볼 기회가 있을 거라고 믿는다. 하지만 모래시계가 언제나 우리의 눈앞을 따라다니는 세계에서는 우리가 내리거나 내리지 않은 모든 결정은 눈에 보이는 희생으로써 그 모습을 여실히 드러낼 것이다.

바로 여기에 과학과 인류의 모든 역사, 피해 갈 수 없는 자연의 법칙으로 뒷받침되는 부인할 수 없는 진실이 있다. 우리의 모래시계는 여러분이 지금 이 책을 읽고 있는 순간에도 모래알들을 흘려보내며 바로 우리 눈앞에 있다는 사실이다. 그것은 언제나 여기 있었고, 앞으로도 항상 여기 있을 것이다. 그저 우리가 볼 수 없을 뿐이다. 그것은 어딜 가든 우리를 따라다닐 것이고, 절대로 쉬지도, 멈추지도, 거꾸로 가지도 않을 것이다.

나는 몇 년 전부터 이에 대해 진지하게 생각해 보기 시작했고, 그로부터 많은 영향을 받은 나머지 실제로 모래시계를 몇 개 사서 회사 책상 위에 하나, 집 벽난로 위 선반에 하나, 그리고 침대 옆 테이블 위에 하나씩 올려두었다. 나는 가끔 이 모래시계들을 뒤집어 보며 내 시간이 흘러가는 것을 바라본다. 내가 찾아낸 이 방법은 눈으로 볼 수 없는 시간의 흐름을 시각적으로 보게 해주는 가장 좋은 방법 중 하나가 되었다.

만약 인생의 모래시계를 볼 수 있다면, 어떻게 살 것인가?

데스 카페(Death café)라는 곳에 가본 적이 있는가? 이는 보스턴부터 베이징에 이르는 많은 도시에 우후죽순으로 생겨나고 있는 장소로 사람들이 차와 케이크를 곁들이며 죽음과 삶의 의미에 대해 함께 생각하고 토론하는 곳이다. 2011년에 처음 시작된 데스 카페 모임은 이제 3000개 가까이로 늘어났으며, 전 세계 30개 국가에서 열리고 있다. 이 움직임은 다음과 같은 아주 오래된 실존주의적 딜레마를 마주한다. 속절없이 흐르는 시간 속에서 우리는 이 짧은 인생을 과연 어떻게 살아야 하는가?

당연하게도 학자들과 현자들이 살던 시대에는 중국의 철학자 노자부터 중세 영국의 신학자인 베다(Venerable Bede), 르네상스 시대 수필가인 미셸 드 몽테뉴(Michel de Montaigne), 인류학자 어니스트 베커(Ernest Becker)에 이르기까지 수많은 사상가들이 이 질문에 대해 진지하게 고민했다. 그나마 가장 최근의 인물이라면 디지털 시대의 위대한 현자라 할 수 있는 스티브 잡스가 있지 않을까 싶다.

2005년, 애플의 창립자는 그의 목숨을 위태롭게 했던 암을 이겨낸 직후에 스탠퍼드 대학교에서 인상 깊은 졸업 연설을 하게 되었고, 이는 '죽기 전까지 어떻게 살다 갈 것인가(How to Live Before You Die)'라는 제목으로 유튜브에 올라와 전 세계로 퍼져나갔다. 당시 50세였던 스티브 잡스는 이렇게 말했다. "살면서 내가 얻은 것들 중에서 인생의 큰 결정을 내릴 때 도움을 준 가장 중요한 도구는 내가 곧 죽는다는 걸 명심하는 것이었다."

그는 죽음의 문턱에서 살아 돌아온 경험을 토대로(그는 암이 재발하여 2011년에 사망했다) "죽음은 삶이 만들어낸 가장 위대한 발명"이라는 결론을 내리게 되었다. 즉, 죽음은 우리가 꿈과 직감을 따라가고, 관습을 거부하며, 위험을 감수하고, 자신만의 길을 나아가도록 등 떠밀어 준다는 것이다. 그는 졸업식에 모인 학생들에게 이렇게 말했다. "우리의 시간은 한정되어 있으니, 그 시간을 다른 사람의 삶을 사는 데 허비하지 마라."

2000년 전, 로마 제국의 황제였던 마르쿠스 아우렐리우스(Marcus Aurelius)는 이렇게 언명했다. "매일을 인생의 마지막 날처럼 살되, 지나치게 흥분하지도, 무관심하지도, 가식적이지도 않게 사는 것이야말로 인격의 완성이라고 할 수 있다."

매일을 인생의 마지막처럼

스토아학파의 철학자인 세네카(Seneca)는 그의 저서 『삶의 짧음에 대하여(On The Shortness of Life)』에서 "삶이 짧은 것이 아니라, 우리가 삶의 너무 많은 부분을 헛되이 보내고 있는 것이다."라고 통탄했다. 그렇다면 그의 조언은 무엇이었을까? 이 현자는 "매일을 인생의 마지막 날인 것처럼 계획"하며 살았다고 한다.

"매일을 인생의 마지막 날인 것처럼 살라"는 이 뻔한 말은 단기적으로는 아주 형편없는 조언인 것만은 분명하다. 당연히 우리는 매일을 살 날이 딱 하루 남은 사람처럼 살아서는 안 된다. 만약 그렇게 산다면 우리가 내리는 결정은 무시무시하게 파괴적인 것이 될 것이다. 나라면 아마도 심각하게 살이 찌고, 치아는 다 썩어 빠지고, 땡전 한 푼 없는 처지가 되어버릴 것이다. 하지만 그 위대한 지성을 가진 사람들이 말하려던 건 그런 게 아니다. 그들은 우리에게 주어진 시간이 얼마나 짧고 한정된 것인지를 이해하고 그에 따라 시간을 대하는 것의 중요성을 강조하면서 우리가 인생의 우선순위를 정하고 필요한 것들에 집중할 수 있도록 우리 눈앞에 모래시계를 놓아주려 한 것이다.

눈앞에서 모래시계의 시간이
흘러가는 것이 보인다면,
어떻게 살 것인가?

_____

아니라고 말하기의 달인이 되자

모든 것의 궁극적인 결론이자 해답은 바로 이것인 것 같다. 우선순위를 정하고 집중하는 것. 그렇다면 지금 우리는 무엇을 우선순위로 여겨야 하고, 무엇에 집중해야 할지는 또 어떻게 알 수 있을까?

이 질문에 대한 답은 자신이 중요하게 생각하는 가치를 주관적으로 분석하는 것으로부터 시작한다. 자신이 그 무엇보다도 가치 있게 생각하는 것들과 야망, 목표에 대해서 명확하게 아는 것부터 시작하라. 당신에게 있어서 다른 모든 것들을 희생해서라도 추구하고자 하는 그 기나긴 마라톤의 결승선이자 열심히 올라갈 가치가 있는 정상은 과연 무엇인가? 우리는 그 가치들이 내적 동기로부터 비롯된 것인지를 죽기 살기로 끈질기게 따져보아야 한다. 즉, 그것들의 근원과 이유가 무엇인지에 대해 집요하게 파고들고, 그것들이 우리에게 왜 중요한지를 확실히 알아야 한다.

여러분에게 있어 그것은 어떤 기술을 마스터하는 것일 수도 있고, 사회의 문제점을 바로잡는 것일 수도 있다. 또는 당신과 아이들이 선택의 자유를 가질 수 있도록 하는 것, 몸과 정신을 더 건강하게 유지하는 것, 세계를 여행하며 놀라운 경험을 하는 것, 연극에 대한 열정을 추구하는 것, 당신이 될 수 있는 한에서 최고의 부모가 되는 것일 수도 있고, 혹은 다른 이들을 가르치거나, 영감을 주거나, 영적으로 깨달은 사람이 되는 것일 수도 있다. 그것은 오롯이 여러분이 결정해야 할 몫이고, 결정하고 난 뒤에는 어느 누구도 여러분이 가치 있게 생각하는 것을 과소평가하거나 하찮게 여기게 내버려 두지 마라.

여러분의 내적 가치들은 외적 판단의 영향으로부터 자유롭게 그 자체로써 존재해야 한다. 여러분이 비디오 게임을 하거나, 낙서를 하거나, 혹은 아무것도 안 하는 것으로부터 만족감을 얻는다면, 그 것은 인류를 달에 보내겠다는 일론 머스크의 목표나 더 연결된 세상을 만들겠다는 스티브 잡스의 꿈보다 덜 가치 있거나 주관적으로 덜 중요한 것이라고 할 수 없다. 다만 자신이 가치 있게 여기는 것이라면 그것이 뭐가 됐든 간에 확신을 가져야 한다. 확신을 가지지 않는 다면 우리가 가치 있게 생각하지 않는 것들이 우리 내부에 뻔뻔하게 자리를 잡고 들어앉아서 우리의 시간을 빼앗고, 만족스러운 인생을 살 기회로부터 멀어지게 함으로써 불만족스러운 삶으로 이끌어 갈 것이기 때문이다. 그러므로 우리는 우리가 내리는 결정이 이러한 가치들에 부합하는 것인지를 철저하게 확인해야 한다.

자신이 내리는 결정을 실시간으로 따져보는 또 다른 방법은 '내가 되고 싶은 사람이라면 어떻게 시간을 쓸까?' 혹은 '내가 되고 싶은 사람이라면 지금 어떤 결정을 내릴까?'라고 자기 자신에게 물어보는 것이다.

앞서 언급했던 룰렛 테이블 비유로 되돌아가 보자. 여러분의 목표는 매일같이 이런 가치들을 추구해 나가는 데 최대한 많은 칩을 베팅하고, 그에 부합하지 않는 일에는 칩을 베팅하지 않는 것이다. 완벽한 결과를 얻는다는 건 상식적으로 말이 안 되는 일이며 가능하지도 않기에 우리는 불필요한 것에 '시간을 허비'하고 그 사실을 나중에야 깨닫게 되는 경우가 많다. 목표는 오늘 여러분의 칩을 어떠한 의도를 가지고 최선을 다해 쌓는 것이고, 그것을 매일같이 반복하는 것이다. 그리고 마침내 룰렛의 휠이 돌아가면 자기가 옳다고 생각한 가치에 베팅한 칩을 통해서만 만족감을 얻을 수 있을 것이다. 비록 쓸데없이 낭비한 칩에 대해 후회할 위험은 남아 있지만 말이다.

우리가 하고 싶거나 해야 한다고 생각하는 일을 하기로 결정하는 것은 쉽다. 하지만 시간의 경우처럼 우리가 가진 자원이 한정되어 있을 때는 자신의 소비 습관을 꼼꼼하게 감시해야 한다. 예산을 잘 짜고, 우선순위를 정해서 절약해야 한다.

현실적인 측면에서 이와 똑같이 중요하지만 이보다 더 어려운 것은 '아니'라고 말하는 것이다. 자신이 하고 싶어 하는 일에 대해 아니라고 말하는 것은 특히나 더 어려울 것이다. 지금 나는 이 책을 쓰느라 못 본 축구 경기를 너무나도 보고 싶다. 그리고 맥도날드에 가서 빅맥도 사 먹고 싶다. 하지만 내가 그것들을 하지 않기로 결정한 이유는 내가 믿는 가치에 따라 이 책을 쓰는 것이 그것들을 하는 것보다 훨씬 더 중요하며, 다른 일을 해버리면 나의 가장 진실되고 중요한 장기적인 가치들에 부합하지 않는 일에 소중한 칩을 베팅하는 것과 다름없기 때문이다.

내가 되고 싶은 사람은
과연 어떻게 시간을 쓸까?

———

자신이 중요하게 생각하는 가치가 무엇인지 명확하게 알았다면 이제부터는 계속해서 그것들을 오늘, 이 순간, 바로 지금 내가 내린 결정들에 역으로 적용해 보아야 한다.

나는 지금 어떤 일에 집중해야 하는가?

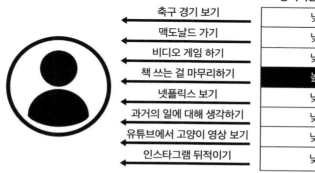

	장기적인 내적 가치
축구 경기 보기	낮음
맥도날드 가기	낮음
비디오 게임 하기	낮음
책 쓰는 걸 마무리하기	**높음**
넷플릭스 보기	낮음
과거의 일에 대해 생각하기	낮음
유튜브에서 고양이 영상 보기	낮음
인스타그램 뒤적이기	낮음

우리는 살아가면서 매 순간 끝없이 많은 결정의 갈림길을 마주한다. 그럴 때마다 높은 수준의 장기적인 내적 가치를 제공하는 것을 찾으려 애쓰면서 순간적인 유혹, 집중력을 흐트러트리는 요소, 불편함을 비켜 가고자 하는 타고난 본능을 거부하는 것은 쉽지만은 않은 일이다.

내가 성공 하면 할수록 점점 더 많은 사람들과 기회가 내 칩을 요구했기에 나는 칩을 베팅하는 데 있어서 더 냉정해져야만 했다.

아주 엄격하게 내가 중요하게 생각하는 것에만 집중했던 것이 결과적으로 나를 더 성공하게 만들어주었고, 그에 따라 내 칩에 대한 수요도 늘어났고 이와 같은 순환이 계속 이어졌다. 이제는 누군가 내 강연 예약을 잡거나, 나에게 어떤 행사에 참석해 달라고 하거나, 내게서 전문적인 상담을 받으려면 시간당 최소 만 파운드에서 2만 파운드 정도를 지불해야 되는 수준에 이르렀다.

나는 많게는 시간당 9만 파운드까지 받은 적도 있다. 이론적으로 따져보면 내가 2억 파운드 가치의 회사를 만드는 데는 5년이 걸렸다고 말할 수 있다. 5년은 시간으로 따지면 약 4만 시간에 해당하고, 2억 파운드의 가치를 만드는 데 4만 시간이 걸린 것으로 계산하면 시간당 약 5000파운드의 가치가 생성된 셈이다. (물론 이 계산은 사실과 달리 이 모든 일을 나 혼자 해냈고, 내가 기여한 가치가 쭉 동일했다고 가정했을 때의 얘기다.)

사람들로부터 높은 수당을 받기 시작하면서부터 나는 자연스럽게 내 생의 남은 시간을 그와 같은 금전적인 관점으로 바라보기 시작했다. 내가 시간당 만 파운드를 벌 수 있다면 뭐 하러 그 귀중한 한 시간을 선반을 설치하거나, 카펫을 청소하거나, 빨래를 하는 데 허비한단 말인가? 그것들은 내 시간을 써서 하는 게 아니라 돈을 써서 하는 게 맞을 것이다. 시간이 가진 가치는 돈보다 훨씬 크기 때문이다. 내가 직접 카펫을 청소할 게 아니라 다른 사람에게 돈을 지불하여 카펫을 청소하게 하고, 그렇게 해서 아낀 칩으로는 회사를 세우거나, 내 책을 쓰거나, 가족과 친구들을 만나거나, 혹은 내 개를 산책시키는 것처럼 내가 진정으로 즐길 수 있는 일들을 하는 데 쓰는 게 맞을 것이다.

솔직히 말하면 나는 지금처럼 내 시간이 아주 값나가는 것이 되기 전부터 시간을 그만큼 귀중하게 대했어야 했다. 시간 소모적이거나 득이 되지 않는 일들을 피하고, 가능한 한 많은 거부를 했어야 했다. 그랬다면 지금의 위치에 좀 더 빨리 도달할 수 있었을 것이고, 좀 더 내적으로 보람된 인생을 살 수 있었을 것이다. 악명 높은 투자자이자 사상가인 나발 라비칸트는 그의 저서 『나발 라비칸트의 가르침』에서 이렇게 설파했다.

"자기 자신만큼 스스로를 귀중하게 대해줄 사람은 없다. 당신은 자신의 시급을 아주 높게 정하고 그것을 고수해야 한다. 나는 심지어 어렸을 때도 내 가치를 시장이 정한 것보다 훨씬 더 높게 설정하고, 스스로를 그렇게 대하기 시작했다."

모든 결정을 내리기 전에는 반드시 시간을 고려하라. 그 일에 시간이 얼마나 걸릴지를 꼭 생각해 보라. 만약 무언가를 사러 가야 하는데 그곳으로 가려면 시내를 가로질러야 해서 한 시간이 걸린다고 치자. 자신의 가치를 시간당 100달러라고 생각한다면 한 시간이 걸려 그걸 사러 가는 것은 주머니에서 100달러를 꺼내 길에 버리는 것과 다름이 없다. 그런데도 정말 그렇게 할 것인가?

미래의 부유한 자신을 상상해 보고 지금의 자신에게 그때의 중간 정도 되는 시급을 매겨라. 즉, 자신의 시급을 아주 야심차게 높은 수준으로 책정하고 그것을 고수하라. 그 시급이 지나치게 높다는 느낌이 들어야 한다. 만약 그런 느낌이 들지 않는다면 그건 충분히 높지 않은 것이다. 나의 조언은 자신이 책정한 시급이 얼마가 됐든 계속해서 높여나가라는 것이다.

이처럼 시간을 쓰는 습성을 금전적인 관점에서 들여다보는 것은 내가 해야 할 일과 하지 말아야 할 일을 결정하는 데 도움을 주었다. 내 매니저이자 개인 비서는 내가 이러한 관점을 기반으로 결정을 내리는 것을 종종 목격했다. 나는 '그건 내가 할 일이 아니야'라던가 '다른 사람이 해결할 수 있는 문제야' 혹은 거만하게 들릴지도 모르겠지만 '내 시간은 그것보다 더 비싸'라고 말할 때도 있다. 다시 한번 말하지만 내가 그렇게 말하는 이유는 내가 과대망상에 빠진 오만한 놈이라서가 아니라 내 시간을 방어하고, 지키고, 보존할 책임이 온전히 나에게 있기 때문이다. 시간보다 더 중요한 것은 없으며 시간은 내가 가진 전부다.

인력을 고용해서 내 일을 맡길 수 있다면 나는 얼마든지 그렇게 할 것이다. 걷는 대신 택시를 타고 그 시간 동안 내적인 목표에 집중할 수 있다면 그렇게 할 것이다. 직접 요리를 하는 대신 요리사를 고용하거나 식당에서 음식을 사 먹고, 그 시간을 다른 중요한 목표를 위해 투자할 수 있다면 그렇게 할 것이다.

다른 모든 것들을 희생해서라도
꼭 이루고 싶은 그 기나긴
마라톤의 결승선이자
올라갈 가치가 있는 정상은
과연 무엇인가?

———

그렇다고 해서 내 인생이 오로지 돈이라는 목표를 위해 마치 군대처럼 고도로 최적화되어 있다는 뜻은 아니다. 사실 그렇지도 않다. 단지 내가 별로 가치 있게 여기지 않는 것들에 쓸 시간을 줄여서 그 시간을 진심으로 가치 있게 생각하는 것들에 쓸 수 있다는 뜻이다. 내게 있어서 진정한 의미의 부자란 시간을 원하는 대로 쓸 자유가 있고 그 시간을 자신이 가치 있게 생각하는 것들에 쓸 수 있는 사람이다. 그것은 또한 행복과 성공의 이면에 있는 가장 중요한 철학이기도 하다. 즉, 자신이 좋아하는 일과 중요하다고 믿는 일에 시간을 쓰는 것이다.

이 책을 통해 내가 여러분에게 소개한 모든 조언, 이야기, 일화 중에서 아마 이 장에 담긴 내용이 가장 중요하면서도 단순하고, 실행 가능성이 높을 것이다. 어쩌면 시간을 어떻게 쓰느냐 하는 문제야말로 자신이 가진 영향력의 가장 핵심일 것이기 때문에, 우리가 무엇에 시간을 쓰는지를 바꾸는 것은 그 어떤 행동의 변화보다도 더 확실하게 우리의 인생을 바꿔놓을 것이다.

복잡한 자기계발 관련 용어들은 제쳐두고, 우리가 우리의 시간을 헛되이 쓰지 않도록 좀 더 잘 지켜내고, 보다 확실한 목표와 의도를 가지고 인생이라는 룰렛 테이블에 칩을 놓아라. 그리고 자신이 중요하게 생각하는 장기적 가치와 부합하는 일들을 좀 더 잘 가려내라. 그러면, 더이상 자기계발서는 읽지 않아도 될 것이다. 이것은 근본적으로 가장 중요한 것일 뿐 아니라 유일하게 중요한 것이다. 그것은 여러분의 정신적, 감정적, 영적 건강에 대한 해답이자 행복하고 섹시한 백만장자가 되고 싶다는 내 치기 어린 꿈을 이루는 길이었다. 내 삶이 바로 그 증거다.

시간은 자유롭게 흘러가는 것이면서도, 값을 매길 수 없을 만큼 귀중한 것이다. 지금의 당신은 과거의 당신이 시간을 어떻게 썼는지에 따른 결과물이다. 마찬가지로 앞으로 당신이 될 사람은 지금 당신이 시간을 어떻게 쓰는지에 대한 결과가 될 것이다. 시간을 현명하게 쓰고, 자신이 믿는 가치에 베팅하고, 부지런히 절약하라.

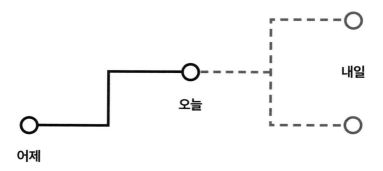

지금 모습은 1년 전의 결과다.
지금으로부터 1년 뒤 모습은
지금 한 일의 결과다.

이 점을 기억하라!

19장 · 짧은 인생인데 좀 행복하고 섹시하게 살지 뭐

20장
나의 해방일지

열여덟 살의 내가 일기에 적었던 네 가지 장래희망을 기억하는가? 레인지로버 사기, 백만장자 되기, 여자들에게 매력적인 사람이 되기, 몸매 관리하기 말이다.

내가 그렇게 적었던 이유는 섹시한 백만장자가 되면 행복해질 거라는 치기 어린 믿음 때문이었다. 그리고 10년이 지난 지금, 나는 백만장자보다 더 큰 부자가 되어 그토록 바라던 차도 사고, 아름다운 여성들과 교제하고, 근육 하나하나 조각하듯 몸을 만들고 있는, 그야말로 그때의 내가 바라던 섹시한 백만장자가 되었다. 그렇게 사는 게 어떤 느낌일지 궁금한가?

날아갈 것 같은 기분이다!

아니다, 하하. 농담이다.

가족에게 의절당한 채 주린 배를 채우려 피자를 훔치고, 몸 누일 방 한 칸 마련하기 위해 싸워야 했던 나의 가장 힘들었던 시절과 비교해 보더라도, 지금의 삶이 별반 다를 것 없이 느껴진다. 이렇게 말하면 가진 놈의 얼토당토않은 헛소리처럼 들릴 거라는 건 나도 안다. 나조차도 그 말을 못 믿겠으니까. 하지만 이건 사회가 내게 약속했던 결과와는 너무 다르다. 이미 내 책까지 사서 읽고 있는 여러분에게 내가 굳이 거짓말을 할 이유가 없다. 나는 이 책을 쓰면서 단 한 번도 거짓말을 한 적이 없고, 책의 마지막 장을 거짓말로 장식할 생각도 없다.

나는 어릴 적 치기 어린 꿈에 대해 후회하지도 그것을 찬양하지도 않는다. 실은 그 목표들을 하나하나 이룰 때마다 언제나 공허한 느낌이 들었고, 아무런 의미도 느낄 수 없었다. 나는 지금에 와서야 내가 왜 그때 그런 목표를 적었는지, 그리고 그것들 대신 뭘 적었어야 했는지를 알게 되었다. 그때의 나는 자신감이 없었고, 상처가 많았다. 어린 시절 나를 부족한 사람처럼 느끼게 만들었던 돈과 타인으로부터의 인정, 무리에 소속되는 일에서 가치 있는 사람으로 인정받고 싶어 하는 마음을 원했다는 걸 이제는 안다.

나는 내 어린 시절에 형성된 무의식적인 화두들을 의식적으로 통제하지 않을 경우 벌어질 위험에 대해서 잘 알고 있으며, 그토록 열심히 좇던 외적인 목표들은 절대로 내가 바라던 내적인 만족감을 주지 않을 것이라는 것 또한 잘 알고 있다. 그건 확실하다.

나는 스스로를 '고치려고도' 해봤지만, 나를 '고치는' 건 불가능하다는 것만 깨달았다. 왜냐하면 나에겐 뜯어고쳐야 할 만큼 잘 못된 것이 없었기 때문이다. 나는 원래도 괜찮은 사람이었고, 언제 나 충분히 '섹시'했고 부유했으며, 더할 나위 없이 행복할 자격이 충분했다. 나는 이미 충분했던 것이다. 그저 내가 충분하지 않다고 믿게 만든 조악하고 근거 없는 이야기들을 믿었을 뿐이다. 그 이야 기들은 모두 잘못된 것들이었다.

어린 시절의 어느 크리스마스 날, 나는 음식이 넉넉히 차려진 따뜻한 집에서 사랑 가득한 가족에게 둘러싸여 있으면서도 선물을 받지 못했다는 이유로 울었던 기억이 난다. 넘치는 사랑을 받으 며 엄청난 특권을 누리고 있었던 운이 좋은 아이였는데도 말이다.

그때의 내 철없던 행동이 지금까지도 후회된다. 이 기회를 빌 려 감사한 줄 모르고 심통을 부려 부모님을 속상하게 만든 것에 대해 사과드리고 싶다. 그때는 잘 몰랐다. 부모님은 내게 필요한 모든 걸 주셨는데 이 사회는 그것만으로는 충분하지 않고 내가 스 스로를 부족한 사람이라고 믿게 만들었다.

내가 '충분히' 가지지 못했다는 생각은 어디서 온 것일까? 아프 리카 보츠와나의 한 작은 마을에서 태어난 아이의 마음에 그런 생 각을 심어준 것은 과연 무엇이었을까? 아이러니하게도 '행복'을 찾아 헤매는 걸 그만둔 일이 나를 가장 행복하게 만들어주었다. 나 는 이미 충분하다고 깨달은 것이야말로 내가 평생 놓치고 살아온 감사함으로 향하는 문을 열어주었다.

20장 · 나의 해방일지

나 자신을 어딘가 부족하고, 잘못됐고, 못난 사람이라고 느끼게 만들었던, 내가 믿었던 그 모든 이야기들이 사실이 아니거나 중요하지 않은 것이었다는 걸 깨달은 나는 자진해서 그 이야기들로부터 영향을 받는 것을 그만두었다. 그리고 이로 인해 나는 모든 물질적이고 피상적인 것들과 제로섬 게임에서 해방될 수 있었고, 이는 결국 더 큰 성공으로 이어졌다. 나를 헬스장에 꾸준히 가게 만든 건 더 이상 나와 다른 성별로부터 인정을 받고 싶다는 욕구나 연애를 하고 싶다는 간절함이 아니게 되었다. 더불어 나에 대한 안정감과 외부의 인정을 바라지 않는 마음이 나를 진정한 사랑에 이르게 해주었다.

내가 행복하고 섹시한 백만장자가 될 수 있는 가장 큰 기회를 막아서는 유일한 장애물은 그렇게 되려고 고군분투하는 것이라는 걸 깨달았을 때 나는 비로소 행복하고 섹시한 백만장자가 될 수 있었다.

이것이야말로 모든 것의 열쇠라고 생각한다. 별로 말이 되는 것 같진 않지만 말이다.

더 많은 걸 원하는데 어떻게 충분하다는 걸까?

어떻게 하면 의도적으로 더 나은 사람이 되도록 노력하는 동시에 이미 모든 것이 충분한 상태라고 느끼면서 살 수 있을까?

찾아 헤매던 모든 것을
얻기 위해서는
가끔은 찾는 일 자체를
그만둬야 한다.

____

20장 · 나의 해방일지

우리는 그 모순을 어떻게 이해해야 할까?

중요한 건 이 질문은 우리 사회의 근거 없는 믿음에 의해 만들어진 말들을 잘못 사용한 것에 지나지 않는다는 사실이다. 인생에서 큰 업적을 이루거나, 직업에서 높은 위치에 오르거나, '행복하고 섹시한 백만장자'가 된다고 해도 자신의 본질적인 모습에서 '더' 나아지는 것은 아니다. 절대로 '더 나아'지거나, '더 우월해'지거나, 원래보다 '더 좋은' 사람이 될 수 없다.

우리는 우리 자신이고, 앞으로도 언제나 그러할 것이다. 소셜미디어와 대중문화, 잡지, 광고, 영화가 아무리 우리의 믿음을 왜곡해도 우리가 가지고 있는 본질적인 가치는 변하거나 흔들리지 않는다.

우리는 결코 우리가 모는 차나 은행 잔고, 직함, 팔로워 수, 업적에 의해 정의되거나, 값이 매겨지거나, 평가될 수 없는 존재들이다. 당신 주변을 맴도는 그와 반대되는 이야기들은 사회적 지위를 놓고 벌이는 쟁탈전의 영향을 받아 우리 사회에 퍼져나간 거짓말에 지나지 않는다. 특히 요즘 같은 소셜미디어의 시대에 사람들은 그런 거짓말을 더욱 미치도록 믿고 싶어진다. 그것 또한 우리 자신으로부터 벗어나고 싶게 하고, 못난 점을 바로잡고, 칼을 대서라도 고치고 싶은 마음이 들게 하는 거짓말이기도 하다. 이 해로운 거짓말은 우리의 자존감과 자존심, 자기 효능감에 직접적인 영향을 미친다.

결국, 우리가 지금의 자신보다 '더' 나아질 수 있다는 게 사실이라면 그것은 우리가 지금은 부족한 존재라는 말과 다름이 없다.

전부 다 새빨간 거짓말이다.
당신은 이미 충분하다.
언제나 그랬다.

진짜 야망은 지금의 자신보다 '더' 나아지려는 욕구에서 비롯되거나 그에 영향을 받은 것이 아니다. 그건 진짜 야망이 아니다. 그것은 자신감 없이 외부의 인정을 갈구하던 열여덟 살 때의 내 마음과 별반 다를 바 없는 것이다. 진짜 야망은 '부족함'이나 '개선'에 대한 것도 아니며, 지위나 명성에 대한 것도 아니며, 인정이나 무시에 대한 것도 아니다. 진짜 야망은 당신 자신에 대한 것이다. 좋아요 수나 팔로워들, 댓글들과는 무관하게 진정으로 자신에게 중요한 그것이다.

그리하여 역설적이게도 자신이 충분하지 않다는 그 느낌은 여러분으로 하여금 장래성 없는 그릇된 외적인 목표를 좇으며 살게 만든다. 반면 자신이 이미 충분하다는 깨달음이야말로 우리가 오로지 성취감과 만족, 즐거움을 위해 가장 위대한 내면의 목표를 추구하게 만드는 진정하고 참된 야망을 만들어줄 수 있다.

결코 우리 인생은
모는 차, 은행 잔고,
직함, 팔로워 수, 업적에 의해
정의되거나, 값이 매겨지거나,
평가될 수 없다.

———

따라서 있는 그대로의 모습과 현재의 위치에 만족하는 것은 진짜 야망을 움직이게 하는 원동력이지 저해하는 것이 아니다. 우리는 이미 그 자체로 충분하다는 것을 깨닫는 순간 집중력과 진정한 동기가 생겨날 것이고, 그렇게 되면 자신만의 이유를 바탕으로 진정으로 중요하게 생각하는 것들을 추구하는 데 필요한 꾸준함도 저절로 따라올 것이다.

그리고 앞에서도 말했듯이 그 목표들을 이루는 것 자체가 아닌, 그것을 이루어가는 과정이야말로 모두가 그렇게 애타게 '찾아 헤매던' 행복을 선사해 줄 것이다.

여러분은 이미 그 존재만으로도 충분하다. 이 진실은 여러분이 결국 될 운명인 그 모든 것들이 '되는' 데 필요한 참된 욕망을 바탕으로 내면의 목소리에 귀 기울이고 그 소명을 따르도록 하는 토대가 되어줄 것이다.

당신은 이미 그 존재만으로도 충분하다.

20장 · 나의 해방일지

당신은 이미 충분하다.

____

1　『도둑맞은 집중력 Lost Connections』(2023), 요한 하리 Johann Hari

2　『초집중 Indistractable』(2020), 니르 이얄 Nir Eyal

3　『돈의 심리학 The Psychology of Money』(2021), 모건 하우절 Morgan Housel

4　『사회심리학 The Social Animal』(2018), 엘리어트 애런슨 Elliot Aronson

5　『일론 머스크, 미래의 설계자 Elon Musk』(2015), 애슐리 반스 Ashlee Vance

6　『디즈니만이 하는 것 The Ride of a Lifetime』(2020), 로버트 아이거 Robert Iger

7　『아웃라이어 Outliers』(2019), 말콤 글래드웰 Malcolm Gladwell

8　『12가지 인생의 법칙 12 Rules for Life』(2018), 조던 피터슨 Jordan Peterson

9　『침프 패러독스 The Chimp Paradox』(2013), 스티브 피터스 StevePet ers

10　『The Slight Edge』(2013), 제프 올슨 Jeff Olsen

참고 문헌

2장

Peer, M, 'The Optimized Geek – Reboot Your Life' [podcast], hosted by Stephan Spencer, available at: https://marisapeer.com/optimized-geek/

Dorling, D, 'Life expectancy in Britain has stagnated, meaning that a million years of life could disappear by 2058 – why?', available at: https://www.independent.co.uk/voices/uk-life-expectancy-drops-2058-government-cuts-austerity-nhs-national-health-a8131526.html

3장

Liberto, D, 'Relativity trap', Investopedia, 2019, available at: https://www.investopedia.com/terms/r/relativity-trap.asp

4장

Bono, G, Emmons, R A, et al, 'Gratitude in practice and the practice of gratitude', in Positive Pschology In Practice, Hoboken, New Jersey: John Wiley & Sons, Inc, 2004

Carmona, C, Buunk, A P, et al, 'Do social comparison and coping play a role in the development of burnout? Cross-sectional and longitudinal findings', Journal of Occupational and Organizational Psychology, 79, 85–99, available at: https://bpspsychub.onlinelibrary.wiley.com/doi/abs/10.1348/096317905X40808

Konicki, L, 'Kylie Jenner Reveals Struggle with Anxiety "My Whole Young Adult Life"', Onecountry.com, 2019, available at: www.onecountry.com/pop-culture/kylie-jenner-message-about-battle-anxiety

Llewellyn Smith, J, 'The selfie doctor', The Times, 2017, available at: https://www.thetimes.co.uk/article/the-doctor-who-tweaks-the-faces-of-millennials-3pz6xqwwc

Solon, O, 'Facetune is conquering Instagram, but does it take airbrushing too far?', Guardian, 2018, available at: www.theguardian.com/media/2018/mar/09/facetune-photoshopping-app-instagram-body-image-debate?fbclid=IwAR3unU0CIRCE2JKy6LPYCYUtM0mSL6eZ0vO-DpkSBUoPge0O3xKrxLleWl8

Royal Society For Public Health (RSPH), 'Instagram ranked worst for young people's mental health', 2017, available at: www.rsph.org.uk/about-us/news/instagram-ranked-worst-for-young-people-s-mental-health.html

Williams, B, 'How many tattoos does Kylie Jenner have?', Showbiz Cheatsheet, 2020, available at: www.cheatsheet.com/entertainment/how-many-tattoos-does-kylie-jenner-have.html

5장
Bono, G, Emmons, R A, et al, 'Gratitude in practice and the practice of gratitude', in Positive Pschology In Practice, Hoboken, New Jersey: John Wiley & Sons, Inc, 2004

Healthbeat column, 'Giving thanks can make you healthier', Harvard Medical School, (n.d.), available at: www.health.harvard.edu/health-beat/giving-thanks-can-make-you-happier

Chaplin, L, John, D R, et al, 'The impact of gratitude on adolescent materialism and generosity', The Journal of Positive Psychology, 2018, 14, 1–10, available at: https://doi.org/10.1080/17439760.2018.1497688

Donnelly, G, Zheng, T, Haisley, E, and Norton, M, 'The Amount and Source of Millionaires' Wealth (Moderately) Predicts Their Happiness', Personality and Social Psychology Bulletin, 2018, 44: 5, available at: www.hbs.edu/faculty/Publication%20Files/donnelly%20zheng%20haisley%20norton_26bec744-c924-4a28-8439-5a74abe9c8da.pdf

Hawkes, K, O'Connell, J, et al, 'Hunter-gatherer studies and human evolution: A very selective review.' American Journal of Physical Anthropology, 2018, 165(4), 777–800, available at: https://doi.org/10.1002/ajpa.23403
Hsieh, N, 'A Global Perspective on Religious Participation and Suicide' Journal of Health and Social Behavior, 2017, available at: https://doi.org/10.1177/0022146517715896

Morin, A, '7 scientifically proven benefits of gratitude that will moti-vate you to give thanks year-round', Forbes, 2014, available at: www.forbes.com/sites/amymorin/2014/11/23/7-scientifically-proven-benefits-of-gratitude-that-will-motivate-you-to-give-thanks-year-round/?sh=6b-b1c10183c0

Patterson Neubert, A, 'Money only buys happiness for a certain amount', Purdue University, 2018, available at: www.purdue.edu/newsroom/releases/2018/Q1/money-only-buys-happiness-for-a-certain-amount.html

Pinsker, J, 'The reason many ultrarich people aren't satisfied with their wealth', The Atlantic, 2018, available at: www.theatlantic.com/family/archive/2018/12/rich-people-happy-money/577231

Seligman, M, Flourish: A visionary new understanding of happiness and well-being, New York: Atria Paperback, 2011

Smith, T W, 'Job Satisfaction in the United States', NORC/University of Chicago, 2007, available at: www-news.uchicago.edu/releases/07/pdf/070417.jobs.pdf

6장
Eferighe, J, 'Is it becoming okay to cheat? Millennials are doing it more than ever', The Social Man, (n.d.), available at: https://theso-cialman.com/becoming-okay-cheat-millennials/

Semeuels, A, 'We Are All Accumulating Mountains of Things', The Atlantic, available at: https://www.theatlantic.com/technology/archive/2018/08/online-shopping-and-accumulation-of-junk/567985/

7장
'Follow Your Passion' image plotted using The Google Ngram Viewer.

Haas, A P, Eliason, M, et al, 'Suicide and suicide risk in lesbian, gay, bisexual, and transgender populations: review and recommendations', J Homosex., 2011, 58(1):10–51, available at: doi:10.1080/00918369.2011.534038

May, C, 'Meaningful work can be something you grow into, not some-thing you discover', Scientific American, 2018, https://www.scientificamerican.

com/article/life-advice-dont-find-your-passion/

Semuels, A, 'We are all accumulating mountains of things', The Atlantic, 2018, available at: https://www.theatlantic.com/technology/archive/2018/08/online-shopping-and-accumulation-of-junk/567985/

9장
Barker, E, 'Why are we so bad at predicting what will make us happy?', Business Insider, 2011, available at: www.businessinsider.com/why-are-we-so-bad-at-predicting-what-will-make-us-happy-2011-8?r=US&IR=T

Bolles, R N, What Color is Your Parachute?, Berkeley, California: Ten Speed Press, 1960

Keller, G and Papasan, J, The One Thing, Portland, Oregon: Bard Press, 2012

Corporation for National and Community Service, 'The Health Benefits of Volunteering: A review of recent research', Office of Research and Policy Development, Washington DC, 2007, available at: www.national service.gov/pdf/07_0506_hbr.pdf

Diener, E and Biswas-Diener, R, 'Will Money Increase Subjective Well-Being? A Literature Review and Guide to Needed Research', The Science of Wellbeing, 2009, available at: https://doi.org/10.1007/978-90-481-2350-6_6

Doll, K, 'What is Peak End Theory? A psychologist explains how our memory fools us', PositivePsychology.com, 2020, https://positive psychology.com/what-is-peak-end-theory

Gallup, G, 'Human Needs and Satisfactions: A Global Survey', The Public Opinion Quarterly, 1976, 40(4), 459–467, available at: www.jstor.org/stable/2748277

Ganster, D and Rosen, C, 'Work Stress and Employee Health: A Multidisciplinary Review', Journal of Management, 2013, 39, 1085-1122, available at: https://doi.org/10.1177%2F0149206313475815

Gerhart, B and Fang, M, 'Pay, Intrinsic Motivation, Extrinsic Motivation, Performance, and Creativity in the Workplace: Revisiting Long-Held Beliefs.'

Annual Review of Organizational Psychology and Organizational Behavior, 2015, available at: https://doi.org/10.1146/annurev-orgpsych-032414-111418

Gilbert, D, Stumbling on Happiness, New York: Alfred A. Knopf, 2006

Kierkegaard, S, The Sickness Unto Death [Penguin Classics], New York: Penguin, 1989

Society for Human Resource Management, 'Employee Job Satisfaction and Engagement', 2016, available at: www.shrm.org/hr-today/trends-and-forecasting/research-and-surveys/Documents/2016-Employee-Job-Satisfaction-and-Engagement-Report.pdf

Smith, T, 'Job Satisfaction in the United States', available at: https://study.sagepub.com/system/files/gss_codebook.pdf

Tatar, A and Nesip Ogun, M, Impact of Job Satisfaction on Organizational Commitment, LAP LAMBERT Academic Publishing: Saarbrücken, Germany, 2019

'Top Occupations in Job Satisfaction Chart' image by Smith, T, 'Job Satisfaction in the United States', available at: https://study.sagepub.com/system/files/gss_codebook.pdf

10장

Breslow, J, 'What does solitary confinement do to your mind?', PBS, 2014, available at https://www.pbs.org/wgbh/frontline/article/what-does-solitary-confinement-do-to-your-mind/
Ferdowsian, H R, et al, 'Signs of mood and anxiety disorders in chim panzees', PloS One, 2011, 6(6) e19855, available at: https://doi.org/10.1371/journal.pone.0019855

Hadaway, P F, Alexander, B K, et al, 'The effect of housing and gender on preference for morphine-sucrose solutions in rats', Psychopharmacology, 1979, 66, 87–91, available at: https://doi.org/10.1007/BF00431995
Hari, J, Lost Connections: Uncovering the Real Causes of Depression – and the Unexpected Solutions, London: Bloomsbury Publishing, 2018

Jarvis, H, 'Generation lonely: Millennials loneliest age group', 2018, Brunel University London, available at: https://www.brunel.ac.uk/news-and-events/news/articles/Generation-lonely

Murthy, V, 'Work and the loneliness epidemic', Harvard Business Review, 2017, available at: https://hbr.org/2017/09/work-and-the-lone-liness-epidemic

Peele, S, image extracted from 'The Meaning of addiction', Lexington, Mass, USA, 1985, pp.77-96

Polak, E, 'New Cigna study reveals loneliness at epidemic levels in America', 2018, Cigna, available at: www.cigna.com/newsroom/news-releases/2018/new-cigna-study-reveals-loneliness-at-epidemic-levels-in-america

Rico-Uribe, L. A., Caballero, F. F. et al, 'Association of loneliness with all-cause mortality: A meta-analysis', PloS One, 2018, 13(1), e0190033, available at: https://doi.org/10.1371/journal.pone.0190033-

Roberts, N, 'Americans sit more than anytime in history and it's literally killing us', Forbes, 2019, available at: https://www.forbes.com/sites/nicolefisher/2019/03/06/americans-sit-more-than-anytime-in-history-and-its-literally-killing-us/?sh=1f7746b7779

Seay, B, Alexander, B K, et al, 'Maternal behavior of socially deprived Rhesus monkeys', The Journal of Abnormal and Social Psychology, 1964, 69(4), 345–354, available at: https://doi.org/10.1037/h0040539

The Week staff, 'An epidemic of loneliness', The Week, 2019, available at: https://theweek.com/articles/815518/epidemic-loneliness

UK Government, 'Policy Paper: A Connected Society: a strategy for tackling loneliness', 2018, available at: www.gov.uk/government/publications/a-connected-society-a-strategy-for-tackling-loneliness

11장

Adolphs, R, 'The social brain: neural basis of social knowledge', Annual Review of Psychology, 2009, 60, 693–716, available at: https://doi.org/10.1146/annurev.psych.60.110707.163514

Bradberry, T, '11 ways emotionally intelligent people overcome uncer-tainty', (n.d.), available at: www.talentsmart.com/articles/11-Ways-Emotionally-Intelligent-People-Overcome-Uncertainty-1596789451-p-1.html

Dunning, D, Johnson, K, et al, 'Why People Fail to Recognize Their Own Incompetence', Current Directions in Psychological Science, 2003, 12(3):83–87, available at: https://psycnet.apa.org/doi/10.1111/1467-8721.01235

14장
Clear, J, Atomic Habits New York: Avery, 2018

Eyal, N, Indistractable, Dallas, Texas: Benbella Books, 2019

'Life/Time' image from https://wisdom-trek.com/resources

Miller, J, 'Opinion: This Warren Buffett rule can work wonders on your portfolio', Market Watch, 2015, available at: www.marketwatch.com/story/this-warren-buffett-rule-can-work-wonders-on-your-port-folio-2016-04-26

Norcross, J, Mrykalo, M, et al, 'Auld Lang Syne: Success Predictors, Change Processes, and Self-Reported Outcomes of New Year's Resolvers and Nonresolvers', Journal of Clinical Psychology, 2002, 58: 397–405, available at: https://doi.org/10.1002/jclp.1151

'Total Savings' image from investor.gov

15장
Job, V, Dweck, C S, et al, 'Ego Depletion—Is It All in Your Head?: Implicit Theories About Willpower Affect Self-Regulation', Psychological Science, 2010, 21(11): 1686–1693, available at: https://doi.org/10.1177/0956797610384745

16장
Galvin, B, Randel, A, et al, 'Changing the Focus of Locus (of Control): A targeted review of the locus of control literature and agenda for future research', Journal of Organizational Behavior, 2018, 39: 7, 820–833, available at: https://doi.org/10.1002/job.2275

Grelot, M C, 'Gender Differences in the Relation Between Locus of Control and Physiological Responses', Master of Science (MS), thesis, Psychology, Old Dominion University, 1989, available at: at: https://doi.org/10.25777/jq08-g161

Internal/External Locus of Control Chart by US psychologist Julian B Rotter, 1916-2014

17장
Deci, E, 'The Effects of Externally Mediated Rewards on Intrinsic Motivation', Journal of Personality and Social Psychology, 1971, 18, 105–115, available at: https://doi.org/10.1037/h0030644

Deci, E and Ryan, R M, 'Self-determination theory', 2012, published in Handbook of Theories of Social Psychology [Ed. Van Lange, P A M, et al], Sage Publications Ltd, available at: https://doi.org/10.4135/9781446249215.n216

Niemiec, C P, Ryan, R M, et al, 'The Path Taken: Consequences of attaining intrinsic and extrinsic aspirations in post-college life', Journal of Research in Personality, 2009, 73(3), 291–306, available at: https://doi.org/10.016/j.jrp.2008.09.001

Ware, B, The Top Five Regrets of the Dying, New York: Hay House, Inc, 2011

18장
Adams, S, How To Fail at Almost Everything and Still Win Big: Kind of the story of my life, New York: Portfolio/Penguin, 2013

Isaacson, W, Steve Jobs, New York: Simon & Schuster, 2011

Skill stack image by Thomas Pueyo

19장
'What is Death Café?', https://deathcafe.com/what/
Jobs, S, Commencement address delivered on June 12, 2005, available at: https://news.stanford.edu/2005/06/14/jobs-061505/

Ravikant,N, The Almanack of Naval Ravikant: A guide to wealth and happiness, Magrathea Publishing, 2020

Seneca, On the Shortness of Life [Translated by J W Basore], Loeb Classical Library London: William Heinemann, 1932

Thanks To.

나의 여정과 이 책, 그리고 내 인생을 지지해 준 모든 분들께 감사드린다.

소피 채프먼 Sophie Chapman
도미닉 머레이 Dominic Murray
애드리안 싱튼 Adrian Sington
로렌 웰런 Lauren Whelan
홀리 휘태커 Holly Whitaker
케이트 레이던 Kate Latham
레베카 먼디 Rebecca Mundy
캐트리오나 혼 Caitriona Horne
매슈 에버렛 Matthew Everett
지울리아나 카라나테 Giuliana Caranante
사라 크리스티 Sarah Christie
도미닉 그리븐 Dominic Gribben
앤 뉴먼 Anne Newman
제인 스미스 Jane Smith
잭 실베스터 Jack Sylvester
애슐리 존스 Ashley Jones
도미닉 맥그리거 Dominic McGregor
앤서니 로건 Anthony Logan
마이클 헤븐 Michael Heaven
올리버 욘체프 Oliver Yonchev
팀 윌 하이드 Tim Will Hyde
로렌 클락 Lauren Clark
제이드 헤이든 Jade Hadden
루시 맥휴 Lucy Mchugh

잭 부처 Jack Butcher
클레어 페어론 Claire Fearon
제이미 브라이언 Jamie Bryan
에스더 바틀렛 Esther Bartlett
아만다 바틀렛 Amanda Bartlett
제이슨 바틀렛 Jason Bartlett
케빈 바틀렛 Kevin Bartlett
그레이엄 바틀렛 Graham Bartlett
크레이그 버지스 Craig Burgess
게오르그 코플러 Georg Kofler
홀러 한센 Holger Hansen
크리스티안 그로벨 Christian Grobel
완자 S. 오버호프 Wanja S. Oberhof
앤드류 도지 에반스 Andrew 'Doddz' Evans
멜라니 로페스 Melanie Lopes
케이라 롤러 Kiera Lawlor
닉 스피크맨 Nick Speakman
리사 세이어스 Lisa Sayers
한나 앤더슨 Hannah Anderson
캐설 '캐타' 버라간 Cathal 'Catty' Berragan
멀리 드라이버 Merle Driver
새뮤얼 버드 Samuel Budd
케이티 월워크 Katie Wallwork
케이티 리슨 Katy Leeson
폴 스티븐스 Paul Stevens
Thank you :-)

옮긴이 박은선

대학에서 미술과 철학을 공부한 후, 크고 작은 모험을 거쳐 오랜 친구인 영어와 아껴 마지않는 우리말 사이에서 말과 글을 옮기는 일을 해오고 있다. 언어의 다채로움이 빛나고, 글이 마음에 선하게 그려지는 번역을 하고자 노력하고 있다. 번역한 책으로는 테리 디어리의 『이집트 이야기』 시리즈 중 「피라미드 건축」과 「마법과 미라」, 『그리스 이야기』 시리즈 중 「느림보의 모험」과 「사자의 노예」 등이 있다.

돈, 일, 시간이라는 쳇바퀴를 멈추는 비밀

우선순위의 법칙

초판 1쇄 발행 2023년 6월 19일
초판 2쇄 발행 2023년 7월 14일

지은이 스티븐 바틀렛
옮긴이 박은선
펴낸이 김선준

책임편집 이희산
편집팀 송병규
마케팅팀 이진규, 권두리, 신동빈
홍보팀 한보라, 유준상, 이은정, 유채원, 권희, 박지훈
디자인 김세민
경영관리팀 송현주, 권송이

펴낸곳 (주)콘텐츠그룹 포레스트 출판등록 2021년 4월 16일 제2021-000079호
주소 서울시 영등포구 여의대로 108 파크원타워1 28층
전화 02) 332-5855 팩스 070) 4170-4865
이메일 www.forestbooks.co.kr
종이 (주)월드페이퍼 인쇄·제본 한영문화사

ISBN 979-11-92625-52-2 (03320)